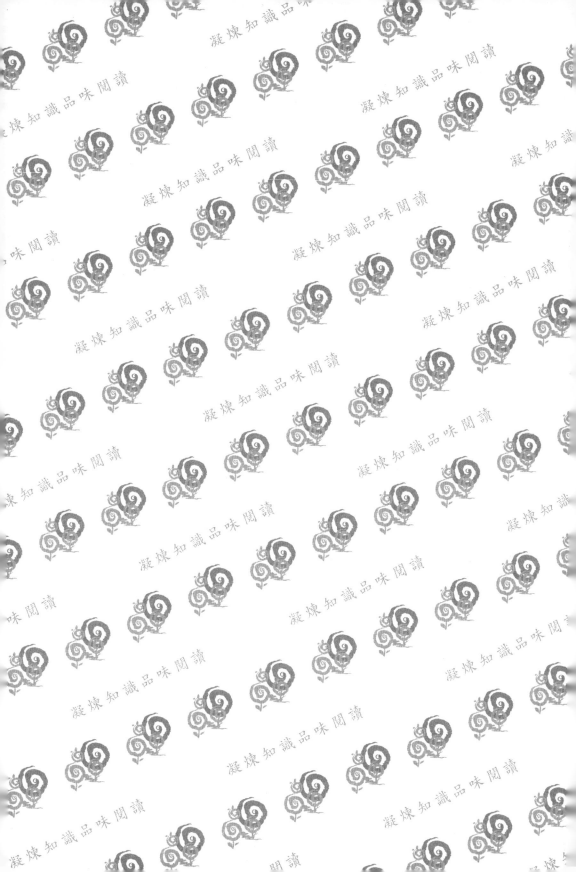

教育理念與實務

周新富　著

五南圖書出版公司　印行

序

　　教育部發布了《教師專業素養指引——職前教育階段暨師資職前教育課程基準》，已經於 108 學年度開始實施，其中的五大教師專業素養及 17 項專業素養指標是該指引的一項亮點，分別從教育理念、學習者、課程教學與評量、正向環境與輔導及專業倫理五大面向，規劃出未來教師所需的任教學科知識、教育專業知能、實踐能力與專業態度。這五大教師專業素養除了是師培課程的依據之外，同時也是教師資格考試的命題架構。本書的撰寫即依據「專業素養 1：了解教育發展的理念與實務」所編寫，內容包含教育哲學、教育社會學、教育行政、教育制度等學科，可以作為教育概論這門課的教學用書。因撰寫匆促，內容恐有錯誤之處，還請教育先進多給予指正。

周新富

目錄

第 15 章　教育研究的性質與方法　289

第 **1** 章

教育本質和目的論

教育學涉入科學之後，有關教育學的各種發展，特別是教育的方法，已幾乎由教育心理學擔負。不過，有關教育的本質與目的，仍有賴教育哲學作根本的思考。因為不管教育學如何朝向科學化發展，有關各種教育的變革、方向與爭議，離不開價值的判斷，許多爭議到最後有賴哲學正本清源（邱兆偉、簡成熙，2003）。杜威指出：「哲學是教育的普通原理，教育是哲學的實驗室。」教育目的、課程目標、教育內容與形式的決定，哲學扮演重要的角色（伍振鷟等，2012）。教育工作者學習教育哲學的知識可以熟悉教育的基本問題、清晰地思考有關生活和教育的目標，進一步引導他們發展出與內在觀點一致的教學方案（簡成熙譯，2018）。本章從教育哲學的觀點，針對教育的意義、教育本質及教育目的加以分析討論。

第一節　教育的意義

　　在探討教育本質與教育目的之前，有必要先對教育的意義加以說明，然而教育活動的形式、歷程具有多樣性，對教育所下的定義不能完全掌握其面貌，只能從各種不同的角度分析，描繪出教育的一個輪廓。以下從字源義、概念分析及規準三方面來說明教育的意義。

壹. 教育字源義

　　根據說文解字的解釋，所謂「教」，乃是「上所施，下所效也」，亦即教乃是一種模仿的歷程，在上者作為在下者的榜樣。說文解字對「育」的解釋為「養子使作善也」，也就是教養子女，使他們表現善良行為。當把二個字合起來解釋，教育的字源義為：在上者以良好的榜樣供在下者模仿，使在下者也能表現出善良的行為。我國「教育」二字最早出現在《孟子‧盡心篇》的「得天下英才而教育之」。西文 Education 的字源來自拉丁文，可拆成 "E" 和 "ducare" 二個字，其意思分別為「出」和「引」，亦即「引出」或「引導」，為啟發或引出的意思（周甘逢、周新富、吳明隆，2003）。我國教育的字義含有濃厚的規範性意義，指出教育可走與應走之路；西文教育語義重在養育、引出、發展等歷程或功能（歐陽教，1995）。

貳. 教育概念的分析

　　因為教育為一「複合概念」（complex concept），即將二個或二個以上單一概念結合，因此教育的概念既抽象又複雜，其活動範圍廣泛，包括教導、學習、輔導、考試、課程、教材、教師、學生與學校等概念，都直接間接或多或少與教育有關。教育的概念同時也是「爭議性概念」（contested concept），因為教育是複合概念，容易引起歧義，不同哲學理論、政治意識與學者針對教育所下的定義雖不至於一人一義，但存在極

大差異，這說明教育本質是爭議性的概念（歐陽教，1995）。當我們在對教育概念作解釋時，亦須了解教育概念具有以下特性（歐陽教，1995，1998）：

一、「工作─成就」概念

所謂「工作─成就」（task-achievement）是指教育是一種有目的、有意識的活動，教育的活動一面指的是繁重的「教」與「學」的工作或活動，另一面是指其工作所要達到的「成果」，即想要的「成就」或達到的目的。從這個觀點來看，每一種教育的活動或工作，都應有其內在目的。如果只有繁重的工作或活動，而不企望「成就」什麼良好的效果，那就很難說是一種有意義的教育活動。

二、多樣態的歷程

教育歷程具有多樣態（polymorphous）的特性，並非單純或單一的，因為教育歷程中涵蓋範圍包括教、學、訓導、輔導、考試、評量等活動，教育的歷程可以千變萬化、多采多姿地進行。但不論活動歷程如何進行，工作如何展開，總要合於教育的意義與方法。這也就是有些學者認為教育不只是一種技術，也是一種藝術的理由。

參、教育的規準

教學、學習、訓導及輔導的方式很多，不管這些方法或活動的方式如何翻新，如何變化，皆要符合一些價值論、認識論或發展心理學的規準（criteria），合於規準的活動就是有教育意義或教育價值的，反之則為「反教育」或「非教育」的活動（歐陽教，1998）。任何的教育活動皆要合乎教育本質，且有助於個體正向成長；反教育指的是學習之後形成負面影響，甚至妨礙學生發展；非教育則是指學習之後與先前比較並未發生轉變，即表示該活動不具教育價值。英國教育學者皮德思（Peters）從分析哲學的觀點提出教育活動的判定規準，三項教育規準為教育應遵循的基

本原則。以下分別說明之（梁福鎮，2006；歐陽教，1995、1998）：

一、合價值性

　　教育是價值傳遞與創造的活動，一切教育活動的內涵，不論如何的複雜分化，都應是一種「有價值的活動」。就廣義的教育價值來講，舉凡「生命、眞理、道德、美藝、權力、功利、宗教」等人生價值類型的追求，都可作爲有價值的教育活動材料，解答人生各種不同範疇或層次的生活意義。從狹義的價值論或倫理學的角度來看，教育的合價值性（worthwhileness）最重要的價值是以道德價值爲主的活動，任何教育活動必須符合道德規範的要求，否則即是反教育。例如教學童拿石頭打落水狗即不合價值性。

二、合認知性

　　教育活動除了價值判斷的領域以外，還有各種事實分析的領域，例如物理、化學、心理、地理、歷史等，這些屬於認知的活動旨在求眞，如果把眞當假或把假當眞，即是反教育。這說明教育所提供的內容應屬於證據充分的知識眞理，缺乏證據的個人信念，或是錯誤不實的偏見、迷信，這些內容都是違反認知性（cognitiveness）這項規準。例如學校應教天文學，不是教占星術；教地理不是教風水；教化學而不教煉金術等。

三、合自願性

　　所謂合自願性（voluntariness）亦即「自願的歷程」。教育活動不管是教學、訓導、輔導或諮商等工作歷程，要顧及學習者身心發展的歷程與自由意志的表達，而不是在威脅、強制、灌輸之下參與，這樣的教育活動才更容易進行，才容易收到最大的「成果」。反之，則是斯巴達式的苦行訓練，或共產主義式的灌輸洗腦，容易造成背離道德的反教育。然而這項規準有學者批評過於理想化，因爲教育制度中有所謂強迫教育或必修課程，甚至有國家以極權方式進行灌輸洗腦，這些教育活動皆不合此項規準。若能多少顧及學習者的覺知意識及自願學習的強烈動機，教育效果當

必更佳，也更切合民主教育哲學。

第二節　教育本質的分析

　　哲學中的「形上學」是指針對人的存在與本質，而去探究宇宙萬物之終極根源、生發原理、本質結構與存在樣態等問題，以解釋人之所以存在與如何存在的學科。「教育形上學」擷取形上學的涵義，主要在探討教育本質的問題。教育的本質是什麼？自古以來學者之間爭論不休。但是教育本質的確定，確實可以指引教師選擇良好的方法，設計適當的課程，從事教育的活動，達成教育的理想（梁福鎮，2006）。這裡的「本質」（essence）是指事物中常住不變，且必不可缺的性質，特別是指精神的、不變的實體或存在，探討教育的本質即在追究教育的性質（nature）或意義（meaning）為何（伍振鷟等，2012）。教育本質確實很難予以說明清楚，教育思想家多半取「教育似……」來取代「教育是……」，亦即使用 "as" 而不敢以 "is" 來作描述用詞（林玉体，2017）。以下僅就重要的觀點作一說明（伍振鷟等，2012；徐宗林等，2007；梁福鎮，2006；邱兆偉、簡成熙，2003）：

壹. 開展說

　　把教育本質視為一種「個人開展」（education as unfolding）由來已久，最早可溯自亞里斯多德，他認為人生的目的在獲得幸福，幸福的生活在於理性的沉思。而人類理性以一種潛在的形式存在著，經過適當的導引得以實現。捷克教育學家康米紐斯（Comenius）認為人生而具有受教之可能性，只待開啟其潛能，發展其能量，外界無須加以任何事物。他將人的心靈比擬為核仁或種子，將核仁置於土內，假以時日即可藉其內在力量生長茁壯。瑞士教育學家裴斯塔洛齊（Pestalozzi）與康米紐斯一樣，均用植物的核仁比喻兒童的生長，他認為有機體藉活動而生長發展，因此

眞正的教育，須發展兒童所有天賦能力的各種元素，依適當的程序給予能量。幼兒園之父福祿貝爾（Froebel）界定教育在本質上是消極的，他曾把學校比喻爲花圃，學生爲幼苗，教師爲園丁。學生就像幼苗一樣，有其自然的天性，園丁只能循此天性加以滋養，而無法揠苗助長。

貳. 生長說

實用主義哲學家杜威（Dewey）曾經批評教育的開展說過於神祕，認爲開展說雖然不強調外力，卻把兒童的發展朝向終極靜態邁進，忽略人類的生長也受到社會文化的影響，把外在的干預全視爲人爲之惡，也過於偏頗。杜威力倡教育的本質爲生長說，認爲「教育即生長」（education as growth），所謂生長就是向著未來逐漸往前發展的運動。人在未成熟的狀態具有依賴性與可塑性，這二件事在人類的生活中非常重要，兒童從依賴他人和進行學習，藉以求得所需要的能力。杜威也提到「教育即經驗的改造」，說明教育的本質是傳遞與溝通經驗的歷程，教育性的經驗具有繼續性與交互作用性二項原則，讓學習的歷程不斷地發生。教育開展說的精神從尊重學生出發，重視其身心發展，從開展說到盧梭的自然主義強調兒童天性，及至進步主義的兒童中心，再到杜威的教育生長說，已初步融合了個性與群性，西方自由主義、個人主義已成爲現代主流的核心價值，尊重個體開展、生長的概念，又逐漸發展成重視個人的自主性。

參. 社會化說

教育史上與個人開展說相對的是社會化說，不少學者認爲教育基本上是一種「社會化」（socialization）的歷程，所謂社會化是個人在所處的社會之中學習社會所認可的價值、規範，使個人的價值、態度乃至行爲模式，皆符合社會規範的歷程。教育是一種人際交互影響的活動，在教育情境中，個人並非是孤立的，而是承載著某種社會文化意識。教育體制內，無論是師生之間、學生同儕之間，均含有社會互動的意義（簡成熙，

2004）。涂爾幹（Durkheim）是社會化說的代表學者，他對教育作出如下的定義：「教育乃是成年人施於未成年人的一種作用，其目在引導兒童的身體、心智和德行等方面往社會生活方向成熟，而這些條件乃兒童將來生活的社會和職業環境所需要的。」涂爾幹認為使私我逐漸變成社會我或群我的歷程，便是教育的本質。把教育視為一種社會化的歷程，比較重視社會規範的習得與適應，就會忽略既定社會的轉化功能，甚至可能會隨波逐流。

肆. 文化陶冶說

　　斯普朗格（Spranger）是文化教育學派重要的教育學者，此學派是德國「改革教育運動」的型態，於 19 世紀開始萌芽，20 世紀達到高峰。文化說認為教育是文化的涵化（education as acculturation），教育的本質為文化價值的保存、傳遞與增進創造，也就是認為教育的作用在於保存文化、傳遞文化和創造文化。這項主張指出教育與文化具有密不可分的關係，教育的本質即個人接受文化陶冶的過程。所謂「文化陶冶」，他認為須具有四項要件：(1) 個人對於文化價值的感受；(2) 個人充分認識並體驗陶冶的文化財，逐漸內化成為人格；(3) 按個人生活類型去配合文化價值；(4) 須作全人格統合的陶冶，非只作部分的組合。所謂的「文化價值」是斯普朗格依人類精神生活活動方向分為理論型、經濟型、藝術型、社會型、政治型及宗教型等六種類型，每一類型表示一種生活型態。他在《生活類型》一書中，提出六種理想價值對應著六種人格類型，即：理論型對求「眞」、經濟型對求「利」、藝術型對求「美」、社會型對求「愛」、政治型對求「權」、宗教型對求「聖」。教師屬「社會型」價值，須由具備「教育愛」的人格來擔任。斯普朗格更將文化陶冶分成三個階段：第一個階段是基礎陶冶，鄉土為中心，接受普通、廣泛的價值；第二個階段是職業陶冶，從職業文化當中選擇適合自己個性的職業；第三個階段是綜合陶冶，在前述兩種陶冶之後，再接近更高的一般陶冶，以達到廣大的見識

與統一的人格。

伍。自我實現說

　　自我實現說的教育本質論，主張教育的歷程是本能的自我如何達到理想自我。發現、感覺並認知到自我存在的哲學家笛卡兒（Descartes）是重要的開創人物，其名言「我思故我在」肯定自我存在的必然性。自我觀念的形成是漸進的，是從個體各項發展中演進得來的，自我是一種實體，一種存在（being）的形式，也是一種「成為」（to be）的實體，意味著人有發展的可能性。人本主義心理學家馬斯洛（Maslow）認為教育是本能自我達到理想自我的動態歷程，其提出的「需求層次理論」最高層次為「自我實現」。羅傑士（Rogers）認為要了解個體怎樣知覺其生活情境，要預測個體將會採取何種方式來反應，其目的為何等等，都要從「自我觀念」去探尋。自我觀念是個人人格的核心及自我實現的原動力，當「理想的自我」及「知覺的自我」差距愈小，人格發展愈健全。由以上的分析，可以得知自我實現說這項教育本質，認為受教者具有身體上、精神上的各種可能性，這種可能性即是「自我」。而施教者對於每一位受教者，不但須發現其最大的可能是什麼，並且應採取最好的方法與供給最佳的環境，使其可以實現到最大的限度。

第三節　教育的目的

　　哲學中的「目的論」是指一門以目的為依據，解釋事物的特性或行為的學科。「教育目的論」則是緊扣教育本質，直接形塑教育目的，二者是有所不同的。所謂「教育目的」即是教育主體（施教者、受教者，或其他相關人或團體）在教育活動的歷程中想要或設想去達成或獲致的結果（陳迺臣，1990）。教育目的乃是指導教育發展的方向或理想，教育實務及設施須遵照這種方向或指標發展，當教育目的確定後，教育活動才可以前

後一貫的朝向預定目標進行。

壹. 教育目的之性質

　　教育目的既然是社會規定的，常因不同時代或社會而有差異，因此一個時代有一個時代的教育目的，每個國家的教育目的也不相同。有些社會又將教育當作工具，想用這種工具來達成自己的目的（伍振鷟等，2012）。因此在討論教育目的時，有必要先了解教育目的之性質。以下分別從四方面來說明（陳迺臣，1990；周愚文，2003；徐宗林等，2007）：

一、內在性對外在性

　　所謂內在性教育目的是指教育目的是基於教育本身（end-in-itself），例如教育目的在追求受教者自我實現。若是為了教育活動本身以外的動機或目的，則稱為外在目的，例如經濟的提升、國家的富強。杜威認為教育的目的是讓受教者未來有繼續成長、學習的可能性，而不是有其他理由，像是能找到好的工作、能服務社會等。雖然內在目的與外在目的二者未必然衝突，但當我們在決定目的時，應以滿足內在目的為主。

二、工具性對非工具性

　　所謂非工具性目的，是為教育而教育，而不是為了達成另一項目的之工具或手段，類似前述的內在性教育目的。工具性目的則強調把教育視為一種手段與方式，接近前述的外在性教育目的。例如把教育視為計畫經濟的一環，希望透過教育提升人力資本，則較接近工具性教育目的。當我們在決定教育目的時，應分清所主張的究竟是目的或手段，絕不能錯將手段當作目的。

三、普遍性對特殊性

　　從教育目的之時空性與內容性來看，可以有普遍性與特殊性的區分。所主張的教育目的如放諸四海而皆準，其適用範圍愈廣，則愈具普遍性；

反之，則只具有特殊性，亦即只能適用於某時、某地、某特定對象。例如教育是「自我實現」的主張，不只適用我國，亦適用歐美，比起我國傳統教育的「忠君」、「法孔孟」更具普遍性。當我們在決定較高層次的教育目的時，應使其更具普遍性。

四、階段性

當我們所決定的最高目的不是一蹴可幾時，在達到最高目的前，是否有一些次要目的，或是必要條件，而這些條件是達到最高目的的必須階段，且它們又不能以手段或工具視之。例如傳統教育中最高的理想是成聖人，但聖人非一日可成，必須始於為士，然後為君子、為賢人，最後才可能成聖人。當教育目的具有階段性，才有可能循序漸進，趨近理想，就如同各國政府在制訂教育法令時，會制訂較空泛的「教育目的」，為落實教育目的則制訂「教育目標」，於是有各級學校的教育目標，接著再制訂課程目標、教學目標，愈來愈具體。

貳. 重要的教育目的內涵

但自古以來有關教育的目的爭論不休，除了不同哲學派別所主張的教育目的有所不同之外，有學者亦提出教育無目的之主張。以下將重要學者對教育目的之論述歸納如下：

一、對教育目的之質疑

杜威在《民主主義與教育》一書中提出「教育無目的」之主張，皮德思認為教育目的空泛無當，因而提出教育工作者不須有教育目的。以下分別探討二位學者對教育目的之主張：

(一) 杜威論教育目的

杜威將教育比為生長（education as growth），但到底教育要「任其生長」、「助其生長」或「導其生長」？任其生長是一種放縱，助其生長則有揠苗助長的意味，導其生長才是正途，但如何導，導向何方，是教育

學家要大費周章的工作。這樣的論調受到眾人誤解,杜威再界定生長有「持續性」,病徵性的生長無法使個體持續生長,卻加速死亡。據此杜威認為教育沒有普遍而終極的教育目的,因為教育是動態的、變遷的,所以教育目的應該依情境的不同而有變化,情境之變化多端,好比生活情境之複雜化一般(林玉体,2017)。

　　杜威對教育目的的主張後人稱之為「教育無目的論」,杜威認為「生長的目的是更多的生長,教育的目的是更多的教育。教育本身並沒有什麼目的,只有成人、父母、教師才有目的,而他們的目的,也不是教育這個名詞所表示的抽象概念。」這段文字說明杜威認為教育除本身外沒有目的,也就是教育沒有外在目的,只有內在目的。由上所述,可以看出杜威並非認為教育無目的,或教育可以沒有目的,其實教育目的是人在某一特定情境下所設定的,而人之所以如此,乃是有其需要(陳迺臣,1990)。

　　(二) 皮德思論教育目的

　　英國教育學者皮德思質疑教育目的之必要性,提出教育工作者不須有教育目的之主張。皮德思認為歷代思想家所提出的教育目的過於空泛,並不能夠真正指引教育實務。他與杜威看法接近,認為教育目的不宜由外在性來訂定,而是要依循內在的原理及標準,這就是教育的內在目的,這種目的是蘊含在教育概念內,如此可以抗拒外在目的可能對教育的不當指引(簡成熙,2019)。皮德思也指出,許多有關教育上的爭論,其實不是目的之爭,而是「程序原理」之爭,例如二個思想家都主張要增進人類的福祉,但一人主張極權的方式,一人提倡民主的方式,在教育實質和結果上,便會產生極大的不同。因此皮德思認為教育工作者真正應該認真去思考的,是如何設計達成教育目的之「程序原理」(陳迺臣,1990)。

二、個人取向的教育目的

　　如果教育目的主張是「發展個人潛能」、「自我實現」,則是以個人優先,即屬於個人取向的教育目的(周愚文,2003)。在西洋教育史上,雅典教育注重個人性的教育旨趣,例如古希臘最偉大的詭辯學者

（Sophists）普羅塔格拉斯（Protagoras）的名言「個人是萬物的尺度」，這句話意思是人為一切萬物的衡量標準；此外，雅典教育重視體育競賽及音樂演奏，即含有重視個人性的因素。人文主義時代如洛克主張教育目的是培養「紳士」，紳士的內涵包含四大條件：(1) 幼嫩的心靈先植下虔誠的種子，先由宗教奠其基；(2) 喜愛並透澈研究文雅學科；(3) 履行生活義務；(4) 自孩童時期，習慣於優雅有禮的態度（林玉体，2017）。上述教育目的皆是反映了個人主義的想法。以下再就自然主義及自由主義的教育目的作一探討：

(一) 自然主義的教育目的

自然主義（Naturalism）的教育，以 18 世紀盧梭為主要倡導人，是對中世紀宗教教育和研究古典文學為主的教育的一種反動。盧梭認為人原本是天生自由的，主張返於自然，他的教育理想在排除環境阻礙，讓兒童自然發展，教育目的即在「順應自然」，以充分發展兒童的能力。這樣的理論對於後代的教育學家如裴斯塔洛齊、福祿貝爾和蒙特梭利有極大的影響。盧梭在《愛彌兒》一書闡述的教育理念有以下的要點：(1) 以兒童為教育的中心；(2) 重視兒童身體的活動；(3) 重視兒童的個性（伍振鷟等，2012）。以順應自然作為教育目的的最大優點是提醒吾人重視受教者的身心發展，不過我們畢竟是生活在人群之中，一味地以自然發展作為教育目的，不免忽略了社會文化的既有價值（徐宗林等，2007）。

(二) 自由主義的教育目的

在西方自由主義的傳統下，主要是以「自主」及「批判思考」作為教育目的，因為二者皆為西方啟蒙運動以來自由主義核心價值下的教育主張。教育學者們大體上能接受將「個人自由性」（individual autonomy）視為教育的核心，自主性較為內在且抽象，代表一種教育目的的程序性原則，意味著自由抉擇、行為負責及平等互惠。這樣的教育目的在消極上不干涉個人的自主抉擇，在積極上營造增進個人選擇多樣化的能力。但在 1980 年代以後，多元文化主義、女性主義及後現代主義都對自主性持修

正的態度，認為過度強調自主，會割離自我與外在世界的聯繫。在 1950年代以後逐漸壯大的批判理論，也不斷對自由主義下的資本體制加以質疑，他們認為自由主義所提出來的自由觀，並不會真正帶給人類自由與解放，因為資本家會與國家結合，教育也就很自然的形成一種國家機器，被用來鞏固既有的階級利益。法蘭克福學派的阿多諾（Adorno）就認為教育的目的不在於接受積極的意識型態，而在培養學生經由反思與批判，從科學和社會的意識型態中解放，以真正達到啟蒙的目的。部分後現代主義學者承襲了批判理論（critical theory）的立場，不斷呼籲應在教學過程中重視學生的批判意識，「批判教學論」（critical pedagogy）是典型的代表（梁福鎮，2006；邱兆偉、簡成熙，2003）。

三、社會取向的教育目的

當我們決定教育目的時，完全是以群體為先，例如強調「忠君」、「愛國」、「成為良好國民」等，即屬於社會取向的教育目的。以大我優先的主張，以為個人應為群體利益而努力奮鬥，甚至不惜犧牲個人利益，這樣的教育目的反映了國家主義或是社會主義的想法（周愚文，2003）。柏拉圖將人性三分：

1. 理性（reason）成分，位階最高，屬於金質，在人身的頭部，理性發揮的「德」是「智慧」，這種人在小我上是哲學家，在大我上則應該為國王，二者合一就是「哲學家國王」（philosopher-king）。

2. 情性（feeling）成分，位階居中，屬於銀質，在人身的胸部，情性發揮的「德」是「勇敢」，須受理性的指揮，作個「軍人」是最稱職的安排。

3. 欲性（desires）成分，位階最低，屬於鐵質，在人身的腹部，想喝想吃，欲性應受理性的節制，才算是一種德。欲性強者應讓其從事生產勞動，作為農工商階級。

三種人性的德皆作了最妥善處置，則已經達到「正當」的層次，這就是「理想人」，也是「理想國」。中世紀基督教的宗教教育目的，強調

來生、天國，以神爲本位。教育活動最具體的是「聖本篤寺院」，以「安貧」、「貞潔」、「服從」三項準則作爲教育目的，生活上安貧樂道，心地上貞潔如皎月，態度上澈底服從聖經（林玉体，2017）。上述教育思想所反映的是小我要爲大我犧牲，其教育目的即屬社會取向。近代及現代主張社會取向教育目的，主要爲社會效率說及國家主義說，以下分別說明：

(一) 社會效率說的教育目的

19 世紀受到功利主義與進化論二種理論的影響，英國思想家斯賓塞（Spencer）提出「完美生活」（complete living）的準備，作爲教育最實用的全民教育目的。「完美生活」可視爲幸福快樂的生活，這樣的生活需要的重要知識有那些呢？斯賓塞於 1859 年發表〈什麼知識最有價值〉的著作，他經由科學方法的分析，將活動的價值高低分別排列如下：(1) 與自我生存直接有關的活動（保健、營養、衛生知識）；(2) 與自我生存間接有關的活動（謀生知能、科學）；(3) 養兒育女的活動；(4) 從事社會及政治生活的活動；(5) 休閒活動（文學、藝術、美學等）。這五種活動可以簡化：健康生活、職業生活、家庭生活、公民生活及休閒生活。這樣的教育理論稱爲「生活預備說」，認爲教育應是培育將來能適應社會「完美生活」的準備（林玉体，1990）。

斯賓塞的思想在 20 世紀的美國開花結果，1918 年美國教育學會制訂了「中等教育七項主要原則」，認爲教育目的包含以下七項：(1) 健康生活；(2) 精於基本學科；(3) 健全的家庭分子；(4) 職業訓練；(5) 履行公民職責；(6) 善用休閒時光；(7) 品德端正（林玉体，2017）。這樣的教育思想著重在個人未來適應社會，進而具有服務社會的能力，因強調教育側重實際的效用，「社會效率說」即應運而生。社會效率說認爲教育目的在訓練個人能有效率地服務，使之多爲社會工作，少使社會消耗，因此教育的存在是爲群體謀福利。其教育內容有三項重點：(1) 身體的效率，強調健全體格的發展是一切事業及服務社會的基本條件；(2) 實業的效率，倡導職業訓練，注重職業技能的培養，非僅能改善個人之生活，且可造福社

會；(3) 公民的效率，使個人了解其在社會中的地位及權利、義務關係，進而陶冶國民政治理想及法治精神、國民之自治力及組織力。社會效率說的主張注重職業教育，這是其重要貢獻，因為傳統教育鄙視職業訓練，其教育目的促使教育重視生產知識和技能的培養（伍振鷟等，2012）。這是一種追求未來的教育目的，與中世紀基督教教育追求天國式的教育理想一樣，皆受到杜威的反對（林玉体，1990）。

(二) 國家主義說的教育目的

18 世紀受自然主義之影響，重視個人自由發展，個人主義盛行。19 世紀以後現代國家相繼強大，以富國強兵、擴張領土為務，國家逐漸從教會手中收回管理教育的實權，於是教育上產生國家主義的思潮，這種思潮以德國菲希特（Fichte）為代表。國家主義以教育為達到政治目的之手段，其目的在造就能效忠於國家的國民，即教育在培養國民之祖國愛，故民族精神教育成為教育重點。國家主義進一步的發展成為日後的德國、日本的軍國主義，養成國民之高傲心理，歧視他國人民，造成種族歧視及國與國間之仇恨，導致二次世界大戰的發生（伍振鷟等，2012）。國家主義的教育目的要培養每一位公民效忠國家，但如果過度強調「國家至上，民族至上，可能會高漲了國家公權力的行使範圍，使政府或領導者任意侵犯憲法對人民所保障的權利。若過度的灌輸愛國意識，則會窄化國民的視野（邱兆偉、簡成熙，2003）。

參、教育的功能性目的

如果從功能的角度來看，我們會提出這樣的問題：「教育能發揮怎麼樣的功能，來達到我們所希望達到的目的？」以下分別從生物學、社會學和倫理學三方面說明教育的功能性目的（陳迺臣，1990；吳清基，1995）：

一、發展個體潛能

康德曾說過，所謂教育便是養護、訓練和教導，養護的目的是使年幼

者不受傷害，得以順利成長，並奠定體能發展和智慧發展的基礎。然後才進一步施以智慧的啓迪和訓練，以去掉因爲動物性所帶來的害處，將動物本性提升爲人性，使個體學會以理性方式解決人生問題。心理學家認爲個體潛能的發展經常是不及十分之一，教育工作者努力的方向，應是如何以適當的方法，幫助個體發展潛能，實現其自我。

二、促進個體社會化及群體的進步

個體潛能的充分發展在滿足個人求生存、延續和發展的需要，但促進群體或社會的進展也相當重要。社會的形成和健全發展，需要不同的人才，以分司各種工作。所以因材施教，讓每個人發展其特長是重要且必需的。柏拉圖的教育主張，最早說明了多元教育是合乎社會進化原理的。任何個人的教育，如不歸結到群體的進步，都是不健全的。涂爾幹認爲教育是個人社會化的歷程，這種說法過於極端，忽視了個人的特性和需求。民主社會的教育，個人除了學習良好的學識和專門技能之外，尚須培養積極助人、利群、服務奉獻的價值觀。

三、文化的傳遞和創新

教育不僅是文化的產物，同時也是促進文化發展的動力。教育即將文化中的精華及具時代性價值者傳遞給學生，這樣的文化傳承使得人類的智慧、知識、技能和經驗能夠累積，文化才能進步。但是人類文化的進展不是固守原有的文化遺產便能達到，還須教導學生如何創新文化，如同斯普朗格所說，教育除了傳遞文化外，尚須在學生心靈中喚起他們孕育及創造新的文化內容的意志。

問題討論

1. 試說明皮德思（R. Peters）教育三大規準：「合認知性」、「合價值性」和「合自願性」的意涵，並請各舉一例印證之。（97 教檢）

2. 批判理論的教育哲學認為教育的目的為何？而他們認為要運用什麼樣的教學內容與方法才能達到這樣的教育目的？（94 教檢）

3. 杜威對於「開展說」這項教育的本質有何批評？他自己對於教育本質提出什麼看法？

4. 請說明自然主義、自由主義對於教育的目的有何看法？

5. 請說明社會效率說教育目的之內涵，並請說明該教育目的是受到何種思潮的影響？

第 2 章

教育內容與方法論

教育內容及教育方法皆是達成教育目的工具，若把教育看成教導與學習的歷程，那麼教育內容是教師所教導的項目，或是教師希望學生學習的項目；若把教育看成一種價值導向的活動，那麼教育內容便是那個價值本身。一般人都會認為教育的內容就是課程，但這個課程不是只有「正式課程」，還包含非正式課程及潛在課程。這樣的解釋僅侷限於學校教育的範圍，不納入家庭教育及社會教育。除了內容以外，任何教育活動皆需要方法，方法的運作從選擇、安排到完成，是在意識狀態下來進行的，要評斷方法是否恰當，要符合以下三條件：最經濟的條件、達成最大預期的教育目標、最小的不良副作用。最經濟的條件是愈節省時間、人力和物力，自是愈好的教育方法；最大預期的教育目標是達成學習的成效愈大愈好；最小不良副作用是指方法不會產生負面的結果，例如體罰的使用日後會付出更大的代價（陳乃迓，1990）。學校教育的內容一般稱為課程，可以分為認知、技能、情意三部分，或分為德智體群美五育，本章僅就課程、博雅教育及道德教育三項主題進行探究。學校的教育方法通常可以分為教學、訓育與輔導，本章僅就教學與訓育中的懲罰探討之。

第一節　教育的內容

　　我國的國民教育以「德智體群美」五育作為達成學校教育目的教育內容，而五育中的「智育」所包含的範圍最廣，也最受社會重視。依據五育的理念，教育部再規劃出「國定課程」，依據「課程綱要」再編輯成「教科書」或「教材」。而國家所規劃的學校教育內容一般都含有「博雅教育」（liberal education）的理想，即包含內在性及外在性的教育價值，如果僅偏重外在性的價值，就會變成「職業訓練」或「專業教育」（歐陽教，1998）。「道德教育」也是教育內容的重要部分，有些國家沒有列入課程之中，也就沒有教科書，但這項教育內容是與智育一樣受到重視的。不同哲學派別對學校教育內容有不同的看法，這部分將於第 5 章中作討論。本節僅針對課程、博雅教育及道德教育三主題加以探討。

壹. 課程

　　課程是教育內容的主要形式之一，杜威強調學科知識內容、社會需求、學習者的興趣與能力等，是理想的課程應該包含的三大內涵，據此發展出較均衡、周全的教材內容（周新富，2017）。梁福鎮（1999）認為課程應包含道德教育、認知教育、體格教育、審美教育、宗教教育五部分。本小節不在探討課程的內容，僅就課程的定義及課程結構來探討。

一、課程的定義

　　西文課程（curriculum）一詞的使用，一般皆主張源自拉丁文"currere"，currere 名詞意思是「跑道」（race course），故又被引申為「學習的進程」（course of study）。至於 currere 當動詞用，是跑、競走、驅馳、快跑及急趨的意思（楊龍立、潘麗珠，2005）。課程的意義眾說紛紜，教育學者有許多不同的見解，舒伯特（Schubert, 1997）列出課程的八種形象（image），分別是：(1) 課程如內容或學科資料（subject matter）；(2) 課程如計畫性活動構成的系列方案；(3) 課程如有意圖的學

習成果（intended learning outcomes）；(4) 課程如文化再生產（cultural reproduction）；(5) 課程如經驗（experience）；(6) 課程如個別的工作及概念（discrete tasks and concepts）；(7) 課程如社會重建的議程（an agenda for social reconstruction）；(8) 課程如跑馬道上的活動（currere）。

　　上述的課程定義，最常見的是將課程視為學校教育的材料，因此亦被認為是較傳統的定義，而相對於這傳統定義的，是 1970 年代以來興起的再概念（reconceptualization）觀點，課程學者強調應重視課程（currere）的動詞意義，他們認為課程應著重主體依自己能力去再概念、依自己經驗去建構自己的意義及自傳。再概念化很重要的特質在於「不斷的重新定義」（constant redefinition），「課程即文本」（curriculum as text）是派納爾（Pinar）於 1995 年所提出的重要概念，到了 2004 年再提出「課程即複雜對話」的定義。課程即文本意指透過理解與詮釋來探討或閱讀課程，由於文字作品的解讀可以從不同的角度來加以理解與詮釋，因此課程也將從不同的角度來理解與詮釋（楊龍立，2006）。

二、學校課程結構

　　學校不僅教導學生讀、寫、算等知識和技能，而且教學生態度、興趣、價值和理想；不僅教教科書，而且藉環境、氣氛、文化等，潛移默化地改變學生氣質；不僅教導某些東西，也隱藏某些東西不教給學生。以下分別就學校提供的四種課程詳加說明（周新富，2017）：

(一) 正式課程

　　正式課程（formal curriculum）是將各個學校的教學科目明白地訂定出來，規定「每個教師去教，每個學生去學」的課程。為了做好課程控制（curriculum control），每個國家的教育當局都會制定課程標準或課程綱領，要求學校照著實施，依各國教育權分配狀態的不同（中央集權或地方分權），學校也擁有不同的彈性。這類課程通常稱為官方課程（official curriculum），大致表現在課程標準、課程大綱、教科用書及上課時間表當中，教師、家長及學生都清楚理解，學了這些課程會獲得什麼知識技能

和態度。

（二）非正式課程

非正式課程（informal curriculum）是相對於正式課程而言，通常是以學生活動為主的學習經驗，較少採用正式課程的教學型態，受到的課程控制較少，學校的自主性較大，對於學生的影響比較自然、間接。例如每年定期辦理的運動會、遊藝會、展覽、戲劇表演、舞蹈及電影欣賞等。這些學習經驗的提供，都有其教育目的的存在，事實上也具有很大的教育作用，其對於學生的影響實不遜於正式課程。

（三）潛在課程

潛在課程（latent curriculum）是美國學者傑克森（Jackson）於 1968年所創用的名詞，指正式及非正式課程以外的許多學習經驗，可能是有利的，也可能是有害的；可能是有意設計的，也可能是無意發生的，隱藏在學校的各種情境中，包括學校的物質環境、社會環境及認知環境當中的人事物互動過程，對學生產生非預期的學習結果。例如學生在學校的社會結構和教室生活的關係中，經由團體活動、獎賞和權威的運用學到規範、價值和態度。潛在課程學習結果大都是情意領域的，例如態度、價值觀、人生觀等，學生所學到的態度並非正面的、積極的，而且常有負面的、消極的，況且這種影響常是在不知不覺中產生，所以值得教師更加注意和關心。

（四）空無課程

空無課程（null curriculum）或譯為懸缺課程，美國課程學者艾斯納（Eisner）於 1979 年首先提出此一概念，探討學校「不教什麼」會產生什麼結果。例如小學需要教藝術，但教師的教學能力不足、課程設計不好，這種忽視藝術的現象，使學生接觸不到較為嚴肅的藝術形式。學校不教藝術，學生的藝術能力也不會自行發展，結果學生離開學校，他們無法欣賞藝術家對世界的貢獻。所以空無課程即無法在學校實際上發生或經驗到的課程內容或學習活動，也就是指學校課程中所缺乏、該有而未有的

部分，即學校應該教導但卻沒有教的學習內容，例如開放心胸、包容異己等。

貳. 博雅教育

博雅教育源自古希臘、羅馬的「七藝」，這種教育的目的在成就心靈自由的人，而其達成的方法則是知識的獲得，而知識的獲得所著眼的是知識本身的內在價值，而不具有實用性的目標（黃藿、但昭偉，2002）。美國教育學家赫欽斯（Hunkins）提倡以閱讀西方經典作品為主要教育內容及方法的博雅教育，其教育思想請參見第5章。英國教育哲學家赫斯特（Hirst）亦倡導博雅教育，他於1965年出版〈博雅教育和知識的性質〉此一論文，認為在所有的教育活動中，博雅教育應居核心的地位。但當時學者不清楚博雅教育的具體內容，於是赫斯特以分析哲學的方法，結合博雅教育的理念及心智的發展，導出知識形式的規劃及理解的可能途徑（簡良平，2005）。

一、知識的形式

赫斯特的哲學思想是西方傳統以來的理性主義者，強調心靈的認知乃人本有的理性能力，並導向於追求「善」的生活，整個追求的過程就是博雅教育的內涵。心靈的發展與知識形式之間的關係緊密，因而博雅教育的規劃首在知識形式的規劃。他認為知識形式的特徵可由下列幾點來界定（簡良平，2005）：

1. 每一種形式皆有獨特的或特定的中心概念。
2. 這些中心概念與其他概念形成一種可能的關係網，使經驗可以被理解，並在網絡中產生意義，使該形成具有特別的邏輯結構。
3. 每種形式有特別的術語和邏輯，形成各種表達方式和陳述，使該形式具有獨特的規準來測試經驗。
4. 這些形式已發展特別的技術和技能，來探索經驗及測試代表經驗的各種表徵，結果更累積大量符號表達的知識。

二、博雅教育的內容

　　博雅教育的內容主要是知識的傳授，那麼究竟應該包括哪些知識？赫斯特（Hirst, 1974）指出，有七種不同的獨特形式知識構成博雅教育的主軸，這七種學科或知識形式為：數學、物理科學（physical sciences）、有關人的科學（human sciences）、歷史、宗教、文學及藝術、哲學。有些知識系統並不成為一獨特形式的知識，但其所以成立是借用其他獨特形式知識的結果，例如地理學是借用其他基礎學科的結果，工程學也是，赫斯特稱這樣的知識為「知識的領域」（fields of knowledge）（但昭偉，2003）。知識領域的出現乃著眼於實際問題的研究，面對特殊的現象，要解決問題時，學科之間會借用一些概念，而以知識的領域標示之（簡良平，2005），例如道德知識、法律理論、政治理論及教育理論皆屬之。尤其是有關道德經驗及問題在人類從事任何實務活動時都會產生，我們很難將道德知識從這些實務活動中分別抽離，形成專門的學科（但昭偉，2003）。赫斯特認為博雅教育並不是教育的全部，教育活動中也應該有比較專門的教育、體育及品格陶冶等課程，且要依不同教育階段來設計課程，當然小學階段的教育內容不宜是艱澀的知識，而宜以包含各類型知識種子的日常普通知識為主，中學階段可以「主題為核心」，這種課程設計基本上仍然是讓學生了解各種不同類型知識的重要概念，以及概念的邏輯關係。但學生最後還是要與各學門的知識直接接觸，例如直接研習物理學等，否則博雅教育不可能落實（黃藿、但昭偉，2002）。

三、對博雅教育的批評

　　傳統上將博雅教育視為對只重視教育外在目的的一種抗議，雖然在20世紀重視生產力、專業、謀職的情況之下，其地位已不若往昔，但是仍然若隱若現的主宰著教育理想。馬克思派的教育學者一向反對博雅教育，視之為權力的精英宰制。女性主義的觀點認為博雅教育反映人類過去的文明，這些文明大都是由男性所建構，所以傳統的博雅教育其實反映了男性的思維模式。1980年代阿德勒（Adler）主持的《派代亞計畫》在

中學推展博雅教育，就想要改變傳統的博雅教育僅侷限於精英手中的情況，要將人類最珍貴的遺產普及眾人（簡成熙，2005）。

參. 道德教育

當代西方倫理學主要分為「規範倫理學」（normative ethics）與「後設倫理學」（meta-ethics），規範倫理學的各項課題都是倫理學最傳統而典型的「what」問題，包含「目的論」、「義務論」，儘管理論之間有所差異，但皆強調「正義」的觀念，也就是西方長期以來的主流價值。目的論倫理學又可以進一步區分成「結果論」與「幸福論」。至於後設倫理學則是分析哲學興起之後才有的發展，分析哲學家有系統的探究道德語句或道德評價語詞，例如是非善惡的性質或意義的學問（孫效智，2001）。關懷倫理學則是諾丁斯（Noddings）提倡以「關懷」為主的倫理學，強調關懷的重心在於「關係」，而不是「道德推理或理性」、「正義」（Noddings, 2002）。以下則就效益論、義務論、德行倫理學與關懷倫理學之理論加以說明：

一、效益論

目的論的典型代表是效益主義（utilitarianism），效益主義的主張可以用積極與消極二種方式來表述。積極方式就是：為最大多數人謀最大福利便是道德善的內涵與第一原則。消極表述則是提出「較小惡原則」，行為者在大惡與小惡之間必須選擇小惡，道德上善的抉擇就是兩惡相權取其輕的抉擇。效益主義從古典時期的邊沁（Bentham）、彌爾（Mill）及希德威克（Sidgwick）到當代的赫爾（Hare），不斷受到各種批判，然而它的思想活力卻綿延不絕。主要原因是它的主張雖然在許多方面需要修正或深化，但其目的論的基本洞視卻有某種理性說服力。效益論在倫理學行為理論（ethical theory of act）上所採取的是一種結果主義（consequentialism）的立場，主張行為的道德正誤取決於行為所帶來的一切可預見的結果（孫效智，2001）。效益論在道德方面的主張可歸納

爲以下四點：(1) 對行爲善惡的判斷，重結果而輕動機；(2) 主張善即是快樂，惡即是痛苦；(3) 善惡的辨認，全以過去的經驗爲依據。過去的經驗爲樂是善，反之爲苦；(4) 憑藉外力的制裁，以建立道德的權威（伍振鷟等，2012）。

二、義務論

　　義務論最受矚目的是康德倫理學，又稱爲嚴格主義倫理學，康德的自律倫理不從行爲的結果出發，而從行爲者的動機、意願來反省道德問題，因此在理論的開端便似乎與目的論背道而馳。按照康德觀點，行爲的倫理價值不在於行爲的效果，也不在於由效果而導出的任何原則，而只在於行爲者的「善意志」。所謂善意志則是指樂於服從良心「無上命令」（categorical imperative）的意志。無上命令要求人考查自己所遵循的行爲準則是否符合「可普遍化原則」，也就是說，行爲者應當問，自己所採行的行爲準則是否具有一種「爲一切人均適用的普遍性」（孫效智，2001）。依康德看法，一個人做好事只能出自於純正的盡本分或義務的動機，不能爲了其他目的。康德義務論強調道德義務的絕對性，以及個人的理性抉擇能力，同時也強調個人自律的價值（黃藿、但昭偉，2002）。

三、德行倫理學

　　近年來許多倫理學者逐漸將焦點轉移到對於德行的關注，而亞里斯多德的德行倫理學，正可以彌補康德義務論中過於冰冷的一面。亞里斯多德的倫理學是一種目的論，是以追求人生幸福或至高善爲終極的目的，其倫理學也被稱爲「幸福論」。他的倫理學是一種「德行倫理學」（virtue ethics），所謂德行就是個人本有能力的卓越化與良好人際關係的滿全，德行是幸福人生的核心，而好人在日常生活的各個面向都表現出德行（卓越）。因此兒童應該從小就接受道德訓練，對人生的要求作出回應。他認爲只有藉由不斷行善，才能變成有德的人。亞里斯多德的德行倫理學比較輕忽義務的概念，注重道德行動與日常生活的相連結，他對倫理學的研究

並不在於理論的建構，而是在於實踐，唯有實踐德目之規範，方能導致中庸的德行（黃藿，1997；張憲庭，2009）。

四、關懷倫理學

　　吉利根（Gilligan）從女性主義的觀點探討道德發展的問題，她批評郭爾保（Kohlberg）的研究對象均為白人男性及男孩，忽略了女性經驗，吉利根認為男性的道德判斷以私利為主，女性會在自我與他人的利益尋求平衡。女性主義學者諾丁斯（Noddings）則接續提出「關懷倫理學」（care ethics），主張關係是人存在的核心，認為所有的社會遠大理想，最後終究要落實到人際間關係的實現，因而被稱為關係的倫理學。諾丁斯認為關懷具有「專注」（engrossment）與「動機設身處地」（motivational displacement）的特性，在與他人的「邂逅」（encounter）中，我們會專注於被關懷者的需求，設身處地的去了解他人的動機，進而產生關懷關係。關懷除了是一種關係外，也是一種能力，教育有責任協助學生發展關懷能力。因此她主張道德教育不在強調思考，而應強調「感覺」，要教導學生如何發揮關懷之情（黃文三，2013；Noddings, 2003）。諾丁斯建構了七項關懷的主題，認為在國小階段裡應完全以這些為核心，中學階段每天至少應占一半時間在關懷的主題上，這些主題是：(1) 關懷自己，涉及到對自我的理解、探索與利益；(2) 關懷親密及熟識的人，教師要引導學生從被關懷者的感受出發，逐漸與其他人發展出關懷的關係；(3) 關懷陌生人和遠方的人，讓學生理解自己無法與整個社會割離，學習不同的文化，培養感同身受、設身處地的能力；(4) 關懷動植物及自然環境，從動物、植物到沒有生命的土壤、水文、自然，鼓勵學生關懷地球、關懷自然生態；(5) 關懷人為世界，讓學生有機會從中體察人類文明的價值，以及對藝術鑑賞能力的培養等；(6) 關懷理念，讓學生體會嚴謹的學科知識與人生的關係（簡成熙，2005；Noddings, 1992）。

第二節　教育的方法

　　隨著教育學術的科學化，教育方法逐漸成為教育科學（例如教育心理學、教學原理）的探究內容，各種教學方法也不斷隨著電腦科技的發展而日新月異，然而哲學的觀點是要去反思各種教學方法背後所涉及對知識、學生本質的假定，以形成教師自己的教育信念（簡成熙，1999）。教育的方法包含教育的隱喻、教學、懲罰、評量等部分，隱喻的部分將於第 5 章中探討，本節僅就教學的概念分析、懲罰原理及道德教育方法作一探討。

壹. 教學

　　教學是學校教育中最主要的活動，為達成教育目的所使用的一種方法。要給教學下定義是一件很困難的事，因為教學是一項很複雜的活動，所包含的範圍實在太廣了，學習、自學、研究、教育等活動都是廣義教學；就狹義的解釋而言，教學活動是教育的一部分，以傳授和學習知識技能為主要內容，包括家庭教育、社會教育、學校教育等形式；而最狹義的解釋則是專門指發生在學校裡面的活動，特別是教室裡面，由教師傳遞知識及生活技能給學生，使學生的身心獲得發展。基於這樣的理解，教育學者對教學的定義都是採用最狹義的觀點，特別指學校內部的教學（周新富，2019）。以下分別對教學的定義及認知結構作一探討：

一、教學的概念分析

　　有關教學概念分析，在 1950-1960 年代美國學者如史密斯（Smith）、謝富勒（Scheffler）及英國學者赫斯特（Hirst）相繼完成對教學之概念分析，茲將教學的概念整理如下（周新富，2019；簡成熙，2005）：

（一）教學敘述性定義

教學敘述性定義（descriptive definition of teaching）指某一詞彙傳統

上約定俗成的意義及對此詞彙的解釋，傳統對教學的解釋是指透過訊號或符號對某人展示某些東西，因此教學就是給予訊息，告訴某人要如何做，或給予學科方面的知識。所以自古以來對教學的定義都是指對某人提供訊息，以教導某人做某些事或是傳授學科知識。

（二）教學即是成功

教學即是成功（teaching as success）的觀點認為學習隱含在教學之中，「教」與「學」二者之間有密切的關係，可以用「教—學」（teaching-learning）的形式來表達。教學通常期望達到成功的學習，但是「教」不一定導致「學」，「學」不一定由「教」開始，如果教師沒有達到教學成效，則需要探究原因何在；然而，依據學生的成就來評鑑教師的教學是有問題的，因為教師無法控制影響學習結果的所有變項。

（三）教學是有意向的活動

第二種定義在邏輯上不一定成立，雖然教學有失敗的可能，但教師可以期望自己的教學能達成學習成效。教學是有意向的活動（teaching as intentional activity）的定義就是指教學不僅是從事某種活動，而且是「試圖」去進行的活動，有意診斷並改變學生的行為。教師教學時總希望學生達成某種目標，因此教學本身就是有意圖、有目的的行為。

（四）教學是規範性的行為

教學是規範性的行為之界定，說明教師教學時會依循某些原則或規準行事，也會考慮到倫理的問題。以規範來界定教學有助於釐清與教學相關的一些詞彙，例如「教導」（instructing）、「訓練」（training）、「灌輸」（indoctrinating）、「制約」（conditioning）、「宣傳」（propagandizing）、「恐嚇」（intimidation）等。這些活動是否屬於教學，視活動過程所涉及的心智程度如何而定，也就是教學活動的過程當中是否訴諸事實的證據及理性。雖然制約和訓練都是在養成行為，但訓練在智能的表現成分較多，制約則較少，所以制約離教學的概念比較遠。恐嚇與身體威脅是較接近的概念，以此方法為手段制約而成的行為，則不能稱

之爲教學，例如一個教師在教學時，經常使用責罵和體罰的手段，以達成其教學目的，但這種達成學生行爲改變的方式不能算是教學。政治、宗教、社會或道德信念的教學較易淪爲灌輸的形式，所以灌輸僅僅居於教學概念的邊緣。至於宣傳和說謊則遠在教學之外，或者根本不能算是教學，因爲不論政府的政治宣傳或是生意人的商業宣傳，均有誇大不實的情形，而教師在教學時不能稍有誇大；教師絕對不可以在教室中對學生說謊，故意教些不眞實的東西或故意散布不正當的思想和邪說。由以上的分析得知和教學關係最密切的概念是教導，其次是訓練，再其次爲灌輸和制約，這兩項活動若善加利用，可提高它們在教學上的價值。至於宣傳、說謊、恐嚇和身體威脅等概念，則離教學很遠，不能算是教學，如果教師在教學時，犯了宣傳和說謊的缺點，其教學將無價值可言；如果教師在教室中濫施體罰，甚至使用不正當的言詞威脅或恐嚇學生，這些行爲都是相當嚴重的錯誤。

二、教學的認知結構

　　由上述教學概念的分析，可知良好的教學須具備有意向獲致學習、方法須合理、方法在道德上可被接受三項特質。至於教學涉及了哪些認知結構？歐陽教（1998）依據哲學認識論，將認知結果分爲事實的認知、技能的認知與規範的認知。再依據教育認識論的原則，認爲教學存在三種類型，即事實的教學、技能的教學及規範的教學。事實的教學重點在於事實的傳授，就是要讓學生「知道某事例確是如此」，目的在是是非非。技能的教學重點在技能的傳授，就是要讓學生「知道如何熟練地操作某事」，以獲得技能或技術。規範的教學重點在於規範的指導，讓學生習得道德規範。要想讓學生有怎麼樣的認知結果，就得相對地採用那樣的教學，這才能引起預期的學習效果或學習目的。

　　在教學過程中，除了教材的客觀呈現外，更涉及學生主體的認知，教師要能掌握學生的認知經驗，以之建立起與教材的關聯，這包括語言的使用，以及使學生很容易從其已知曉的經驗事物中，建立起與教材的客觀聯

繫（簡成熙，1999）。

貳. 懲罰原理

　　法國後現代主義學者傅科（Foucault, 1977）在《規訓與懲罰》一書中提出有關社會控制的論述，傅科就西方在 19 世紀時對監獄、精神病院、妓女收容所、教養所、少年犯教養學校等機構，探討國家使用監控與強制安排等方式進行有關個人的控制，而對一些不守「秩序」的人，使用「規訓與懲罰」來制裁他們。學校可視爲規訓的機構，其目的在「產生一個柔順、可被駕馭、可被改造和改善的肉體」。但是如果學校的教育所顯現的「規訓」（disciplines，或譯紀律），有些背離了教育的眞正價值性，而朝向一種漫無意義的「權力運作」，就將產生一種從生理控制到心理宰制，從肉體懲罰到精神監控的規訓模式，例如教師嚴厲管教學生、謾罵、罰抄寫、講話尖酸刻薄等等，學校採用全方位的規範力量監視、判定、檢查和糾正學生的各種行爲。如此學校教育即成爲一種監獄式的「規訓與懲罰模式轉移」，這樣教育就不可能成功，即使成功，那依然是一種教師權力的運作，是一種毫無價值的「規訓」（謝素月，2010）。學校教育通常透過懲罰進行規訓，也就是「社會控制」。以下先就懲罰的類型加以說明，再提出教師應如何使用合理的懲罰方式：

一、懲罰的類型

　　所謂的「懲罰」是施罰者有意地將痛苦、不舒服或損失等適量的報復，施加在犯罪者身上，以期收教育之效。懲罰須符合下列三項規準：(1) 是特意的施加痛苦；(2) 施加者必須擁有權威；(3) 被處罰者必須違反某些法規（簡成熙譯，2017）。懲罰的執行大概基於下述四種原理，因而相對地可有四種類型（吳明隆，2018；楊忠斌、羅之君、葉振偉，2011；歐陽教，1998）：

（一）報應性懲罰

報應性的懲罰（retributive theory of punishment）是根據「因果報應」

或「報應性的賞罰」的原理而行的一種懲罰，也稱爲「報復性正義」。這種懲罰是一種報復（revenge）或報應（retribution），它基於自然法則與神意而作爲罪惡的天譴報應，亦即「善有善報、惡有惡報」、「以眼還眼、以牙還牙」、「罪與罪相抵」。所以犯錯者都應該嘗到苦果，例如罰寫作業、罰做公差、罰站、罰跑步、記過等，教犯錯者在痛苦的經驗中認識正義，付出代價，並且在懲罰中昭彰天理。

(二) 懲戒性懲罰

懲戒性的懲罰又稱懲戒論（deterrent theory），與前述報應說皆主張犯錯都是出於內心的罪惡，故當施以報復，給犯錯者苦頭吃，以懲治其罪過。不過二者的施刑動機或目的稍有不同，前者重在報復，後者強調懲戒的作用，即採用嚇阻式的懲罰，以收「殺雞儆猴」之效。例如教師在課堂中針對吵鬧、影響課堂秩序的學生給予減少下課時間之管教措施，以警惕其他同學。

(三) 感化性懲罰

感化性懲罰又稱感化論（reformative theory），這種懲罰的概念是比較具有教育性的動機，至少不強調「報復」、「吃苦頭」，而是主張多元的處理（treatment），除了報復罪行、嚇阻犯罪傾向之外，並注意犯罪行爲的成因，對症下藥。如果犯罪行爲是惡性傾向，則當報復與嚇阻；若犯錯是出於心理或生理上不可抗拒的病因，則需要柔性矯治感化，使犯錯者恢復正常的社會行爲能力與習慣。感化性的懲罰理論，最切合學校教育之中的訓育。例如教師於課間休息時間把遲交作業的學生留在教室，等其將作業補齊後方予下課，希望遏止學生得過且過之苟且心態。

(四) 恕道性懲罰

恕道性懲罰（punishment by reciprocity）的原理係基於「分配性正義」（distributive justice），懲罰原理爲公平對待原則，也就是「平等對待平等，差別對待差別」，違反了同樣的規定者，就一定要同等地處罰，這就是公平；所謂「恕道」，就是一視同仁，能寬恕則一同寬恕，絕

不可造成差別待遇。懲罰動機完全合乎教育理想，把學生當人看待、對事不對人、尊重學生的人格等。例如對於初次偷竊的學生，教師宜多方交叉比對，若查證該生因家境貧困且是初犯，並已有明顯悔意，則教師以勞動服務等方式來讓該生有彌補過失之機會。

二、教育上應用

從哲學觀點來看，「報應論」推崇以牙還牙的方式比較殘酷，不合乎人道；「懲戒論」比前者較為文明，但不太合於認知原理；「感化論」、「恕道性」則是最進步、最文明的，但感化論有點強迫性的歷程，最好的方式是採用恕道性的懲罰（吳明隆，2018；歐陽教，1998）。懲罰原理應用在教育上可參酌以下建議（楊忠斌等，2011；簡成熙譯，2017）：

（一）懲罰最好符合感化性或恕道性的原則

皮德思認為只有「報復式的懲罰」合乎懲罰的定義，與「嚇阻」、「預防」、「感化」沒有直接關聯，因為不能達到預期要求。但在學校情境中，通常不會用很激烈的方式執行懲罰，比較能用感化效果的觀點來看懲罰的形式，因為懲罰不是在「虐待」學生，而是對「違反規則」者所進行的矯正行為。為兼顧教師管教權及學生自主權，教師在實施懲罰時，須符合恕道性原則，以發揮教育使人遷過向善的正面價值。同時，教師在進行懲罰時應本於公平正義原則，尊重學生的人格及人權，勿流於報復性懲罰，而喪失懲罰真正之原意。

（二）懲罰應符合比例原則

懲罰因具有某種程度的傷害性，會造成犯錯學生身心上的痛苦，所以教師須體認到懲罰雖為一種教育手段，但絕非「唯一的」手段，能少用盡量少用。懲罰本身雖具有使犯錯學生得到「痛苦」的意圖，但並不能保證日後不再犯，亦無法保證學生以後的行為會比現在好，因而教師實無須採用太強烈的處罰方式，而且懲罰時也須符合比例原則，即教師的懲罰方式應有助於達成維持及增進學生良好行為之積極目的。同時如有多種懲罰方

式皆可達到教育目的時，教師應選擇使用對學生權益損害最少者。

參. 道德教育方式

　　道德教育有一項重要的問題是：道德認知與道德實踐是否能相互配合？這個問題又可以轉化爲二個問題，一是沒有道德的認知是否還可能有道德實踐？二是有了道德認知是否便能有道德的實踐？蘇格拉底提出「知德合一」，認爲有道德上的認知，必然就有道德的實踐（黃藿，1997）。杜威、皮亞傑、郭爾保等學者以認知與發展的觀點探討道德問題，強調道德教學的重要性，因此道德認知發展理論比較接近康德的義務論，對陶冶道德情操，培養學生自律行爲有很大的幫助。至於效益論及德行論則是強調道德實踐的重要性，適用於較低層次及具體的行爲習慣的訓練（伍振鷟等，2012）。以下分別針對不同學派的道德實踐方式加以探討：

一、效益論

　　效益論的道德學說，認爲道德教育的目標不在訓練好意志與品格，而在訓練好行爲，因而主張透過獎賞與懲罰的手段，使個人產生快樂或痛苦，進而使個人顧全社會公眾的快樂。其道德訓練的程序是由外部的制裁，漸化爲內心的制裁，由苦樂的計較，逐漸提升到義務心的養成（伍振鷟等，2012）。

二、義務論

　　康德的道德學說影響教育最大的，是注重品格的陶冶、意志的訓練，使受教育者得以表現道德的行爲。因而在道德實踐方面主張訓練意志比養成習慣更重要，要訓練兒童只爲義務心的驅迫而行爲，不應夾雜其他動機，爲求避罰而服從規律，亦爲康德所反對。道德學說雖然教人服從規律、履行義務，但康德不願人們盲目服從與遵守，要人們明白規律或義務的合理性，康德稱之爲「意志的自律」（autonomy of will），意志的自律爲道德教育的最高理想與終極目的（伍振鷟等，2012）。

三、德行論

　　德行倫理學重視德目之要求，比較輕忽義務的觀念，認為理性之人應當為德而行、為善而為，因此對於德目之訂立乃成為關注之焦點。學校品德教育之實施，須訂立適合自身發展與成員特性之中心德目，例如正義、勇氣、誠實、節制、慷慨、誠實、友愛等，以培養教師與學生具備良好的道德特質。學校可以依據這些德目辦理相關活動，教師可以將德目融入課程設計之中，搭配楷模認同、價值澄清、角色扮演等教學法，讓學生進行探討、批判與省思（張憲庭，2009）。

四、關懷倫理學

　　諾丁斯從關懷倫理學觀點，提出道德實踐的四項方式（簡成熙，2005；Noddings, 2002）：

　　(一) 身教

　　身教（modeling）是道德教育中的首要成分，亦即教師必須藉由身教展現出關懷的意義。在學校教育中重要的不是教師教給學生的知識，而是「教師對學生所產生的意義」，諾丁斯期許教師是一位「關懷者」，將學生當成關懷的對象，表現出關懷的情意與行動，特別是對於那些弱勢的學生。教師藉由對學生的關懷，成為學生模仿的對象，讓學生實際體驗到底什麼是關懷。

　　(二) 對話

　　對話（dialogue）是關懷最基本的要素，對話之所以是道德教育的核心，在於能夠提供被關懷者的訊息及引導思考與反省，有助於提升溝通能力，並增進彼此之間的關係。傳統師生的對話比較像是「戰爭模式」（war model），對話的內容會形成一種辯論，但「關懷倫理」是藉由對話提升人與人之間的關係，增進人與人之間的了解。在對話過程中關注學生、傾聽學生、理解學生的需求、接納學生的感受，並鼓勵學生去探討人生重大的問題。

(三) 實踐

實踐（practice）即是將自己的關懷經由行為表現出來，經由實踐可加深學生對於關懷的體驗，進而改變態度。社區服務、合作學習都是值得提倡的實踐方式，學生從中可以體會到關懷者與被關懷者的經驗。

(四) 肯認

肯認（confirmation）是指在關懷模式中，關懷者肯定並激勵被關懷者的表現。這項理念正是想處理師生之間可能因評鑑而產生的衝突，因為教師雖是一位關懷者，卻同時握有評量學生之權力。諾丁斯認為如果我們把教學定位在一種關懷關係，教學的重點是能力的培養，而不是特定的知識或價值，那似乎精密的測驗也就變得沒必要。

問題討論

1. 空無課程又稱為「懸缺課程」，試舉例說明其意義，並闡述其對學校課程發展有何種涵義？（97 教檢）

2. 請比較功利主義與嚴格主義的道德理論，並加以評述。（95 教檢）

3. 道德哲學的動機論與結果論在德育的推動上有所不同，分別說明其涵義。（100 教檢）

4. 真善美中小學在實施道德教育時，採取了道德哲學中德行論（virtue ethics）的立場，希望學生們能在校方所安排布置相關的教育情境中，於耳濡目染之間培養成自己的道德觀。試說明德行論的二項要旨，並說明真善美中小學在推動道德教育時可以採取的三種措施。（108-1 教檢）

5. 懲罰理論（theory of punishment）一般有以下四種主張：報應性（retributive）懲罰、懲戒性（deterrent）懲罰、感化性（reformative）懲罰及恕道性（reciprocity）懲罰，請分別說明其理論的要點，並討論其學說是否適用於學校教育。

6. 諾丁斯（Noddings）關懷倫理學之要旨？以關懷的角度融入道德教育的四個步驟為何？（107 教檢）

第 **3** 章

中國教育思想與發展

教育史是記載教育活動的歷史，教育活動包括教育制度與教育思想，而教育制度所包含的範圍更廣，例如學校建制與管理、師生資格及員額、課程與教學、考試制度等。研究教育史在了解教育的演變，教育的功用是把社會的文化傳給後代，如果環境沒有變遷，這種保守的教育便繼續推進，若是環境有變遷，舊文化不能適應新環境，舊教育必須有新的變革，才能度過難關。教育史的使命在正確記述教育演進的歷程，評論其得失，分析其因果，讓人類控制新社會進化的能力得以增加（王鳳喈，2018）。有關中國教育史的分期，一般分為三大時期，自虞夏至周末為第一期，約 2,000 年；自秦至清末為第二期，約 2,100 年；自清末到現在為第三期。本章為顧及各節的均衡，調整為第一節探討夏商周秦漢教育，第二節探討魏晉到清朝前期的教育，第三節探討清後期至現代的教育，第四節則是探討臺灣在日治時期及以前的教育。本章以探討學校制度及教育思想為主，科舉制度及教育行政為輔。

第一節　夏商周秦漢的教育

　　本節主要在探討夏商周秦漢等時期的教育活動概況，夏商皆只是學校教育發展的開端，至周朝以後教育活動才開始興盛。

壹. 夏商周時期

　　學校和教育是人類社會發展到一定階段的產物，中國古代開始有了學校教育，《禮記》云：「古之教者，家有塾，黨有庠，術有序，國有學。」一般認爲，我國古代的學校萌芽於堯舜時期，至夏商周時代已經有了學校的名稱，《孟子・滕文公上》：「夏曰校，殷曰序，周曰庠。」夏商二代的學校教育偏於軍事方面，庠是習射的地方，序不僅習射還要習射禮，貴族男子重武習射，也要懂射箭的禮儀。由政治、軍事訓練活動，因而發展出來爲培養軍事人才的古代官學教育制度的雛型（王鳳喈，2018）。

　　周朝教育的內容擴大，「庠者，養也；校者，教也；序者，射也。」這是孟子的解釋。「學」是位於京城的大學名稱，這是夏商周三代學校的一個共同名字，無論何時何地之「學」，皆以「明人倫」爲教學目的，即明確人與人之間的關係和行爲準則。西周的教育制度已經較爲完備，周天子京城的學校稱爲「辟雍」，諸侯國稱爲「泮宮」，皆國學中的大學，其學生以貴族子弟爲主，稱國子。地方上則有庠、序、校，是爲「鄉學」，對象應是成人而非兒童。國學的教師由負責教育的官員擔任，鄉學教師則由年老有德者任之。國學以把國子培養爲統治者爲目的，其教學內容以禮樂爲中心，主要包括三德、三行、六藝、六儀等，與鄉學相同。大學隔年考核一次，滿 9 年合格者，曰大成，其中優秀者會被推薦任職。在這種體制下，學校設在官府之中，官師合一，官吏既是教育行政官員，也是學校的管理者，還是學校的教師（王鳳喈，2018；陳青之，2009）。

貳. 春秋戰國時代

春秋時代社會的變化引起社會階層地位發生了變化，許多貴族地位下降，淪爲庶人；而許多庶民，有以勇敢贏得軍功、用智慧換取官職，在這個社會的分化改組過程中，士人階層迅速形成，社會影響力逐漸加強。學校在官府的壟斷被打破，進而促使私學興起，其中以孔子的私學最具規模，孔子有弟子 3,000 人，著名的有 70 多人，例如顏淵、子貢等。孔子的思想對中國乃至世界都有著深遠影響。同時，其他學者如墨翟、商鞅等人也紛紛辦學，推動了百家爭鳴的發展局面（吳清山，2004）。

在這個時期，官學中影響最大者當屬齊國的「稷下學宮」，學宮始建於桓公時期，是世界第一所官方舉辦、私家主持的高等學府。它集講學、著述和教育爲一體，容納各派學者，宣導思想自由，除常規教育外，還含有學術研究的成分。孟子、荀子等都在稷下學宮講過學，尤其是荀子，曾經做過三次祭酒。與稷下學宮相類似的爲「養士之風」，養士起於春秋之末，大盛於戰國，當時最有名的四大公子，門下食客動輒數千人。此一教育形式促進了戰國時期思想和學術的發展，是戰國時期百家爭鳴的中心和縮影（毛禮銳、邵鶴亭、瞿菊農，1989）。春秋戰國時期，除了制度改變外，在思想史上也有一件大事，即是諸子百家的興起。

參. 秦漢時期

秦統一天下後，實行專制統治，以壓迫學術自由而統一思想。在郡縣大量設立地方官學，稱「學室」。秦國採用「以法爲教，以吏爲師」的教育政策，丞相李斯認爲私學有礙國家的統一和法治的實行，於是頒布了嚴禁私學的禁令（林玉体，2006a）。漢朝統一全國後，形成了中央和地方兩個官學教育體系。中央官學則以太學爲主，太學的老師稱爲博士，由政府官員擔任，博士的領袖西漢稱僕射，東漢稱博士祭酒。太學學生叫博士弟子，東漢時又稱太學生或諸生，東漢末年有諸生 3 萬餘人。太學之外，東漢時期又出現了二種特殊的學校：官邸學和鴻都門學。官邸學是一種貴

族學校，最早的官邸學是「四姓小侯學」。鴻都門學設於洛陽鴻都門，被認為是一種專門研究文學藝術的學校。漢朝地方官學稱為郡國學，名稱有庠、序、校、學等，地方政府設立學官，興辦學校。私學在漢朝也相當發達，主要有二種：一是童蒙學習的書館，二是學者聚徒講學的經館，也稱精舍。漢代私人講學風氣盛行，尤其是在東漢，例如王充、鄭玄等皆為著名私學大師，教學內容為經書、論語及孝經（王鳳喈，2018；毛禮銳等，1989）。

　　漢朝重要的教育思想家有董仲舒、揚雄及王充，董仲舒將人性分為上、中、下三品，中品可經教化而成善，其三大文教政策為：獨尊儒術、立太學、行察舉。察舉即漢代選才任官的制度之一，另一種為徵辟。三項政策對日後文化、教育的發展影響巨大，但對非儒家的思想產生抑制作用。揚雄是西漢文學家、思想家，認為人性是善惡混合，教育的作用在於「修性」。王充是東漢思想家，著有《論衡》一書，認為人性有善有惡，但都可以經過教育改變，惡者可以轉化為善。他批判獨尊儒術的教育，主張博覽群書、獨立思考（郭齊家、崔光宙，1990）。

第二節　魏晉到清朝前期的教育

　　這時期包括三國、魏晉南北朝、隋唐五代、宋元明及清朝前期，學校制度沿用兩漢學制無大變更，所不同的是魏晉後的課程已超出儒家經典，玄學、文學、史學與儒學並立，教育思想也不全以儒家為主（王鳳喈，2108）。

壹. 魏晉南北朝時期

　　魏晉南北朝為分裂和長期戰亂的時期，這時期士族門第教育發達，佛道教盛行。三國時代雖皆有中央、地方官學，然官員不熱心推動，故教育不盛。曹魏明帝設立「律學」，打破經學一統的局面。兩晉時中央設立二

種學校：國子學及太學，前者為士族子弟，後者為六品以下子弟，即為庶民而設。南北朝因歷史背景不同，形成文化的差異，南朝偏重文學，北朝偏重經學；南朝儒、玄並立，北朝重視經學，例如南朝宋文帝時，國學開創玄、儒、文、史四館並立局面。北朝的國學崇儒尊孔，但專門學校發達，例如書學、算學、醫學的設置。至於地方官學，因魏晉南北朝時期政局不穩，地方官學時盛時衰，視地方鎮守官員的態度而定（周愚文，2001）。

　　魏晉南北朝時期官學衰頹，私學卻呈現繁榮局面，其主要形式有三：(1) 私人講學，即名儒聚徒講學；(2) 門弟之學，門弟大族教育子弟；(3) 山林寺院講學。私學補救官學衰敗所帶來的文化、教育失落，承擔教育社會的功能（黃雋，2005）。

　　這時重要的教育思想家有傅玄及顏之推，傅玄主張性善惡混，人有好善尚德的善性，又有貪榮重利的惡性。以良好教育教化身心，提倡禮義，崇尚廉恥，以發揮人的善性而消滅其惡性。他主張以「尊儒貴學」作為國家的政策，反對當時空說虛玄和腐朽墮落的士風。顏之推著有《顏氏家訓》，其教育思想皆收錄於本書，他擁護孔子唯上智與下愚不移的學說，教育的主要對象是中等的人，重視教育的作用，特別強調教育子女的重要性，認為應及早對子女進行教育，甚至主張胎教。他也認為教育應重德性操守反奴化，重勤勞反遊惰，重實踐反空談（毛禮銳等，1989）。

貳. 隋唐時期

　　隋唐時期是教育制度高度發展、完備的時期，隋唐繼承前代教育制度並加以擴充，不僅在我國，甚至在世界教育史都占有重要的地位。

一、中央及地方官學

　　隋唐統治者都十分重視教育，並建立起完善、系統的官學制度。隋初在中央設立國子寺，專門管理全國官學的教育行政機構，在國子寺下設立五學：國子學、太學、四門學、書學、算學。唐初重視文治，建國初年

即設置完善國學制度，將國子寺改稱國子監，屬於禮部，學校脫離太常寺，象徵教育與宗教分離。國子監下轄六學，即隋之五學加上律學，屬直系學校；旁系學校除崇文館、弘文館是勳臣子弟的官學，尚設立崇玄學、天文學、醫學、獸醫學等專門學校（林玉体，2006a）。

　　唐代的地方官學則有府學、州學、縣學，都是以研習儒家經典為主，並且在地方州府設立醫學，就是唐朝首創的。唐太宗詔令全國縣學皆建置孔子廟，所謂「廟學」的制度化，此後直到清代為止，自中央國子監到地方縣學，皆須具備「廟學」制。自安史之亂後，因政治不穩定及財政困難，學校教育即日漸衰敗（高明士，1999）。

二、私學、科舉及教育思想

　　唐朝鼓勵私學，私學得以興旺，顏師古、孔穎達、韓愈、柳宗元都曾開過私學。在安史之亂後，國勢衰弱，官學不振，私學相對盛行，大體上可分為經學、文史、道玄、詩賦等不同性質私學，其類型有隱居讀書、私人講學、塾學、家學、佛寺儒學等五種。在選拔人才方面，唐朝在隋朝的基礎上使科舉制度更加完善，科舉是以分科考試取士任官，參加尚書省考試的科目較常舉行的是秀才、明經、進士、明法、明書、明算六科。唐太宗還令孔穎達編《五經正義》作為學習教材和科舉考試的依據。唐代將孔子神聖化，重新確立了儒術的正統地位（陳青之，2009）。

　　隋唐重要的教育思想家有王通、韓愈及柳宗元。王通是隋代的教育家，他認為教育目的在培養能行王道與事君的人才，教學上注重因材施教，多採用問答方式與學生分析與討論。韓愈認為人性有上、中、下三品，教育主體只限於中品的人民，他著有〈師說〉，闡明從師學道的意義。柳宗元認為教育目的，是將「中人以上」的人培養成賢者（郭齊家、崔光宙，1990）。

參. 宋元明及清中葉時期

　　宋元明至清咸豐年間的教育約 900 餘年，其中宋是漢族主政，重文

輕武，教育文化興盛；元是蒙古人入主，力行種族歧視，未重教化；明朝由漢族主政，沿用宋代新儒學，文化武功兼重；清朝滿族統治，初期重文化，至道光受洋人所制，惟排外心理導致國勢日衰（周甘逢、周新富、吳明隆，2003）。

一、中央官學

宋代的教育特色是官學與私學並行，二者互爲消長。屬於官學者，中央有國子學、太學、辟雍（太學預科）、小學、廣文館、四門學、各級貴族學校（宗學）及律、算、書、畫、醫、武等專門學校。宋朝因重科舉考試而輕學校教育，一些有識之士曾掀起了三次興學運動，第一次是由范仲淹主持的「慶曆興學」，創立了「學田制度」；第二次是王安石主持的「熙寧興學」，創太學「三舍法」；第三次是蔡京主持的「崇寧興學」，停廢科舉，以學校選才。遼、金時期的官學多仿宋制，元朝則於專習漢文化的國子學之外，另設學習蒙古文化的蒙古國子學和學習波斯文字的回回國子學。回回國子學是爲了適應與西域諸國交流的需要而設立的，它是我國最早的一所外國語學校。明清兩朝的中央官學已無國子學和太學之分，只剩國子監，明朝因朱棣移都北京，故有南監、北監之分，南監規模較大。除國子監外，明朝專爲宗室子弟設宗學，專爲武官子弟設武學。清朝中央官學大體上沿用明代，中央設國子監，國學、宗學之外，還專爲愛新覺羅氏子弟設立了覺羅學，專爲八旗子弟設立了八旗官學（王鳳喈，2018；毛禮銳等，1989）。

二、地方官學

宋代地方行政分三級：路、州、縣，地方則有州（府、軍、監）學及縣學，遼、金仿宋代建立。元代地方行政分路、府、州、縣四級，各設有官學，此外路還建立醫學等專門學校。「社學」是元朝教育中一個重要的教育形式，它是一種官辦的蒙學；明清兩朝的地方官學爲府、州、縣學和最基本的社學。宋元以後我國蒙學教育開始發展，除了中央的貴族小學

「宗學」外，還有地方辦的庶民小學以及民間私學性質的蒙學，例如家塾、私塾、蒙館、鄉校（吳清山，2004）。

三、書院教育

　　至於私學方面則以書院為代表，嚴格地說，書院應是介於官學和私學之間。書院的名稱最早見於唐玄宗的麗正書院，然而當時的書院為藏書、校書的機構。真正蘊含教育精神的書院則開始於北宋初年，尤以四大書院最為著名，分別是白鹿洞、嶽麓、應天府、嵩陽四書院。書院的「洞主」或「山長」既是書院的最高行政長官，也是主要的講師，多由著名學者擔任，例如朱熹先後主持了白鹿洞書院和嶽麓書院的教務。南宋時期書院更為繁榮，其原因如下幾點：(1) 程朱理學的促成；(2) 南宋官學流於形式；(3) 科舉腐敗，士學風氣墮落；(4) 佛教禪林的影響；(5) 南宋印刷術的發展等。書院制度在兩宋時期縱然有盛衰變遷，然而卻並未中斷，宋代的書院制度也為元明清三代的書院教育奠定雄厚的基礎（高明士，1999）。

四、教育思想家

　　宋元明清時期重要的教育思想家多半與理學有關，例如周敦頤、張載、程頤、程顥、朱熹、陸九淵、王守仁、顧炎武、王夫之等，他們的思想偏重於哲學。北宋政治家王安石擔任宋神宗的宰相時推行新政，他嘗試將科舉與學校結合起來推行，創立太學三舍法，將太學生分為上舍、內舍、外舍三等，根據品行和成績升內舍、上舍，修業期滿依考試成績授官或參加科舉考試，他亦制訂《三經新義》，作為學校的統一教材。清初思想家顏元，號習齋，強烈批評傳統教育，尤其是宋明理學教育，因為脫離實際，淪為空談虛妄之學，他反對八股取士，認為八股取士會使士人成為廢物。他主張將水利工程、天文、地理、兵法等實用知識列入教學科目，認為知識來自實學、實習、實行。清朝鴉片戰爭時期革新派思想家魏源，主張「經世致用」、「師夷長技以制夷」，他揭露當時教育制度

的積弊，抨擊偏重考證和空談義理的學術風氣，主張創辦新式學校及學習西學，他所編著的《海國圖志》是中國最早編寫的世界歷史（王鳳喈，2018；郭家齊、崔光宙，1990）。

第三節　近代及現代時期的教育

　　清末同治元年以後，迄今約 150 年的教育稱為近代教育。鴉片戰爭以後，外國資本主義侵略勢力利用不平等條約在中國設教堂、辦學校、醫院，對中國進行文化教育的侵略。在西方衝擊下，清朝進行洋務運動，用以達成國防、外交為中心的富國強兵政策（周甘逢等，2003）。本節分為教育與學校制度、教育思想二小節來探討。

壹、教育與學校制度

　　本小節將清末至民國時期的教育細分為洋務運動、戊戌維新運動、辛丑議和及民國四個時期來敘述。

一、洋務運動

　　洋務運動又稱自強運動，乃由於鴉片戰爭等戰役，中國連續敗於西方，加以太平軍之亂，迫於內憂外患而起。道光 22 年（1842），魏源便提出「師夷長技以制夷」之口號，然至同治初，奕訢、曾國藩、李鴻章、左宗棠等之鼓吹推動，洋務運動始正式展開，大致至光緒 20 年（1894）甲午戰爭時結束。而「洋務教育」包括興辦洋務學堂、學習外國語文、派遣留學生、翻譯出版西學書籍等（吳洪成、李兵，2003）。以下就設置新式學堂及派遣留學生二項說明之（徐宗林、周愚文，2005）：

(一) 設置新式學堂

　　洋務運動時期的教育改革重點之一，即在本國境內試辦西式的新學堂，新式學堂大致可分為三類：

1. 外國語學堂：主要有京師同文館、上海廣方言館及廣州同文館，外語學堂是新式學堂之始，所授西方語文外，也引入近代科技，並大量翻譯西書，介紹西學。
2. 技術學堂：最早創立是船政學堂，目的在培養駕駛與造船人才，其他如上海電報學堂等。
3. 軍事學堂：最先設立是天津水師學堂，旨在培養海軍人才，陸軍則有天津武備學堂。

（二）派遣留學生

此時期改革的第二個方向是選派學生出國留學，留學國可分爲留美、留歐、留日，留學生的年齡可分爲幼童與青年二類。就留美而言，最早倡議者爲容閎，他是第一個畢業於美國耶魯大學的中國留學生，被譽爲「中國留學生之父」，每年挑選 30 名年齡介於 13-20 歲之間，赴美留學 15 年，返國後委以職務。然而此一計畫只派遣了四批，因故而夭折，此後選派留學生以青年或成人爲主。

二、戊戌維新運動

中日甲午戰後，康、梁倡議變法，獲得光緒的支持，但突然發生政變，致使維新運動中斷，史稱「百日維新」，教育與科舉的改革是其中重要的一環。百日維新前增加一些新設的學堂，其中比較有名的是 1895 年盛宣懷於天津所設的中西學堂，分頭等、二等兩級，頭等爲大學本科，二等爲預科，具有中學的性質，被視爲近代中等教育的開始。1896 年盛宣懷在上海創設南洋公學，首招師範部學生 40 員，爲中國師範教育的開端。百日維新時期的改革主要措施有三：(1) 設立京師大學堂，是中國近代最早的大學，北京大學的前身；(2) 將各級書院改辦成大、中、小學的學堂，兼習中學、西學；(3) 改革科舉，開設經濟特科，廢八股文（徐宗林、周愚文，2005）。

三、辛丑議和以後時期

　　庚子事變後與列強簽訂辛丑和約，這時期的教育變革主要有四：建立新式學制、廢止科舉制度、建構新教育行政制度、推動留學教育。晚清正式頒定的學制有二：「壬寅學制」又稱《欽定學堂章程》，主要是抄襲日本學制，頒布後未實施即廢止；「癸卯學制」又稱《奏定學堂章程》，此學制分為三段七級，基本上也是抄襲外國制度，但忽略了女子教育，後來學部另頒布二個章程，女子教育才取得合法地位。實施逾千年的科舉制度，也在光緒 32 年正式告終。教育行政制度也產生了變化，最高主管教育行政機關由禮部改為學部，各地方層級均設有專司學務的教育行政機關。留學教育至此時期進入第二階段，朝野態度轉趨積極，留學人數日增，主要以日本、歐洲與美國為主（毛禮銳等，1989；王柄照等，1994）。

四、民國時期

　　民國成立後政體變更，清末教育學制也隨之改變。蔡元培擔任教育總長，制定「壬子學制」。民國 2 年 8 月，民國政府又陸續頒布各種學校規程及補充修改，新學制又稱「壬子癸丑學制」。這個學制分三段四級，兒童從 6 歲入學到 24 歲大學畢業共 18 年，以小學到大學為主幹，兼重師範教育及實業教育，學制亦規定女子享有與男子平等的法定教育權。

　　北洋政府受到五四運動的影響，於民國 11 年（1922）制定「壬戌學制」，新學制採用美國六三三分段法，又稱「六三三學制」。此學制與舊制相較，最重要的意義在於從兒童身心發育階段著眼以劃分學級，將系統分為初等、中等、高等教育三段，並且賦予地方變通伸縮的空間，由各省依新學制擬定章程辦法報部批准施行；新學制同時也注意到特殊教育的問題。壬戌學制深受美國實用主義教育影響，具體化「新文化運動」的教育理念（林本，1977）。

　　民國 17 年（1928）國民政府成立，大學院通過「中華民國學校系統案」，是為「戊辰學制」，與「壬戌學制」並無多大變更，惟恢復職業

學校可單獨設校。由於推動三民主義的「黨化教育」，民國 18 年頒行以實現三民主義為目的的教育宗旨。民國 16 年成立的大學院是採用法國制度，為全國最高學術及教育行政機關，任用蔡元培為院長，但此一教育實驗以失敗收場。民國 21 年，國民政府公布《小學法》、《中學法》、《師範學校法》及《職業學校法》，將中等教育階段列為亟需改革的對象。以後此一新學制屢有小幅修正，例如延長義務教育年限，加強辦理補習教育、特殊教育等，逐漸形成現行之學制。民國 57 年（1968）實施九年國民教育，改初中為國民中學，並取消初級職業學校，一方面配合社會的發展與需要，一方面也更適切地體現「壬戌學制」的精神（林本，1977；謝文全，2001）。

貳. 教育思想

這時期著名的教育思想家相當多，他們為了抵擋列強的欺凌，紛紛提出改革教育的建議，以下僅就幾位重要的教育思想家作一簡述：

一、張之洞

清朝後期知識分子興起「師夷制夷」的教育理念，曾國藩提出「馭夷之道」、「師夷智」的思想，又經龔自珍、魏源等人的倡導，因而「中學為體，西學為用」的文教政策逐漸成形（周甘逢等，2003）。張之洞是晚期洋務派的主要代表，對清末教育思想和實踐都產生重大影響，1898 年著《勸學篇》，提出「中體西用」的理論體系，書中說「中學為內學，西學為外學，中學治身心，西學應世事。」說明了教育應以中學端正思想，進而涵養忠君愛國的有用人才。當時嚴復就反對此一思想，他認為「中學有中學之體用，西學有西學之體用，分之則兩立，合之則兩亡。」勉強拼湊在一起，結果二者都學不好（王柄照等，1994）。

二、康有為、梁啟超

康有為，廣東南海人，1895 年「公車上書」使他名傳於世，他在光

緒皇帝支持下推行戊戌變法，但失敗後流亡日本，成為保皇黨領袖。在
《大同書》中論述其學制的構想，具體主張為廢八股、變科舉、廣遊學、
譯西書。梁啓超與康有為同樣是維新變法的領導者，政變後亡命海外，創
辦《新民叢報》，介紹西學，鼓吹改革。他提倡新民說，力主教育應積極
培育新國民，他重視幼兒教育，撰寫《論幼學》；也十分重視女子教育，
同時主張加強師範教育（黃雋，2005）。

三、蔡元培

　　蔡元培推崇自由思想、倡導民權與女權，視教育為救國的基本途徑，
當他身為北京大學校長時，對政府官僚掣肘、摧殘教育有深切的感受，
因此 1922 年發表了〈教育獨立議〉一文，闡明教育獨立的基本觀點和方
法。為實現教育的真正獨立，他設計了教育經費獨立、教育行政獨立、教
育獨立於宗教的具體措施。蔡元培同時也提出「五育並舉」的思想，所謂
五育是軍國民教育、實利主義教育、公民道德教育、世界觀教育、美感教
育。軍國民教育即軍事體育，為了反對帝國主義侵略，必須用武力自衛；
實利主義教育即智育，主要是以各種文化科學知識，來發展實業的知識和
技能。公民道德教育即德育，即法國革命所提倡的自由、平等、博愛。世
界觀教育是引導人們去追求真理，追求有價值的人生。美感教育亦稱美
育，美育是以陶養感情為目的，可以使人寄託於美的享受，去掉生活惡習
（李雄揮，1980）。

四、梁漱溟

　　梁漱溟是近代儒家思想最具代表性的人物之一，被稱為「中國最後儒
者」。1920 年初至 1930 年末，在動盪不安時代中，產生對中國的憂慮與
關懷，因此梁漱溟將中國問題的解決之道，轉向投射於儒家思想復興運動
之上，並以鄉村地區作為其理念實踐的場域。他離開北大的教職，分別於
1929 年、1931 年至河南輝縣及山東鄒平縣創設村治學院及鄉村建設研究
院，企圖以鄉學、村學之教育手段，來達到建構理想鄉村社會的目標，對

於近代中國的鄉村教育的理論與活動頗有貢獻（王俊豪，2000）。

五、晏陽初

　　晏陽初是中國著名的平民教育家和鄉村建設家，於 1916 年獲得耶魯大學政治經濟學士。他與梁漱溟的看法一致，認為中國人民的四大病為「貧、弱、愚、私」，平民教育運動就在救治這四大病。1922 年晏陽初發起全國識字運動，號召「除文盲、做新民」；1923 年成立中華平民教育促進會；1926 年到河北省定縣的翟城村，推行他的鄉村教育計畫；1929 年總會遷往河北定縣，在此開展鄉村教育的實踐。晏陽初提出四大教育來醫治四大病，分別是：(1) 以文藝教育攻愚，例如讀書會、家庭教學；(2) 以生計教育治窮，例如組合作社；(3) 以衛生教育扶弱，例如防疫注射；(4) 以公民教育克私，例如息訟會、禁賭會。晏陽初將鄉村教育視為建設的基礎，並與學校、社會、家庭相輔相成，以達到救國圖強的目的（張文忠，1990）。

六、陶行知

　　陶行知畢業於金陵大學文學系，1915 年入哥倫比亞大學師範學院，受教於杜威（John Dewey）、克伯屈（Kilpatrick），回國後任教南京高等師範學校。他曾參與晏陽初發起的平民教育運動，1927 年在南京北郊的曉莊創辦曉莊學校。生活教育理論是陶行知教育思想的理論核心，他提出了「生活即教育」、「社會即學校」、「教學做合一」三大主張。所謂生活即教育即認為生活教育是運用力量來改造生活，他強調教育要以生活為中心，不是以文字的教科書為中心。他將杜威「從做中學」的理論提升為教學做合一，也就是「教的法子根據學的法子，學的法子根據做的法子。事怎樣做，就怎樣學；怎樣學，就怎樣教。」陶行知也相當重視兒童教育，主張以兒童的生活來進行教育，把兒童從成人所加諸的桎梏中解放出來（梁伯琦、赫連素貞，2011）。

七、陳鶴琴

　　陳鶴琴是中國幼兒教育的開創者和奠基人，被譽稱爲「中國的福祿貝爾」、「中國幼教之父」。幼兒教育無論是課程、教法、教材和玩具皆受到美國和西方教會思想的影響，陳鶴琴自 1919 年回國，1923 年在南京創辦中國最早的幼兒教育實驗中心「鼓樓幼稚園」，他制定了幼稚園的教學目標和設備標準、設計幼兒的教具和玩具、編寫幼稚園課本及讀物。當時因幼兒教育「全盤洋化」和封建腐敗，令兒童受到束縛和殘害，因此他主張使用適合本國國情的幼兒教育課程。在課程與教學方面，他提出「五指教學法」，強調幼兒教育的課程雖分爲健康、社會、科學、藝術、語文五項，但在教學時應採用整體、聯貫的教學方式，提供五種活動來配合幼兒的生活（黃樹誠，2003；魏美惠，1994）。

第四節　臺灣教育發展

　　在臺灣的歷史上，曾多次遭受外來政權的統治，荷蘭統治南臺灣（1624-1661），西班牙據有北臺灣（1626-1642），爾後的明鄭（1661-1683）及大清帝國（西元 1684-1895），直到日本的統治（1895-1945）和國民黨的統治（林振中，2006）。本節僅就荷蘭及明鄭、清治及日治三時期說明臺灣教育的發展。

壹、荷蘭及明鄭時期

　　漢人未到臺灣之前，各地散布著南島語系的原住民，他們分屬不同語系，散居於高山、平地，以漁獵、游耕生活爲主。由於沒有文字記載歷史，只能利用口傳將各族神話、故事、歌謠傳給下一代。17 世紀中葉以後，荷蘭人和西班牙人因爲商業貿易利益和傳播宗教來到東方，先後占領臺灣南部和北部作爲發展據點，也傳播西方教育（吳正龍，2011）。荷

蘭人統治時期，任用傳教士充當教師，並培養士著來協助教學，傳教士以羅馬拼音拼寫新港語音，創造「新港文字」，是平埔族有文字之始，到了19 世紀中期，平埔族社群仍普遍使用（黃雋，2005）。

　　鄭成功驅離荷蘭人，掌控臺灣後休兵息民，文教設施較少推行。鄭經嗣位後委託陳永華處理軍國大事，在教育方面，他延續隋唐以來廟學制的發展，創設聖廟和明倫堂，作爲祭祀孔子和推行教育的場所，中央太學約略是府學規模，僅具國學的象徵意義。在地方學校方面，明鄭時期在臺灣雖未設立州學、府學，而以「社學」作爲推展教育的底層機構，擴大教育對象。在人才選拔、培育和任職方面，陳永華仿效明代科舉制度，以州試、府試、院試三階段考試，及格者准入太學修業。太學生修業期間，再經由考課合格，可至六部擔任官職。陳永華在臺推動的文教設施，對於臺灣的教育的發展有積極的影響。陳氏推動的土著社學教化，讓原住民有機會接受漢人文化，乃至融入漢人社會（吳正龍，2011）。

貳.　清朝統治時期

　　清治時期又稱作清領時期、清據時期，從 1683 年清廷派施琅發兵攻滅明鄭王朝起，至 1895 年《馬關條約》割讓予日本爲止，共 212 年。臺灣在康熙 23 年（1684）被納入福建省後，清朝將臺灣劃分一府三縣，一府是將鄭成功時期的承天府更名爲臺灣府，三縣則爲臺灣縣、鳳山縣與諸羅縣。首任知府蔣毓英改鄭氏舊學宮爲「臺灣府儒學」，設於臺南孔廟，爲全臺最高學府兼統理臺灣教育行政，接著設立諸羅縣儒學。清廷對儒學的設置並不積極，除了清初一府三縣的儒學是在行政劃分時即設立之外，其後的儒學都在行政區新設後數年甚或數十年才設，淡水廳即是如此。光緒 11 年（1885）左宗棠奏請臺灣設省，並任命劉銘傳爲首任巡撫（李奉儒、林明地，2009）。劉銘傳治臺時期（1885-1891）推行洋務運動，其教育政策如下：變西法、罷科舉、開西校、譯西書、拔眞才。他採用歐美學制，試辦西學堂、電報學堂、番學堂等 3 所新式學校。然而清代

的新式學校，卻隨著劉銘傳的去職，隨即被繼任的巡撫邵友濂所廢止（張鐸嚴，2005）。

　　地方官和士紳所興辦的書院、社學、義學、民學等，在教育上扮演重要地位。書院介於官學與私學之間，補儒學教育不足，臺灣各地成立數量頗多的書院，是清代臺灣教育的主流之一，但逐漸由士人講學轉變爲課考之所。社學亦爲官方所設，其用意在使居住偏遠地區的學童方便就學。義學、民學由地方鄉紳出資或百姓私設學校，延聘名師，鼓勵清寒學生就讀。臺灣新式教育的傳入與基督教在臺傳教有關，加拿大長老教會的馬偕博士基於傳教士訓練的需要創立「牛津學堂」及「淡水女學堂」。該教會並在臺南設立神學院、長老教會中學校及盲人學校（張鐸嚴，2005；黃雋，2005）。

參. 日治時期

　　臺灣接受日本殖民統治長達半世紀，其目的以日本帝國的殖民剝削爲主，但在殖民教育的過程中，引進西方近代學校制度及教育思潮，讓臺灣教育邁向現代化。以下分普通教育、實業教育、專門與高等教育及師範教育四類說明（林振中，2006；汪知亭，1978）：

一、普通教育

　　在初等普通教育方面，國語傳習所是臺灣總督府實施基礎教育的學制與場所，是公學校的前身。在國民教育階段日人子弟進「小學校」，臺人子弟入「公學校」，原住民子弟入「蕃人公學校」，形成三個差別待遇的教育系統。尤其是臺人與日人的小學，無論師資、設備都有明顯的差距，教材教法也不相同。1941 年將三類學校一律改稱爲國民學校，1943 年全面實施六年國民義務教育。在高等普通教育的學校有中學校和高等女學校，中學校只招收日本男性，臺人子弟讀完公學校後，除了留學日本之外，沒有其他升學管道，因此 1915 年設置了臺灣公立臺中中學校，爲第一所臺灣男性可以就讀的中等學校。在 1919 年之前，國語學校附屬女學

校可以說是以臺灣女性爲對象的中等教育機關，該校於 1905 年開設師範科、師範速成科及技藝科。1919 年新設了臺灣女性可以就讀的女子高等普通學校。1943 年學制改革，中學校、高等女學校及實業學校統稱中等學校。

二、實業教育

1910 年臺灣總督府受到當時日本實業教育思潮之影響，設置在公學校內有手工、農業、商業、裁縫等與實業教育相關之科目。實業教育是一種職業教育爲主體的中等教育複合體，包含農工商漁都廣設實業學校，例如臺中工業學校、商業學校，以及嘉義農林學校。

三、專門與高等教育

日本在本省共設立 5 所專門學校及臺北帝國大學，屬高等教育的範疇。殖民統治者以培養日人成爲高級知識分子爲目的，而臺民則以造就低級技藝人才爲宗旨，極力排斥本省同胞，不輕易讓他們進入高等學府，臺人子弟多就讀師範學校或醫學校，高等學府成爲日人獨占，使得本省同胞紛紛赴日留學。此時期女性幾乎沒有機會接受高等教育，除非赴日留學。

四、師範教育

日據時期前 20 多年的師範教育，一直是附屬於國語學校之內，直到1919 年公布臺灣教育令後始奠定師範學校的制度與地位。當時的師範學校規定設置預科及本科，預科修業爲 1 年，本科爲 4 年。師範生由總督府提供公費，培育優秀的師資人才。然而日人把師範教育當作統治臺灣最重要的工具，所以始終以獨占的姿態來辦理。

問題討論

1. 從秦漢到魏晉南北朝教育的演變情形如何？

2. 漢代與魏晉的教育思想有何差異？試說明之。

3. 清末至民國建立了哪些新學制？請略述其內容。

4. 請略述清末新式教育的發展概況為何？

5. 書院在中國教育的發展占有重要地位，請就唐代以後書院的發展狀況略作說明。

6. 請依初等、中等、高等教育三方面，說明日治時期日本人在臺灣設置了哪些學校？

第4章

西洋教育思想與發展

西洋教育史主要在敘述歐美教育理論及實際的演變過程，時間始於古希臘教育，一直延續到 20 世紀科學教育為止。本章以探討歐美地區的教育活動為主，其重點包括學校教育的發展、教育制度的變遷及教育思想的演進三項。依據西洋文化史的劃分法，西洋教育史分為上古教育史、中古教育史、近代教育史及現代教育史（滕春興，2008）。本章依照時間的先後順序，首先探討上古教育的希臘、羅馬教育，其次探討中世紀的基督教教育，第三節探討文藝復興至 18 世紀時期的教育，第四節探討 19 世紀以後的教育，其主題包括文藝復興、宗教改革、唯實思想、啓蒙運動、民族國家、工業革命等重要歷史事件與教育的關係。

第一節　上古時期教育

本時期自西元前第六、第七世紀開始，希臘城邦興起，逐漸取代了舊有的部落社會型態，一直到西羅馬帝國滅亡的第五世紀為止。這一時期是西洋文化創建的時代，希臘的審美教育與羅馬的實用教育是上古教育的主要內容（滕春興，2008）。

壹. 古希臘教育

希臘文化是歐洲文化的主要淵源，正當二、三千年前亞洲與北非進入高等文化階段時，歐洲仍停留在野蠻、黑暗的狀態之中，希臘開始接受西亞和埃及傳過去的文化，才逐漸脫野蠻狀態。希臘是由幾個部落組成的，他們各據巴爾幹半島及愛琴海中的島嶼，逐漸發展出小而獨立的城邦（polis）。所謂城邦，是指以一個城市為中心建立的主權國家，希臘本土就有 20 多個城邦（阮怡玲，1998），其中最能代表希臘文化的二個城邦是雅典和斯巴達。以下介紹本時期的重要教育活動（林玉体，1991；滕春興，2008；國立編譯館，2004；徐宗林，1998）：

一、斯巴達的教育

斯巴達（Sparta）是一個迷信武力、崇尚軍備的城邦，在政治上採取獨裁的體制，斯巴達人生活的目標只有二個：征服、戰爭。因此斯巴達的教育力行嚴肅保守、服從指揮、鍛鍊善戰的軍國民教育，旨在於培養注重集體意志及團體紀律的「公民軍人」（citizen soldiers）。

(一) 教育制度

斯巴達的教育對象為自由民的子女，對於女子教育從未忽視，開兩性教育平等的先河。對男子的訓練，旨在成為公民及對軍事服務，女子訓練旨在成為賢妻良母。斯巴達有一不合人道的規定，即嬰兒的檢查制度，如檢查不合格，有些會被丟棄於荒山。斯巴達的男孩，7 歲以前是父母的孩

子，8 歲起至 18 歲接受公家軍營（public barrack）教育，然後進入軍中服役，直到 30 歲取得公民權，始能結婚成家，但仍須留營服役。斯巴達女子教育從 9 歲後開始實施體能訓練，學習管理奴隸及記誦法律。

（二）教育方法

從斯巴達軍國民教育的課程來看，其教育的重心在於體能的鍛鍊、服從的訓練及戰技的熟練。因此斯巴達的教育方法教導軍事技能，並以軍歌、軍紀和作戰演習來培養公民的愛國情操與服從命令。在教學與生活管理上，則實行「小先生制度」，並執行體罰，使年幼對年長者尊重與服從。

二、雅典的教育

雅典（Athens）社會是民主開放的，因而它的教育反映出廣博與優雅的特色，其教育的根本目的，在於培養知能、感情和意志能調和發展，又具智慧（wisdom）、溫和（moderation）和優美（grace）品質的公民。

（一）教育制度

雅典社會雖是民主，卻存有重男輕女的習俗，以致不重視女子教育。雅典男子教育的過程，可分為學前教育、初等教育、中等教育及高等教育四個階段，其教育措施採民主原則。

1. 學前教育

雅典嬰兒經父親檢查後決定留養，則 7 歲前的教養，由父母及保姆負責，教導幼兒學習兒歌、童話故事或作遊戲。

2. 初等教育

雅典自由民的子弟才能進入學校接受教育，一般兒童 7 歲入學，同時會慎選一位教僕（Pedagogue）伴隨，教僕是由奴隸之中稍具文化素養者擔任。初級學校教育長達 9 年，直至 16 歲，接受「讀、寫、音樂、運動」等課程，以具備將來參與公民生活的能力。他們可同時進入音樂、文法、體育學校，即今日在音樂學校，明日在體育學校；上午在文法學校，下午在體育學校。

3. 中等教育

初等教育畢業後，大約是 16 至 18 歲，家境較佳的男孩，可以進入公立體育學院（gymnasium）繼續體育訓練，亦即正式接受爲期 2 年的軍事訓練，學習戰鬥方法和宗教儀式。

4. 高等教育

18 至 20 歲的雅典男子要想成爲完全的公民，必須接受公民見習生（citizen-cadet）的訓練。經體檢和品德考查合格，舉行莊嚴的「公民宣誓禮」以後，第一年接受士兵訓練，第二年分發邊區服役，期滿考試及格，始成爲完全的自由公民。

(二) 教育內容與方法

雅典民主社會的基礎在於初等教育，其教育內容廣博，包含智育、體育和美育。一個有教養的人，必須學習博雅科目的知識內容，諸如算術、文法、幾何、修辭、音樂及各種體育項目，因此雅典人不僅在自然科學上頗具貢獻，就是人文學科、藝術、文學、哲學等，亦有長足的發展。至於學校的教育方法，基本上講求民主化與個別化。

三、古希臘後期的教育

西元前 490 年波斯人入侵希臘，曾在馬拉松一役中被擊敗，自此後半個世紀中，希臘文明到達巔峰狀態，直到伯羅奔尼撒這場內戰之後，希臘才一蹶不振。這時期的教育稱爲古希臘後期教育，也有學者稱爲「希臘新教育」，它與雅典傳統教育的最大不同之處，在於新教育趨向個人化、文學化及理論化，揚棄嚴格體能訓練，而著重知識學問的探討。雅典新社會的教育受到詭辯學者（Sophists）很大的影響，其教育目的在培養富有「新思想、新眼光、新態度、新知識」的善辯公民。所謂詭辯學者乃是周遊各地的學人、教師或哲人，以傳授實用知識收取學費。以下爲希臘新教育系統的要點：

(一) 初等教育

受教年齡由 7、8 歲至 13 歲，旨在接受音樂與體育學校的教育，講求

身體的美麗與感官的快樂，主要課程是讀、寫、算、唱讚美詩及合唱等。

(二) 中等教育

受教年齡由 13 至 16 歲，旨在增進心智訓練的基礎能力，以提高個人的知識水準與思想內容，主要課程是幾何、音樂、圖畫、文法及修辭等。

(三) 高等教育

受教年齡自 16 歲以後，旨在接受修辭學校或哲學學校的教育，以培養正確思想、說話和生活的能力。

四、古希臘教育思想家

古希臘後期教育中眞正得到發展的是高等教育，除原有的柏拉圖的「學園」（Academy）、亞里斯多德的「萊錫姆」（Lyceum）和伊索克拉底（Isocrates）開辦的修辭學校之外，出現了由芝諾（Zeno）開辦的斯多葛學院（Stoics）和伊比鳩魯開辦的伊比鳩魯學院（Epicurean）等哲學學校，後來上述 4 所學校合併成爲雅典大學。古希臘後期出現了許多哲學派別的思想家和教育家，其中以蘇格拉底、柏拉圖、亞里斯多德最爲著名，他們的思想對於以後教育思想的發展產生了深遠的影響。本小節僅就蘇格拉底的教育思想作一闡述，柏拉圖及亞里斯多德的教育思想於教育哲學部分作討論。蘇格拉底（Socrates, 469-399 B.C.），是雅典著名的哲學家，他出生於雅典，父親是一位雕刻家，母親是助產婆。蘇格拉底也是一位詭辯學者，不過他把握住探求智慧的研究精神，其思想是其他詭辯學者所不及，以下爲其教育思想的重點：

(一) 自認無知

蘇格拉底寧願作一位追求智慧、喜愛智慧的哲學家（philosopher），而不願自詡爲已經獲得智慧的詭辯學者。他認爲只有自認無知的狀況下，才會戮力以赴地追求智慧，這種見解啓示了人們要有學不厭的研究精神及謙虛的態度。

(二) 知識即道德

蘇格拉底認為智慧為一切道德的基礎，他相信道德與知識是有關聯的，真正能夠認識到善的人，會將善實踐於行動中。所以「知識即道德」說明「知德合一」的理論，認為一位明智的人能明辨是非善惡，並且在平時的行為中實踐，做到為善去惡。

(三) 蘇格拉底詰問法

為了有效地幫助學生獲得知識，以達到教育的目的，蘇格拉底提出著名的「詰問法」，亦稱為「產婆法」。這種方法是一種對話式教學方法，它並不是把學生所應知道的原理直接教給學生，而是從學生所熟知的具體事物開始，通過師生間的對話、提問和討論等方式，來揭示學生認識中的矛盾及引發進一步的思考，以刺激學生尋找出正確答案。他的詰問法類似歸納法和定義的方法，後來的啟發式教學法正是從這種方法發展出來的。

貳. 古羅馬教育

古羅馬原是義大利半島上的一個城邦，從西元前 6 世紀開始經由戰爭，不斷擴大自己的領土，征服希臘後，在文化、教育等方面加速了希臘化的過程。古羅馬的歷史一般可分為三個時期：王政時期、共和時期、帝國時期。之後，基督教誕生及成為國教，羅馬帝國又分裂成為東西二部分，再加上北部日爾曼人的入侵，終於使羅馬帝國完全崩潰（徐宗林，1991）。以下為古羅馬時期的重要教育活動（林玉体，1996、2010；黃雋，2005；滕春興，2008）：

一、傳統的羅馬教育

共和前期一般也稱為古羅馬時期，這一時期的教育主要是家庭教育，父母是主要的教育者。男童跟隨父親，在生活中學習農業生產的知識、技能及各項軍事技能，女童則由母親教以家政。家庭教育重視道德和宗教等方面的教育，為了從小養成守法觀念和習慣，法律教育亦是一項重要內容，例如教導兒童學習和了解「十二銅表法」（The Twelve Tables）。

二、希臘化的羅馬教育

　　羅馬人完全征服希臘後，希臘文化開始對羅馬產生全面的影響，在希臘文化和教育的廣泛影響下，羅馬教育取得了重大的發展，並開始形成較有系統的學校教育制度。

三、共和後期羅馬的教育

　　這時期的教育專注政治領導人才的培養，因此培養道德修養、知識豐富、口才優越的演說家，就是其主要的教育目標。

(一) 初等教育

　　小學招收 6-12 歲的男女兒童，學校的主要課程內容是讀、寫、算，這類學校通常為私立，收取費用及實行嚴厲的體罰，教師大多由具有一定文化素養的奴隸擔任，因而教師的地位非常低下。

(二) 中等教育

　　中等教育機構稱為文法學校，招收 12-16 歲的男童入學，為私人所設置，學習希臘語及拉丁語，到共和後期末，增加文法和文學的教學。

(三) 高等教育

　　古羅馬的男孩完成文法學校後，即可進入修辭學校就讀，修辭學校招收 16-20 歲的貴族和上層平民的子弟，主要進行演說、雄辯的訓練，以培養未來的政治家。學校的課程主要有：修辭學、希臘語、希臘文學、哲學、歷史、法律、數學和音樂。修辭學校畢業後也可以再繼續研習法律、醫學或哲學。

四、帝國時期的教育

　　帝國時期的教育大致沿襲共和時期的舊制，隨著羅馬文化和教育的發展，具有羅馬特色的學校先後建立起來，其中較特殊之處為拉丁文的教學日益受到重視，成立拉丁文法學校及拉丁修辭學校，以拉丁語進行教學。羅馬教育在拉丁文法中學及中古時期的大學課程上，提供了博雅教育

的完整課程，將希臘文化的精髓保持下來，這些博雅學科（liberal arts）稱為「七藝」（seven liberal arts），可分為前三藝（Trivium）及後四藝（Quadrivium），前三藝即修辭、文法及邏輯（辯證），後四藝即算術、幾何、天文、音樂。羅馬的七藝在西方教育上奠定其歷史地位。

四、教育思想家

古羅馬時期的教育家皆是以修辭、雄辯、演說為中心的教育思想，其中較著名的教育家為西塞羅（Cicero, 106-43 B.C.）、坤體良（Quintilian, 35-95）。西塞羅提出教育的最高目的是培養政治家，他認為雄辯家具備的素質為：廣博的知識、修辭學的特殊訓練、優雅的舉止。此外，西塞羅在教育上提倡學習廣博文化的教育，即通才教育。古羅馬時期的教育家，以坤體良的教育思想最具代表性，他把教育目的定位於培養善良且精於雄辯術的人，因此需要具備廣博的學識。在教學論方面，坤體良提出因材施教、教學趣味化、反對體罰。在教師素質方面，他認為教師需要德才兼備、言行一致、博文廣識、熱愛學生、了解學生及熟悉所教學科的內容。

第二節　中古時期教育

中古時期亦稱為中世紀（The Middle Ages），大約有 1,000 餘年的時間，約當西羅馬帝國 476 年衰亡至 1453 年東羅馬帝國滅亡為止，這段期間的教育活動稱為中古時期教育。中世紀是一個人類理性屈服於宗教信仰的時代，修道院成為傳播文化的有力機構。中世紀也是一些新興民族國家興起的一個階段，封建制度及東方回教文化也在中世紀興起，促使騎士教育及行會組織（Guilds）的盛行。中世紀後期的十字軍東征，間接帶動封建社會的解體，現代社會的來臨（徐宗林，1998）。本節僅就這期間的重要教育活動及教育思想作一探討（林玉体，2010；徐宗林，1991；徐

宗林、周愚文，2005；許智偉，2012；滕春興，2009）。

壹、基督教的教育

　　基督教成為羅馬的國教以後，熱衷採用基督教精神改變教育的性質，設法把基督教精神滲透到世俗學校教育中去。他們做的第一步是派遣僧侶到學校任教，取代和排擠世俗的希臘、羅馬的教師，緊接著便是改變課程內容。學校教育中凡不合於宗教神學思想的一概加以剔除，而增加以符合宗教要求的內容。到最後，凡不符合教會要求的世俗學校都被禁止和查封了，教會學校取而代之，並且開始自辦學校。為了傳播教義，基督教會開辦了初等教義學校和高等教義學校等教育機構，初等教義學校屬初等教育性質的學校，高等教義學校或稱為「主教學校」，是為培養教士而設，課程包括神學及古希臘和羅馬的博雅學科。寺院或修道院是為個人修行的一種教育機構，其所附設的稱為寺院學校，課程為拉丁文及教義，在印刷術尚未發展之際，基督教僧侶抄書與藏書的貢獻，促進知識文明的延續流傳。教會在教義的研究上，吸收古希臘哲學的養分，發展出「教父哲學」，成為中世紀哲學的代表。

貳、世俗教育

　　除了教會的教育活動之外，世俗的、非教會的教育活動包含查理曼大帝的宮廷學校、騎士養成教育及基爾特教育活動，以下分別敘述之：

一、宮廷學校

　　8世紀中葉，法蘭克國王查理曼勤政愛民，非常重視教育工作，禮聘英國學者阿爾坤（Alcuin），積極推展宮廷學校，就讀者為皇室及貴族子女，查理曼並親自受其教育，以為王室的表率，此舉遂使王國文教興盛。

二、騎士教育

　　中世紀封建社會發展出騎士制度，騎士階級專門替領主作戰，他們要

忠於領主、忠於教會，且能保護婦女及小孩，於是培養、訓練騎士的教育制度於是形成，到十字軍東征時發展至巔峰。騎士的教育分爲侍童、護衛（隨從）、騎士三個階段，其養成採取學徒制，從實際生活經驗中，逐一學習騎士所應具備的各項能力。

三、基爾特制度

　　相對於騎士的貴族階級教育，勞動階層則發展「基爾特」制度。基爾特是一種行會組織的形式，是各種同業人員爲了自身利益結合而成的自治團體，同時也具有實施職業教育的作用，因爲實施學徒制的關係，保存了前人的技術經驗。爲了行會技藝的進步，於是設置行會學校，例如商人、裁縫學校，有些學校提供學術性、文化陶冶的課程。

參. 歐洲中古大學的成立

　　西方的大學是由行會組織所形成，教師及學生爲了各自的利益，紛紛組織成行會組織式的社團，形成中古世紀的大學。這些來自歐洲各地的知識分子多聚集在大城市，因而匯集成學術研究的重鎮，例如巴黎、波隆納、牛津、劍橋等。大學的學科逐漸走向分科專精教學的趨勢，發展出神學、醫學、法學、文學爲主的學科，並且出現學位制度，合乎條件者分別賦予學士、碩士、博士學位。大學並且獲得自由遷徙、治外法權、免稅免役的特權，逐漸成爲西方知識的殿堂，扮演社會進步的重要力量。

肆. 教育思想

　　中世紀的教育思想家，基本上都是闡揚基督教思想的學者，較著名的學者有奧古斯丁（Augustine, 354-430）及多瑪斯（Thomas, 1225-1274）。奧古斯丁是基督教早期教父哲學的集大成者，他把哲學用在基督教教義上，從而創立了基督教宗教哲學體系。他提出「原罪論」和「禁欲主義」，形成他的教育哲學，並成爲中世紀教會教育所推行的教育方針。課程內容方面，他認爲希臘博雅學科所組成的課程可以增進對神學的

理解，因此經由教育可以培養奉獻、服務、愛人、敬神的品德。多瑪斯是中世紀後期的神學家及教育思想家，他受到柏拉圖及亞里斯多德的哲學影響，重新拾起「人是理性的動物」這句名言，他調和信仰與理性，其教育理念著重於理性的培養與鍛鍊，不過理性需要信仰的協助，需要啟示的指引。在課程方面，他認為不必侷限於神學領域，博雅學科、自然學科均為重要的內容，對發展理性有所助益。

第三節　文藝復興至 18 世紀時期的教育

　　文藝復興（Renaissance）運動延續的時間甚長，大致上從第 14、15 及 16 世紀前段，經過千年中世紀基督教獨斷的文化薰陶後，人們的理性重新得到了復甦，不但古代學術思想得到了重現與再生，連帶的觸發了基督教的改革，在理性抬頭下，科學運動崛起，16 世紀天文學遂有重大的發現，促進 17 世紀唯實主義思想的興起。第 18 世紀是西方歷史上所謂的啟蒙運動（Enlightenment），有學者稱為「理性時代」，可以說是一個新思想、新學說風起雲湧的年代（徐宗林、周愚文，2005）。本節探討上述時期的重要教育活動及教育思想。

壹. 文藝復興與教育

　　文藝復興運動於 14 世紀發端於義大利，它重新抬高古代希臘羅馬的文化地位，開始以人為本位的思想，即「人文主義」（Humanism）取代了中世紀以神為主體的「教父哲學」（林玉体，2010）。思想家要求個性解放，重視現世生活，崇尚理性和知識，因而曾促進了西歐一些國家的宗教、經濟、政治和教育的改革（曹孚，1979）。

　　此時期歐洲教育產生了重大變動，最明顯的變化是課程重視希臘及拉丁文學的研讀，特別是西塞羅的作品，模仿其散文體裁，甚至形成西塞羅主義，以致文藝復興後期只知模仿而放棄文學精髓的吸收，終而成為「形

式主義」；另一課程變化是羅馬雄辯教育家坤體良的著作重受重視，演講術的教育目標重新受到關注；此外，體育、音樂、藝術的課程也受到重視。在教育制度方面，全歐洲人文學校林立，義大利有宮廷學校、法蘭西有學府（Colleges）、日爾曼有古文學校（Gymnasium）、英國有文法學校（Grammar School），這些學校後來成為歐洲中等學校的骨幹（林玉体，1994）。但是這時期的教育革新並未得到廣泛實施，歐洲大部分學校仍沿用中世紀封建傳統的教育內容和死記硬背的教學方法，體罰也長期流行（曹孚，1979）。

　　文藝復興時期的重要教育思想家以伊拉斯謨斯（Erasmus, 1466-1536）為代表，他是荷蘭著名的人文主義者和教育理論家，後人尊稱他為人文主義的王子，也被稱為學者中的學者。在哲學思想上，他針對教父哲學提出批評；教育實務方面，他猛烈批評當時教師素質不佳及不正當的教學方法及教學態度，例如打罵式教育；他揭示教育目的是要應用博雅學科來培養一個有道德的人，教育內容強調古典文學的重要價值，並重視實用技能與體育，同時著書批評西塞羅主義的形式遺毒（林玉体，1994；徐宗林，1998）。

貳. 宗教改革與教育

　　在文藝復興運動處於高潮的時期，16 世紀的歐洲爆發了宗教改革運動，而各國所進行的宗教改革，以及新建立起來的宗教派別都非常重視教育，以下就歐洲宗教改革時期的教育活動及思想作一敘述：

一、馬丁路德的教育理念

　　日爾曼人馬丁路德（Martin Luther, 1483-1546）是宗教改革先驅，他是神學家，富於理論卻沒有推行普及教育的經驗。他認為信徒有解釋《聖經》的資格和權利，倘若人人要可以解釋《聖經》，人人就需要具備運用文字的能力才行，所以接受教育是解釋《聖經》的基本條件。他在 1524年致函日爾曼各地的國王、王子，呼籲設立新教學校的理由，同時主張國

家能設立學校，強制家長送其子女至校就讀。在學校教育方面，路德構想整套的學校制度：(1) 平民學校實施德語教學，完成讀、寫、算基本能力的培養；(2) 拉丁學校偏重古典語文的學習；(3) 大學不能只讀亞里斯多德的著作，還要學習《聖經》。路德亦不遺餘力地歌頌教師的身分與價值，對教師地位的提升有所助益（林玉体，1994）。

二、喀爾文的教育活動

法國人喀爾文（John Calvin, 1509-1564）在瑞士日內瓦地區響應路德教會改革，他是法學家，有組織能力，因此自己著手辦理教育事業。喀爾文教派主張政教合一，認為世俗政府應受宗教支配，甚至主張以嚴刑峻法來約束信徒的生活，信徒多半過著節儉、虔誠、禁慾的生活方式（徐宗林，1991）。在教育方面，喀爾文在日內瓦組織「日內瓦學府」，將學府分成七級，每級側重古文學的研究及《聖經》教義的研讀，學生要唱聖詩及祈禱，從第四級開始授希臘語文，且以希臘文念《新約》。喀爾文本人以拉丁文撰寫《基督教義律例》，隔年又作了《教義問答》，供學校作為教材（林玉体，2010）。

三、天主教的革新

天主教在因應新教的挑戰下，當以羅耀拉（Loyola, 1491-1556）的耶穌會功績最為卓著，所培養的教士學術訓練紮實、信仰堅定並懷有強烈的教育使命感。耶穌會在舊教地區普設「學府」（Colleges），博採人文學者及教會改革家的學校組織優點，也將學府分為初級及高級，初級是準備階段，側重文法及基本知識的學習，高級加強學術研究，神學與哲學為其主科，旨在培養高級教士。1599 年出版了《教學大全》一書，該書成為耶穌會學府教材、教法及組織上的鐵律。耶穌會的成功在重視師資訓練，除熱誠有學問之外，在教學方法上的表現也相當突出，在當時歐洲師資素質普遍低劣的情況下，耶穌會的教學效果令人刮目相看，這使耶穌會支配歐洲教育長達數世紀之久。但因注重競爭，教室形同戰場，滋生許多

後遺症（林玉体，2010）。法國境內及舊教地區的教會還有詹森派辦理的「小學校」，基於人性本惡的立場，進行全天候的教育關照，所以學生數甚少，不注重競爭，還以法語授課。拉薩爾（La Salle, 1651-1719）所創辦的「兄弟會」廣設小學，教育對象為下層階級的子弟，並以法語教學（林玉体，2006b）。

參 唯實主義與教育

在文藝復興覺醒時代之後，個人的地位與價值重新恢復；宗教改革又順勢推倒教會的桎梏，歐洲人的思考空間乃大為擴展，求知態度也膽大氣壯。人文主義以復古為口號的時代要求下，古典文學之教學位居要津，對一般平民而言，唸古書、寫古字，實在是苦差事（林玉体，1992）。而唯實主義（realism）注意具體的經驗世界，強調感官功能的重要性，認為只有透過感官來獲得知識，才是實在的知識。唯實主義可以說是對人文主義的反動，在 16、17 世紀已成為歐洲的顯學（林玉体，2010）。唯實主義的發展可分為三階段：人文、社會、感覺，以下分別說明其教育主張，以及為學的新工具與新態度：

一、人文唯實主義教育主張

人文唯實主義（humanistic realism）對語文的教學價值並沒有完全否定，他們反對人文教育的末流所形成的「形式主義」或「西塞羅主義」，認為古典著作與古代文學作品是人類智慧最寶貴的遺產，其中含有大量的教育實質內容。人文唯實論的教育思想家彌爾頓（Milton, 1608-1674）是著名的英國文學家，著有《失樂園》一書，他在《論教育》一書中提出的教育課程，要兒童於 12 歲以前唸拉丁文法、算術、幾何、簡單的希臘文；13 至 16 歲才學希臘文、數學、自然、哲學等學科；17 至 21 歲研讀希伯來文及《聖經》。人文唯實論主義要求知識不僅是泛智或百科全書式的，希望希臘博雅教育得以再現，此外他們也大力提倡本國語言的學習（林玉体，1992；徐宗林，1991）。

二、社會唯實主義教育主張

社會唯實主義（social realism）不但重視人文學科中的語言、文學知識，也重視自然科學知識。不過他們覺得語文本身的知識並不真實，人們的社會經驗所構成的知識，才是最真實的。因此在教育實施上，社會唯實主義多主張學生應該接觸實際的社會生活，不應關在書房內。社會唯實論的教育主張有四大項：注重實用教育、注重旅行教育、注重衛生及保建教育、廢除體罰。社會唯實主義的教育家如孟登（Montaigne, 1533-1592），多主張參觀社會實際生活情境，觀看歷史文物，參訪市場、商店、工廠，或者出外旅行，觀賞名勝古蹟等（林玉体，1992、2006b）。

三、感覺唯實主義教育主張

感覺唯實主義（sense realism）相信個人感官知覺是提供知識的重要管道，知識的產生係由具體至抽象、由特殊到普遍、由實例到通則，因此教學的順序也得依此種途徑。感覺唯實主義者強調自然科學知識的價值，他們認為自然科學知識比語文知識真實及具體。在教學方法方面鼓吹實物教學，因為經驗最具體，如果無法做到實物教學，也應以較接近的標本、模型、圖片置於教科書內。捷克大教育家康米紐斯（Comenius, 1592-1671）是感覺唯實主義的教育家，對於感官教學，除了著書立說外還訴諸行動，他以捷克語出版《大教育學》，設計了 6 年為一階段的教育計畫，在他的教育計畫中，第一級為「母親學校」（0-6 歲），第二級為「母語學校」（7-12 歲），第三級為「拉丁文法學校」（13-18 歲），第四級為「大學」（19-24 歲），注重古典語文及百科知識的研究。他在1657 年出版了一本語言教學課本，名為《世界圖解》，是教育史上第一本有圖畫的教科書（林玉体，1992；許智偉，2012）。

四、求知的新工具與新態度

培根（Bacon, 1561-1626）是經驗主義先驅、近代科學之父，著有《新工具》一書，以「歸納法」來取代「演繹法」，利用新工具可以獲得正確

的知識，而知識（knowledge）與權力（power）二者應該合一。在爲學求知的基本心態上，爲消除知識的障礙，他提出反對四大偶像（idols）：(1) 種族偶像（idols of the tribe），即習俗之弊，例如自我中心、先入爲主觀點；(2) 洞穴偶像（idols of the cave），即自我之弊，例如井底之蛙、個人偏見；(3) 市場偶像（idols of the market-place），即言語之弊，例如人云亦云；(4) 劇場偶像（idols of the theatre），即學統之弊，例如盲目崇拜權威。笛卡兒（Descartes, 1596-1650）是解析幾何的發明者，是數學家出身，他的「沉思」與「懷疑」突破了傳統哲學的窠臼，「我思，故我在」是笛卡兒的名言，思考使得人類異於禽獸，而懷疑更是思考的重大特徵（林玉体，2006b；周甘逢、周新富、吳明隆，2003）。

肆. 啓蒙運動與教育

　　史學家將 18 世紀的歐洲歷史稱爲「啓蒙運動」，亦稱爲「理性時代」（the Age of Reason），其主要精神就是人類「理性」的自我覺醒。這一思想脈絡自 15 世紀中葉的文藝復興時期以後，經歷了 16 世紀的宗教改革運動，以及 17 世紀時人們在自然科學技術領域中取得的成就，不斷的成長茁壯，終於在啓蒙運動中發揚光大。啓蒙運動時期流行的論點有以下幾項：自然法則的可靠性、天賦人權說、人人平等、人性本善、社會民約論、博愛人道說，加上培根的經驗論與笛卡兒的理性論，開啓了歐洲人對自然、人、社會、政治、經驗、教育的新論點。在教育理論上，則出現了經驗主義的教育思想、自然主義的教育思想、國家教育的思想與活動（徐宗林，1991），以下分別說明之：

一、洛克及經驗主義教育思想

　　唯實主義到了 17 世紀，得到英國經驗大師洛克（Locke, 1632-1704）的支援，奠定了理論上的深厚基礎。經驗主義的教育家認識到心靈類似一塊「白板」，唯有後天的學習，才會在這塊白板繪上各種圖像，這樣的主張與感官唯實主義頗爲相似。洛克著有《教育漫談》一書，提出教育的目

的在培養紳士，所應具備的條件爲：德性、智慧、教養、學識。他主張廣博學識須兼具手工、園藝、簿記等實用技能，因此英國教育學者開始體會到教育內容與現實的、社會的生活經驗必須有密切的連繫。

二、盧梭及自然主義的教育思想

由於對自然的研究，使人們體認到自然界存在著自然的定律。自然主義（naturalism）的教育學者，首先確認自然是善的，而人是自然的一部分，因此人的自然本性也是善的。自然主義的教育觀確認教育類似一種生物生長的現象，個體具有生長的本性，而生長又有各種不同的生長階段，因此教育爲配合個體的生長，各階段中的教育內容、方法、目標均應有所不同。盧梭（Rousseau, 1712-1778）是自然主義的重要教育學者，盧梭的自然教育作法，具體呈現在《愛彌兒》這本教育小說之中，在書中的開頭他說：「來自於造物主手中的一切爲善，但一經人手就變壞了。」這種「人性本善」的論調，使該書被基督教視爲異端邪說。他將人從出生到青年期分成幾個階段（林玉体，2006b）：

1. 嬰兒期：出生到 2 歲，父親爲教師，母親爲護士，著重身體健康。
2. 兒童期：3 到 12 歲，以感官的發展爲主，切忌進行知識及道德的灌輸，身體鍛鍊持續進行。
3. 青少年前期：12 到 15 歲，此期心理特徵是好奇，生理特徵是精力旺盛，發洩精力的方式是學習手工，以習得一技之長。15 歲之前不要有書，如果非要不可，就看狄福的《魯濱遜漂流記》。
4. 青年期：16 到 20 歲，是正式教育開始時期，性教育及異性朋友的交誼活動也應展開。
5. 女子教育：他以愛彌兒的未婚妻蘇菲亞的教育來說明他對女子教育的看法，主要是以培養賢妻良母爲目的。

三、國家教育思想與活動

啓蒙運動時期，法國國家教育思想蓬勃發展，主張教育由國家支配

與管理，不希望教會插手。1789 年法國大革命爆發，國家控制教育的呼聲急速升高，康道士特（Condorcet）在推動教育的大眾化及國家化的過程中，認識到教育的推廣有助於人民自由及平等的實現。巴斯多（Basedow）為日爾曼人，他是盧梭自然主義教育思想的實踐者，他創辦「泛愛學校」，招募貧苦兒童給予教育，學校的經費得自於社會大眾的捐資興學，此舉對日爾曼地區教育的公共化甚有助益。普魯士國王費特烈威廉一世，在位期間設立數百所學校，曾頒布教育法令，規定父母送子女到校接受教育，而貧苦家庭子女給予免費教育，接著又頒布命令規定政府須撥付經費支應教師薪俸。18 世紀後期普魯士教育的國家化，一方面得力於開明的君主，一方面得力於學者的鼓吹始能完成。受到歐洲啟蒙運動的影響，英、美兩國亦陸續關注公共教育的推展，他們認識到知識對啟迪民智、推動社會進步，具有極重要的價值（王連生，1990；徐宗林、周愚文，2005）。

第四節　19 世紀以後時期的教育

　　西方 19 世紀是一個變動迅速的時代，此一變動的力量來自科學的昌明，各種社會制度也發生了劇烈的變動，民族主義、自由主義、資本主義、工業主義、社會主義等思想蓬勃發展，帶給社會巨大的變動。在教育發展上，教育的管理權逐漸由教會轉向國家，對於下層階級的教育愈來愈重視，教育的科學運動也受到學者的重視。20 世紀是人類思想上的衝突時代，人類雖經歷了二次世界大戰，不過在教育的思想及實施上均是蓬勃發展，促使教育更加民主化及普及化（徐宗林，1998）。本節僅就 19 世紀及 20 世紀初期重要的教育思想及教育活動作一探討。

壹. 裴斯塔洛齊與平民教育

　　西洋教育史上提倡平民教育者頗多，但沒有一個像裴斯塔洛齊

（Pestalozzi, 1746-1827）那樣影響深遠，後人尊稱他為平民教育之父。裴氏為瑞士人，受到盧梭的影響，將其教育理念付諸實行。為了救濟孤苦無依的兒童，他創立了孤兒院兼學校，親自教那些兒童讀、寫、算，還大量採用實物教學法及感官教學法，並且將自身的教育理念寫下來並出版成書（林玉体，2017）。裴斯塔洛齊影響後世深遠的教育理念有以下幾項（林玉体，2006b）：

1. 教育愛：關懷價值層次低的兒童，對於貧苦、品德低劣、身心障礙的兒童尤需教育愛。
2. 學校像家庭：學校須有溫馨感人的氣氛，教師須有教育愛。
3. 直觀教學法：基於感官唯實主義的教學主張，知識教學最有效的方式莫過於讓兒童直觀（intuition）自然界，直觀即直接觀察，不勞他人。品德教學也讓兒童直接感受師長之愛，以及讓學生感受到教師好比園丁。

貳、福祿貝爾及幼兒教育

以往教育只注重大人，至盧梭及裴斯塔洛齊才轉移教育的重點，將對象指向孩童。德國教育家福祿貝爾（Froebel, 1782-1852）更將教育對象向下延伸，認為 3 歲左右的兒童也應該接受教育，其教育方式也應有所不同，福祿貝爾於是創辦幼兒園（Kindergarten），並創立「開展說」（theory of unfolding）的教育思想，被尊稱為幼兒園之父。福祿貝爾幼兒園的實際教育活動有以下幾種特質：(1) 自我活動；(2) 遊玩；(3) 恩物（gifts），即幼童的玩物，包括球、幾何圖形、寵物、自然景物；(4) 手工活動（林玉体，2010；周甘逢等，2003）。

參、教育科學及科學教育運動

18 世紀的歐洲科學及學術發達，直到 19 世紀，教育（pedagogy）才開始被視為「教育科學」，德國的教育哲學家赫爾巴特（Herbart, 1776-

1841）被視爲是奠基者。從前的教育沒有體系，缺乏理論根據，教學只憑經驗，未植基於科學，因此教育效果不佳。赫爾巴特要矯正這種鬆散的傳統作風，嚴肅地把教育學奠定在已成爲獨立學術的二大學科之上：倫理學及心理學，這樣才有資格成爲一門教育「學」。他最爲世人所熟知的就是提出系統的教學方法，其步驟有四：明晰（教材清晰明白）、聯合（新教材與舊概念的連接）、系統（連貫性）、方法（應用）。此教學法後經其弟子戚勒（Ziller）闡發而成五段學習方式，分別是：預備、提示、比較、概括、應用（王怡靜，2000；林玉体，2010）。

教育有了科學的根底之後，英國教育學者斯賓塞（Spencer, 1820-1903）更以科學來衡量一切學科的價值，認爲所有課程組織及教育目的的擬訂，應全由科學來決定，教育內容遵循科學法則，這就是科學教育的由來。當然，斯賓塞這樣的學說一定會受到許多學者的批評，例如迷信科學萬能、教育即生活等。科學教育說受到重視之後，與科學有關的課程因其實用性且直接與生活有關，以致逐漸受到社會接受，傳統所重視的古典語文因而逐漸遭到排斥（周甘逢等，2003；滕春興，2010）。

肆．民族國家與教育

19 世紀初期，歐陸是拿破崙稱霸的局面，1806 年第一次普法戰爭普魯士戰敗，王室的教育努力盡付東流，有識之士認爲除整軍經武外，應注重國民教育之推行。學者菲希特（Fichte, 1762-1814）特別向國人引介裴斯塔洛齊的教育精神及教學方法，陸續發表了 14 次公開演講，其中第九次爲〈告德意志國家書〉，文中主張以教育的方式，來復興日爾曼人的文化、道德及民族精神。1808 年設立「公共教學部」，任命洪保德（Humboldt）爲首任部長，教育行政權悉入國家掌控中。後來普軍雖盡雪前恥，但是德國教育發展並不如此順利，直到 1870 年普軍澈底打敗法軍，德國成立，俾斯麥掌權，才完全剝奪教會的教育權力。

法國部分的教育改革，重要的措施有 1808 年拿破崙成立法蘭西大學，除是教學及研究中心外，也是全帝國的教育行政機構，法國教育的中

央集權模式也由此奠立。1970 年普法戰後法軍潰敗，法國人也認為要國勢強盛，非發展教育不為功，法國制訂的教育法，規定小學免費，國民教育是強迫教育，禁止宗教教學，以道德及公民課取代《聖經》教義的研讀。1880 年女子中學成立，1886 年實施大學區制，全國劃分為 17 個大學區，設校長一人，由總統任命（徐宗林，1991；徐宗林、周愚文，2005）。

伍。工業革命與教育

18 世紀 80 年代前後，英國首先開始工業革命，生產力得到迅速發展，大工業城市相繼出現，人口增長迅速，這個時期英國的教育也有了新的發展和變化。19 世紀初期，促使人們注意到普及教育問題及如何解決有限教育資源下的教師短缺、設備不足的問題。英國教育家蘭開斯特（Lancaster）及貝爾（Bell），皆以導生制的方式積極推動一般平民兒童的教育。初等教育方面還有主日學校（Sunday School）、立法規定童工接受教育的措施。1870 年國會通過基本教育法案，希望 5-12 歲的兒童接受普遍的、免費的、強迫的教育，但小學尚未達到完全免費。英國的舊式中學稱為公學或文法中學，但皆是貴族子弟才能入學，1902 年以公款設立「現代中學」，供中下階層子弟就讀（徐宗林，1991；劉伯驥，1983）。

陸。進步教育運動

20 世紀在民主運動與教育的互動關係之下，新教育或進步教育崛起，美國的進步教育運動實質上也是自然主義教育思想的延伸（徐宗林，1998）。20 世紀初以前的美國教育仍沿襲歐洲的傳統教育，強調嚴格訓練，學生處於被動學習的地位，被稱為進步教育之父的派克（Parker, 1837-1902）受歐洲自然主義思想影響，1870 年代首先引進新教學方法的實驗，提出「教育要使學校適應兒童，而不是使兒童適應學校」的原則。

1919 年「進步教育學會」成立，並發表「改進初等教育七原則」，闡述了以兒童爲中心的教育觀，強調兒童的自由、興趣、創造性，重視培養兒童解決問題能力。進步主義（Progressivism）的思想在 1930 年代達到全盛時期，二次世界大戰後，進步主義教育運動逐漸衰退，1955 年進步教育協會解散，但是進步主義的教育思想不僅在美國引起風潮，也影響其他國家。其代表人物有杜威、派克、克伯屈等人（周新富，2017）。

問題討論

1. 請敘述古希臘後期教育及希臘化的羅馬教育的概況？

2. 中古世紀有哪些重要的教育活動？

3. 康米紐斯在西洋教育發展有何貢獻？

4. 盧梭在《愛彌兒》一書中陳述了哪些教育理念？

5. 裴斯塔洛齊在平民教育方面有何貢獻？並請陳述裴氏的教育理念為何？

6. 福祿貝爾對幼兒教育有何貢獻？

第 5 章

西方現代教育思潮與學說

本章主要是探討西方教育哲學家對教育活動所提出的思想體系，這些思想對教育產生引導的價值，因而形成「教育思潮」，通常哲學的教育思想包含教育目的、教育內容及教育方法三項內容。歐斯坦和杭金斯（Ornstein & Hunkins, 2004）認為對美國教育有重大影響的主要哲學有四：觀念主義（idealism）、唯實主義（realism）、實用主義（pragmatism）和存在主義（existentialism），源於這些哲學的教育思想為永恆主義（perennialism）、精粹主義（essentialism）、進步主義（progressivism）與重建主義（reconstructionism），每一種教育思想都根源於一種或數種上述的主要哲學，例如永恆主義強調唯實主義的原則，精粹主義根源於觀念主義與唯實主義，而進步主義與重建主義則根源於實用主義或存在主義。本章先就觀念主義、唯實主義這二種傳統哲學對教育的影響作一敘述；第二節探討現代哲學如實用主義、存在主義哲學家的教育思想；第三節則是探討英美主要的教育思潮。有關後現代主義的教育思想將於第 7 章〈教師圖像〉中討論。

第一節　傳統哲學與教育

　　觀念主義、唯實主義是西方的傳統哲學，其內容包含：(1) 形上學，對於實體本質問題的研究；(2) 知識論，是對真理和知識性質的探討；(3) 價值論，是價值問題如倫理學、美學的研究（伍振鷟等，2012）。本節先略述傳統哲學的內容，其次再介紹哲學家的教育思想。

壹. 觀念主義

　　觀念主義又稱「理想主義」，是與「唯實主義」相對立的一種學說，著重的是永恆概念的探討，像真、善、美、榮譽等高級心智，不強調物質的力量，認為心靈是基礎、是真實的（心靈實體說），且先於物質，物質是心靈的產物，這與唯物主義剛好相反（簡成熙譯，2018）。柏拉圖（Plato）被認為是古典觀念主義哲學的先驅，他把世界分為理想世界（觀念的世界）與實際的世界（實在世界）的二元世界觀，形成了觀念論與唯實論二種重要的趨勢。此學派的重要哲學家有奧古斯丁、康德（Kant）、黑格爾（Hegel）、羅依斯（Royce）等（詹棟樑，2010）。觀念主義重視道德與精神實體，以之作為解釋世界的主要途徑，真理與價值被視為是絕對的、永恆的及普遍的，心靈與觀念的世界是不變的、規律的與有秩序的（方德隆譯，2004）。

一、哲學思想

　　在形上學方面，柏拉圖試圖用洞穴（the Cave）隱喻來說明他對真理與知識的看法，洞中人所見的影子來比喻「表象的感官經驗」，說明知識與真理不能光靠感官經驗而得，現象界中的只能算是不斷變動的意見（doxa），真實世界是超越感官世界的心靈世界（觀念世界），而不變的知識（epistem）只存在於此（簡成熙譯，2018）。

　　觀念主義的知識論認為真理在於觀念的範圍內，柏拉圖指出凡屬真實的存在（真理），那麼一定是普遍的、不變的、圓滿的，而且是統一的素

質，它必然是屬於觀念或形式的世界，超越於感覺世界之外，這觀念世界才是知識要研究或探討的對象，要認識觀念世界，端賴理性而非感覺（伍振鷟等，2012）。因此終極知識的獲得不是依靠經驗，而是仰賴「直觀」（intuition）、「天啓」（revelation）與獲得和拓展知識的「理性作用」。觀念主義的價值論認爲倫理的生活就是與宇宙和諧的生活方式，宗教的觀念主義者所信仰的神被認爲是完美的化身，代表「絕對存有」的特性，人類必須與之契合才算道德。世俗觀念主義者有別於天啓的方法，可依康德的「無上命令」來獲得道德律（簡成熙譯，2018）。

二、教育思想

觀念主義者很關心教育，這方面的著作頗多，例如柏拉圖把教育視爲是其理想國的核心，奧古斯丁非常重視基督徒的教育，康德與黑格爾寫了很多教育學的著作（詹棟樑，2010）。以下從教育的目的、教育內容與教育方法三方面來論述觀念主義的教育思想（詹棟樑，2010；劉育忠譯，2007；Ozmon & Craver, 1995）：

(一) 教育目的

觀念主義的教育學者大部分強調教育就是要求學生找尋眞理，並鼓勵學生重視各種具長久價值之事物。觀念主義的教育目的亦強調學生心靈與精神的發展，因此對「自我」（self）相當重視，在教育上相當關心學生的自我實現。此外，觀念主義的教育目的非常重視品格發展，因爲對眞理的追尋要求個人的紀律與堅定的人格，如此有知識的人才是良善的人。找尋眞理、自我實現及品格發展是觀念主義者重視的教育目的。

(二) 教育內容

觀念主義者強調教導學生思考，例如心理學家皮亞傑，期待學生在不同發展階段學會批判及思考，教師也應該鼓勵在教室課堂上的思考，協助學生探索人生目的、兄弟情、眞理、公平等觀念，以改善學生思想。觀念主義者強調閱讀的重要性，鼓勵學生多閱讀文學名著，尤其是古典著

作。在課程安排方面要兼顧學生之心理發展，並重視課程內容之選擇，觀念主義者重視理論性課程，例如數學、物理、生物學、文學與藝術、文法、歷史等，但輕視實用技藝課程。

(三) 教育方法

在教育方法方面，觀念主義者強調給予學生強而有力的建議，以修正其觀點；在思考方法的訓練上，注重辯證方法的學習，爲追求眞理也重視教導學生使用直覺方法。觀念主義的教育家很強調教師的重要性，教師以講演的方式幫助學生去了解觀念；在教學過程中，「自我指導活動」頗受重視，因爲教師無法進入學生的心靈之中，因此只能提供資料和活動來影響學生的學習。

貳. 唯實主義

觀念主義以觀念爲眞實存在，唯實主義（Realism）認爲人的心靈之外有客觀的實體（reality）存在，在許多方面，都是針對觀念主義及抽象的一種反動。以在荒島上的一棵樹爲例，觀念主義者認爲這棵樹存在於心靈之中，或是建立在我們的「認知」之上；唯實主義則認爲不論我們是否用心靈去探索這棵樹，樹都是存在的（簡成熙譯，2018）。唯實主義本身是個鬆散的概念，因而各種說法歧異的理論也都歸在唯實主義名下，亞里斯多德被認爲是傳統唯實主義的先驅，中世紀的阿奎那（Aquinas）代表宗教的唯實論，培根（Bacon）、洛克（Locke）、赫爾巴特（Herbart）、懷德海（Whitehead）、羅素（Russell）等代表科學的唯實論（蘇永明，2010）。

一、哲學思想

唯實主義的始祖是柏拉圖的學生亞里斯多德，他雖深受柏拉圖的影響，但也針對柏拉圖的觀念主義作了修正。亞氏認爲每一個物體的基本構成是「形式」（form）與「質料」（matter），形式就相當於柏拉圖的「觀念」，而質料可視爲各種感官物體的組成成分。他與柏拉圖最大的分野即

是認為從物質與物體的研究中，有助於更了解普遍形式與觀念，柏拉圖則認為感官世界都是虛的次級的（簡成熙譯，2018）。雖然唯實主義者視世界為物體與物質所構成，事物本身是客觀獨立存在，不因是否為吾人的心靈所認知而有影響，但唯實主義並不等於是唯物論，許多唯實主義論者常持心物二元論，認為外在物體的存在是物質和形式的結合（蘇永明，2010）。

　　唯實主義的知識論是建立在感官知覺的方法之上，可以運用歸納法探尋自然世界，從觀察中建立普遍通則。人們可以透過感官與理性來了解及擁有對外在事物的知識，進一步可以了解規範它們的定律及它們之間的關係。當人類行為順從自然、物理與社會法則，那麼人類的行為才是理性的（方德隆譯，2004）。這說明唯實主義的知識論主張真理的「符應說」，真理就是觀察者所知覺的與真實狀況相符合。唯實主義的價值論也是透過自然的觀察，經由對自然秩序的研究，人們也發現一些律則以指引倫理和美學判斷。唯實主義的美學觀點反映著宇宙的邏輯與秩序，也就是對實體的一種「再現」或「原貌更新」（簡成熙譯，2018）。

二、教育思想

　　唯實主義與自然科學研究密切相關，在教育上，唯實主義對教育科學化運動頗有貢獻，行為學派心理學能夠發展快速，皆與唯實主義重視感官經驗有關。以下僅對唯實主義的教育思想作一敘述（蘇永明，2010；劉明忠，2007；Ozmon & Craver, 1995）：

（一）教育目的

　　唯實主義哲學家對教育目的看法不一，亞里斯多德認為所有事物都要發揮其功能，以追求其美好的狀態，而人的特質是具有理性，教育的目的即是要啟發人的理性，以促其達到幸福、美好之生活狀態。培根主張征服大自然以追求美好生活，這可以說明唯實主義的教育目的，培根強調科學、科技教育、讀寫算之基本能力的培養與精熟，反對討好學生的開放教育。洛克則提出教育目的為培養出紳士風範，以作為其他階層之表率。懷

德海認為為了追求美好的生活，教育目的應該是要兼具專才與通才。

（二）教育內容

唯實主義認為有系統、有條理的知識應該存在，而自然科學的知識最符合這個標準，這些科目也最有價值。唯實主義教育學者布勞第（Broudy）就主張課程是百科全書式的，反對純粹學科中心與問題中心的課程。總結唯實主義之課程有下列主張：重視實用教材、重視自然科學、重視基本學科、重視實際經驗、重視道德教育。

（三）教育方法

唯實主義認為個體的成長是自我實現的歷程，但是這種自我開展的過程要與外在實體相配合，因此在教學上應同時強調對學習者的塑造和自我開展、認知過程之客觀程序、有系統之學科知識之學習及實用的目的。例如赫爾巴特提出分析、綜合、聯合、系統、方法的五段教學法；世俗唯實主義非常重視觀察和實驗對批判理性成長的助益。有些唯實主義者認為，學習不需要是痛苦或無趣的，應該是有趣的及有用的，例如洛克認為孩童不應該被強迫接受超越他們準備度的事物。當代唯實主義者重視科學研究與發展的重要性，因而促成教育科學運動的發生。

第二節　現代哲學與教育

本節探討現代哲學中的實用主義與存在主義（existentialism）的哲學思想及其對教育的啓示。現代哲學與傳統哲學的差異，即盡量不處理終極實體的問題，對真理價值大多採取相對的看法。實用主義是以社會群體的觀點出發，存在主義則是以個人主義為核心（簡成熙譯，2018）。

壹 實用主義

實用主義又稱為實驗主義或工具主義，是一種行動的哲學，協助我們

找出解決問題的較佳對策，幫助人們順利的達成預定的目標。實用主義被視為 20 世紀的哲學，為實用主義建立起完整哲學系統的人物代表為皮耳士（C. S. Peirce, 1839-1914）、詹姆斯（William James, 1842-1910）及杜威（John Dewey, 1859-1952）。實用主義一詞乃是由皮耳士提出，詹姆斯將實用主義的理論系統化，杜威更把實用主義的觀念應用到許多學術領域（韓景春，2010）。以下所介紹的實用主義教育哲學主要是以杜威的理論為主：

一、哲學思想

杜威深受達爾文（Darwin, 1809-1882）演化論的影響，在「物競天擇，適者生存」之下，所有物種都必須適應環境才能生存，而這背後預設的是一個動態的宇宙觀，也就是什麼是可行的沒有固定的答案，真理會隨著時空而改變，這種想法等於否定了客觀真理的存在。杜威對知識論的看法為知識是解決問題的工具，人類的智慧即在深思熟慮後，以行動來改善情境，並改善得更好，經過驗證的知識或信念才是有效的。因此杜威提倡「做中學」（learning by doing），這是一種智慧的表現，其過程是一種反省思考（蘇永明，2015）。

實用主義的價值論與知識論息息相關，認為價值是相對的，當文化變遷時，價值也跟著改變，所以沒有任何永恆不變的價值。在倫理學的領域裡，實用主義將所謂合宜行誼的標準訴諸於社會的考驗，「善」在於它能運作，其標準要能符合社會的公共考驗，而不是只針對個人的利益。至於美學的標準也訴諸人類經驗，美學的鑑定標準可以透過社會品味，也就是植基於人們在審美經驗中的感受（簡成熙譯，2018）。

二、教育思想

在教育思想方面，杜威所著《民主主義與教育》一書中，提及教育的本質有教育即生活、教育即生長與教育即經驗的重組與改造，這三者的概念是息息相關的，這說明個人一生是一個經驗重組改造與不斷生長的動態歷程（Dewey, 1916）。

(一) 教育目的

對於教育目的，杜威反對斯賓塞（Spencer, 1820-1903）所主張的「生活預備說」，主張「教育無目的論」，杜威認為未來是充滿變數的，因而沒有一個固定的教育目的，教育目的應是多變的、進步的（歐陽教，1998）。

(二) 教育內容與方法

實用主義知識論的觀點，對教育工作者最大的啟示是重視學生的經驗，學生是經驗的個體，能夠運用其智慧以解決問題情境。在此基礎上，杜威對教育內容及教育方法的看法，相當重視兒童的經驗，因此在課程與教學的理念，可以歸納為以下三點（韓景春，2010；蘇永明，2015；楊裕仁，2009）：

1. 學生是教育的核心

教育的起點，宜從學生的能力、興趣與需要去思考，教育是經驗的改造，用來解決生活中的問題。因此，宜從兒童生活環境的相關因素去設計，提供符合兒童發展條件所需的能力，並以兒童感到興趣的活動作為學習之媒介，引導兒童逐漸擴增生活中的相關經驗，俾能針對兒童生活周遭產生的問題，具備順利解決之能力，使兒童能自在的生活與成長。

2. 課程應接近學生的生活世界

學校教育的功能在於協助兒童自在的成長，亦即能讓兒童在其所處的環境中有良好的適應與發展，其中包括兒童能在日常生活當中順利解決其生活中的相關問題，尤其是生活世界中的食、衣、住、行、育、樂等等事物。因此，教育機構所安排的教材內容，為了達成上述之功用，應接近兒童的生活世界，才有助於兒童在此一方面能力之增進，也才能提升兒童解決生活問題之能力。

3. 教學方法注重知識的行動性

「做中學」是杜威所主張的認知歷程，知識的建立要透過實際的活動經驗，藉由實際的操作經驗來作為學生完成認知的一種歷程，如此獲得的

經驗具有深刻的意義，而且可以轉化爲實用的技術與知識。因此在教學方法上，杜威強調不能只靠靜態的聽課，宜採配合實踐的動態歷程，也就是現在所稱的「體驗學習」。但並不是所有活動都可以用體驗的方式來教，有危險性、有道德考量者，例如性教育就不適合。

貳. 存在主義

傳統的理性主義過於強調理性本質，而忽略了有血有肉的實際人生的存在。二次大戰集體屠殺同類的災禍，使人懷疑人是不是理性的動物，使人懷疑理性有何實際效用，存在主義乃應運而起（吳俊升，1998）。存在主義是西方社會劇烈變動下的時代產物，也是 20 世紀最盛行的一大思潮，它是一種描寫苦悶與失望的思想，可說是一種危機哲學。然而每一次危機解決後又有新的危機產生，於是個人的一切努力皆落空，故存在主義被視爲一種虛無主義哲學（楊國賜，1980）。

一、哲學思想

存在主義發展於歐陸，此派哲學家有齊克果（Kierkegaard）、雅士培（Jaspers）、海德格（Heidegger）、沙特（Sartre）等人，他們無論是在宗教、政治或哲學上見解紛歧，但是他們也有一些相同的主張和論題，像是反對理性主義與經驗主義的教條、從生命的體驗爲出發點去思考、強調個人獨立存在、推動個人存在自覺等（楊國賜，1980）。以下三項爲存在主義哲學的主要理念（邱兆偉，2010；黃昌誠，2008）：

（一）存在先於本質

「存在先於本質」（existence precedes essence）雖然是由沙特所提出，但是審視存在主義者的相關理念後，都可發現這是所有存在主義者所具有的基礎理念。個人自身的存在是命定的，也是無可奈何的，人是被拋入到世上的一種具體存在，這種未經過人自己的同意，而被遺棄到世界上來的命定，稱爲存在。由於人是被拋入此世界中，因此對於世界難免有孤獨與疏離的感覺，而在面對被拋入的存在之孤獨與疏離時，也多少感到心

情沉重、徬徨無助和不舒服的嘔吐感。人面對命定的存在莫可奈何，個人沒有選擇的餘地，也不能逃避命定的存在。但是，存在之後個體要如何成為自己，要在此命定中加入何種本質，則完全依個人的賦予與努力而定。這說明了除了人的生存之外，沒有天經地義的道德或靈魂，人必須自行掙扎求全，沒有誰可替他決定任何事；同時人是自己的主人，不是上帝的奴僕。

(二) 自由抉擇與責任

由於存在先於本質，因此每個人都必須去自由選擇自己的生命內容，創造自己，甚至超越自己，所以實現與完成自我的關鍵在於自由抉擇。儘管自由抉擇是一件困難的事，其過程是一連串的黑暗、惶恐、孤獨與危險，但任何人不能代替個人作決定。存在主義者呼籲人要活出真正自己的生活，不應逃避，而應該要以無比的勇氣與堅強的毅力，去決定自己的命運，創造自我的內容與價值。但是對自己行為的自由抉擇，關係到個體對行為的負責，自由抉擇與責任使得個人是他自己生命的主宰，個人必須對自己所選擇的生命價值負責。例如當我選擇結婚生子時，無形中我已認定了社會婚姻制度了，因此也必須對社會負責。

(三) 主體性、誠真性與個別性

存在主義特別強調主體性（subjectivity）的問題，其所重視的個人，乃是任何人都具有個別性的生命，每一個別的生命都是獨一無二的，各有自己的一套生活方式，人人得以表現真實的個性，反對盲從地把人鑄造成統一模式，肯定每一個人都各自構成一個獨立的單位。存在主義的主體性，反對把人當作「物」或客體，也反對個人埋沒於集體之中，失去個體的獨特性與個別性（individuality）。每個人都是無可替代的，追求主體性就要找回真我，要誠真於自己，按照自己的抉擇、理想與價值來活出自己，而不可一味因襲、模仿或隨波逐流，因為如此便沒有誠真性（authenticity），沒有誠真於自我的主體性、建構自我的個別性。

二、教育思想

　　存在主義者並沒有嘗試去建立統一的教育思想，大致上他們在教育主張上強調每個人要培養眞誠、決斷、忠實、創造力及責任感等自律的人格特質，使能做個自由人、抉擇人及負責人（國立編譯館，2000）。以下爲存在主義的教育思想（邱兆偉，2010；楊國賜，1980；黃昌誠，2008）：

(一) 教育目的

　　存在主義的教育目的在維護個人的自由，協助個人對於命運自作抉擇與決定，並對於他的決定所產生的後果負責任。如莫理斯所言（Morris, 1966），存在主義要喚醒學生覺察到自我的存在，使他成爲一個進行選擇的個體（a choosing agent）、自由的個體及負責任的個體（a responsible agent）。

(二) 教育內容

　　存在主義者批評學校課程常常不眞實和不實際，因此他們強調眞實的教材，兒童的教材只敘述人生美好的一面，很少談到荒謬人生，例如軍事衝突、戰爭、飢餓與死亡。存在主義學者格玲（Greene）極力倡導人文與藝術學科，且對於基本學科也相當關注。人文與藝術學科包括文學、哲學、戲劇、藝術等，因爲這個學科較其他學科更能顯現深刻而直接的人性，也描繪人類生活情境與抉擇的狀況。總之，存在主義的課堂重視的是引導學生自我表現的教材，而學校則是教師與學生追求關於生活與抉擇之對話與討論的地方。

(三) 教育方法

　　存在主義者反對灌輸式的教學，認爲教育方法應重視情感、情緒、創造力的涵養，重視學生個性的了解，不能偏重團體的訓練。在教學法方面重視師生間的對話及自我的內在對話，例如蘇格拉底式方法（Socratic method），教師利用發問的方式引導學生的思考。莫理斯（Morris, 1966）認爲夏山學校（Summerhill School）是存在主義者所喜歡的教育類型，因爲這所學校尊重學生的抉擇與自由，不強迫學生上課或考試。

存在主義者亦提倡愛的教育，認爲教師不應以權威加諸學生，更不應代爲決定一切。在師生關係方面，1958 年布伯（Buber）在《吾與汝》（*I and Thou*）一書中，認爲教師應視學生爲主體，不可視爲客體，教師不能以較高的姿態，將學生當作教學能順利或成功的工具或手段。

第三節　當代教育哲學

　　美國的傳統教育盛行於 19 世紀末以前，受到官能心理學及人文主義的影響，注重具有形式訓練功能的科目。1890 年左右受到杜威實驗主義的影響，教育上產生極大的改變，例如對兒童研究、課程現代化、實驗學校的設立與教育機會的擴增等。1920 年催生了綜合中學此種普及的學校制度，使學校邁向民主化，1930 年代進步主義陣營又分裂出重建主義和浪漫主義（romanticism）等學派。另有一股勢力，課程學者稱之爲「退步潮流」，指的是在 1890 至 1940 年代左右，傳統的永恆主義將課程侷限於學術科目，著重心智訓練、精英教育，並深受心理學上行爲主義思想所影響。而 1930 年代起至 1950 年代末，有精粹主義主張「回歸基礎」的教育，著重中學生依能力分組、定軌，強調透過練習的背誦學習，對往後的國家課程方案、學術中心的課程有深遠的影響（宋明娟，2007）。本節就進步主義、永恆主義、精粹主義及重建主義四大美國教育哲學之思想作一闡述。

壹。進步主義的教育思想

　　在第 4 章中，已對進步主義教育運動的發展略作敘述，雖然進步主義團體的教育思想並非一致，然而對某些教育實踐卻有著統一的立場，下列幾點是他們所一致譴責的：(1) 權威性的教師；(2) 極端信賴教科書或古板乏味的教學方法；(3) 對知識和事實資料加以死記的被動學習；(4) 企圖將教育孤立於現實生活之外；(5) 使用威嚇或肉體懲罰作爲訓練的方式

（簡成熙譯，2018）。以下將進步主義重要教育思想說明如下（李玉馨，2010；簡成熙譯，2018；葉學志，2004）：

一、以兒童為中心的教育觀

　　進步主義的重要原則是兒童為教育的中心，強調兒童的自由、興趣及創造性，重視培養兒童解決問題的能力。在以兒童為中心的學校中，學習的過程不是由教師和教材來決定，主要是由兒童來決定，也就是根據兒童不同階段的生長，提供給他適當的材料，促進兒童主動學習及發展與表現能力。

二、教育就是生活本身

　　杜威認為「教育即生活」、「教育即生長」，生活和經驗是教育的靈魂，離開了生活和經驗就沒有生長，也就沒有教育。學校教育應該利用現有的生活情境作為其主要內容，而不是使用既有的科學知識所組成的課程來進行學習。進步主義強調兒童不是小成人，因而兒童應當學習他親自發現和所能理解的東西，使學生學習如何適應與改造目前的生活。

三、重視問題解決教學法

　　進步主義反對這樣的傳統觀點：學習主要是接受知識，而知識本身就是由教師堆積到學生腦中的抽象知識。杜威指出教學的過程就是培養思維習慣的過程，進步主義者認為知識是一種增進解決生活問題的能力、增進重建經驗的能力，也就是說知識是一種學習的工具，而不是學習的目的。為增進這些能力，就要採用問題解決教學法，這種教學步驟是以「活動」形式貫穿始終，以學生興趣與需要為中心，因此這種教學方法能使學生主動地活動、積極地思考。

四、教師的任務是學生的顧問

　　進步主義教育者反對傳統教育中，教師所具有的那種權威性的主導作用，認為那種由權威者把所必須接受的知識傳給接受者的教育體制不是教

育，而是灌輸、宣傳。教師的職責不是依靠權威來指揮而是提供建議，因為應該由兒童自己的興趣決定所要學習的東西，學生一起計畫及發展課程，教師只是學習的嚮導。所以教師的角色是居於輔導者的地位，以其豐富的知識與技能來協助學生解決其學習問題，重視學生自學的能力及對學習目的與過程的決定能力。

五、學校應該鼓勵學生合作而非競爭

進步主義者反對斯賓塞所引申的達爾文競爭的主張，認為友愛和合作關係比競爭與追求個人成功更適合於教育，因為前者發展人性的更高的、社會性的一面。進步主義者並不否認競爭有一定的價值，必要時學生也應該互相競爭，只要這種競爭能促進生長，但是進步主義者堅持合作比競爭更能合乎生物學和人性的實際生活。

六、教育必須民主

杜威將學校視為民主社會的縮影，學生可以在學校裡練習民主生活所需要的技巧。民主與教育必須攜手並進，因為只有民主才可能使各種思想和個性自由發展和交互作用，而民主是個人生長的必須條件，民主的學校才能落實合作精神。因此民主、生長和教育是互相關聯的，學校本身必須實施民主，其具體的作法有：促進學生自治和自由討論、師生聯合設計課程等教育活動。

進步主義被認為是當代在教育、社會與政治事務上的改革運動，對學校教育影響比較顯著的幾項運動包括人本主義教育及極端的學校改革。人本主義教育開始於 1960 與 1970 年代，領導者如羅傑士（Rogers）、馬斯洛（Maslow）等心理學家，是對科目內容與認知學習的反動。人本主義教育強調情意的影響勝過認知的結果，他們試圖建立師生之間有意義的關係，並培養學生獨立與自我引導（方德隆譯，2004）。在此一時期，被稱為極端浪漫主義者、新進步主義者則提出激進的學校改革主張，強烈抨擊教師和學校，著名的批評者如霍特（J. Holt）撰寫《小孩為何失

敗》（*How Children Fail*）、伊利奇（I. Illich）撰寫《去學校化社會》（*Deschooling Society*）、尼爾（A. S. Neil）撰寫《夏山學校》一書，以及批判教育學（critical pedagogy）學者如吉諾斯（H. Giroux）、麥克拉倫（P. McLaren）等人，對於學校教育方法、學校強迫教育、成人權威與校規表達了相當多的不滿，他們對學校的批評如下：學生像囚犯、教師如獄警、禁錮學生的智能與情感、以分類或分軌高度歧視學生並造成社會階層、只對少數人有利而忽視多數人的權益等（方德隆譯，2004）。

貳. 永恆主義教育思想

永恆主義（perennialism）興起在 1930 到 1950 年，其理念正與當時盛行於美國的實用主義、進步主義相抗衡，代表人物有赫欽斯（Hunkins）、馬瑞坦（Maritain）、阿德勒（Adler）。永恆主義是在批判進步主義教育運動中發展起來的復古保守派，因其以古典唯實主義哲學為基礎，也被稱為新古典主義。反對進步主義教育者所強調變遷的普通性，主張應回到絕對原則，教育應該基於某種普遍的真理，不管社會、政治如何變動，其永恆性質本身是最根本的真實，人性是不變的，幸福及道德原則基本上也是一樣，所以教育的基本原則是不變的、永恆的（葉學志，2004）。永恆主義學者都強調心靈、理性及過去的偉大遺產，茲將永恆主義的教育思想歸納如下（簡成熙譯，2018；鍾蔚起，1990；葉彥宏，2016；劉育忠，2007）：

一、教育要啟發理性

人是理性的動物，教育應集中發展人的理性能力；人是自由的，必須培養其理性，使其控制本能或慾念，文明的人應該是自由與自我約束相輔相成。如同赫欽斯所言：「人能否成為真正的人，端賴其能否學習到運用其心靈。」

二、教育目的是要學生去適應真理

　　永恆主義者認為教育的任務是傳授永恆真理的知識，教育應使兒童順應永恆的真理，而非進步主義所主張的順應變化的環境，如此學習的效果較有持久性。學校教育也應啟發學生思考，使其了解真理，進而在人群中扮演好自己的角色。

三、每位學生都應接受相同的教育

　　不管環境如何不同，人的本質具有共通性，共同特質包括共同的人性、個人尊嚴、人權、希望、抱負，以及社會每個人將來達到的目標。任何地方的兒童都有這些共同的特質，不受環境影響，而最重要的就是理性，文學與歷史最能啟發出這種人性的普通性質，主張人文學科為課程中心，我們應該要求兒童得到同樣的知識，縱使有些兒童要花更多時間，必須使之不斷練習或複習。

四、每位學生都應學習基本教材

　　永恆主義者認為知識有其共通性，所以每位學生都應該學習基本教材，而教育體系內應該探討知識，而不是意見。赫欽斯主張教育意味著教學，教學正意味著知識，知識即真理，真理在每個地方皆相同，所以推論出每個人所接受的教育也應該是相同的。赫欽斯所處的時代是功利實用主義盛行的時代，在這種思想的影響下，美國的高等教育逐漸走向極端：過分地職業化、專業化傾向。赫欽斯針對這種現狀，提出要實行博雅教育，注重人文學科的學習，他說以往的社會是將博雅教育提供給少數人，而民主社會則應該將最好的教育開放給所有的人。後來博雅教育逐漸轉型為大學的通識教育（general education），主要是受到永恆主義教育學家的影響，其中以赫欽斯的影響最大。赫欽斯在芝加哥大學及聖約翰學院創造了一種新型的博雅教育課程模式：經典名著課程模式，對以後大學通識教育課程改革的影響極大。

五、教育是為生命作預備，不是為生活作預備

　　教育不是生活的模仿，學校也不是社會的縮影，因爲學校從來就不是真正的生活情境；相反的，學校應安排人爲的環境影響學生，學生的學習就是實踐文化遺產的價值觀念，達成傳授文化的任務。教育的經驗是生命的預備，因爲人類生活的美好狀態，必須是每個人的理性部分充分發展後才能達成。

六、教育活動應以教材內容為中心，而非學生為中心

　　永恆主義者在教育內容方面相當重視讀、寫、算（3R）基本學科的學習，認這些學科可以加強心智的訓練，這樣學生才能得到永恆性的知識。這些基本學科包括英語、語言、歷史、數學、科學、藝術與哲學。阿德勒就認爲基本教育是要訓練理解能力及培養智力，學校的課程需要有文理科、閱讀、聽講、寫作、說話，以及思考的技術。阿德勒曾在 1982 年領導「派代亞計畫」（The Paideia Program），爲中學規劃了基本的學校教育，課程即是古代「七藝」博雅課程的再現（葉學志，2004）。至於教學方法方面，永恆主義認爲教學是鼓勵學生討論、引發其理性能力的一門藝術，基本上是基於蘇格拉底的方法：口頭詳述、演講與解釋。爲能引導學生進行討論，教師被視爲該領域的權威，因此必須是科目或學科專家。

參. 精粹主義教育思想

　　精粹主義（essentialism）同時根源於觀念主義與唯實主義，屬於較爲傳統與保守的哲學（方德隆譯，2004）。隨著美國 1930 年代的經濟大恐慌，進步主義所造成的學生學業成就低落的現象也一直受到批評，永恆主義和精粹主義展開對於進步主義的批評與攻擊，永恆主義把重點放在高等教育，精粹主義則把重點放在中小學（簡成熙，2004）。精粹主義於 1930 年代早期盛行於美國，1957 年蘇聯搶先發射人造衛星史普尼克（Sputnik），精粹主義的理念遂被當時的教育心理學者落實，設計出各種以學科爲中心的新式課程，希望透過教育來提升學生的程度，進而提振

美國的國家競爭力（簡成熙，2004）。然因課程偏重認知發展，忽略情意教育，導致 1970 年代人本主義教育思想的崛起。以下爲精粹主義重要的教育思想（簡成熙譯，2018；楊國賜，1980；葉學志，2004）：

一、學習性質包括用功與非自願的奮勉

精粹主義者認爲學習是困難的工作，需要被動的努力及紀律配合。他們強調苦練的重要，大多數的基本學科仍得靠直接的方法，例如記憶與練習，才能學好。雖然興趣引發動機，但精粹主義者提倡學生學習應先被動的努力，對學科的興趣是經過努力後才產生的，不是一開始就感到興趣，所以努力是比興趣還要重要。學生在努力用功時常會分心，因此自制力的培養是很重要的，教師須以外力督促的方式協助學生學習。

二、教師是教室權威的來源

精粹主義者反對教師是學習伴隨者或嚮導，認爲教師是教室權威的來源，教師是兒童與成人世界的媒介，因爲受過專業訓練，熟諳學科知識及如何呈現教材，是最適合指導學生的學習。同時教師是成人社群的代表，應該受到尊重。

三、學校最主要的工作是教導學科知識

精粹主義學者對於課程的主張，重視社會的興趣與社會的要求，意欲將人類文化的精華，即將文化中不可少的部分（知識、技能、態度等），組成豐富的課程傳授後代，這些課程是智慧結晶，教師應教學生熟習之，因而認爲學校最主要的工作就是教授基本的學科知識。小學階段應重視基本讀、寫、算的能力，中學應發展歷史、數學、英文、科學及外語能力這五門基本學科，反對開設藝術、音樂、體育、家事與職業教育等流行或點綴科目。不論學生的能力與興趣，學校應教導青少年共通的課程，即核心的智性內容，使學生獲得基本知識，不能因迎合學生的口味，降低了學業水準。

四、重視官能心理學的教學方法

　　精粹主義者承襲「形式訓練說」的理論，強調各種心理能力，例如想像、記憶、推理判斷、毅力等，可因訓練而加強，認爲杜威的做中學的方式不適合所有的學習情境，因許多知識是抽象的，不可能依假設的情境作圓滿的解決，學生還是必須學習基本觀念，因此強調採用官能心理學家的心智訓練。例如柏格萊（Berkeley）認爲毅力、整潔、專心致志、自信等普通特質仍可以遷移，學習艱深的拉丁文、數學、自然科學等課程，足以培養心智能力的習慣。

肆、重建主義教育思想

　　社會重建主義是從進步主義教育陣營分化出來學派，1950 年代爲擴大吸收其他哲學理論的基礎，強調文化實體的分析，故不再延用「社會」二字，轉而高舉「重建主義」（reconstructionism）的旗幟。不管是社會重建主義或是重建主義，都有其相同的社會關懷與一脈相承的理念（李涵鈺、陳麗華，2005）。此一學派最具代表性的學者爲康茲（Counts）、布拉梅德（Brameld）、魯格（Rugg）。康茲可稱爲社會重建主義之父，要求教育工作者勇於承擔改造社會的職責（鍾鴻銘，2012）。重建主義的教育思想主要源於實用主義的觀念，杜威提出「教育即重建」（education as reconstruction）的看法，主張教育是一種經驗繼續重組或改造的歷程，重建主義將杜威對社會進步觀念加以延伸，認爲學校應主動的引導社會改革（徐宗林，1988）。重建主義的教育思想有以下幾項（徐宗林，1988；葉彥宏，2016；劉育忠，2007；Knight, 1998）：

一、教育目的在重建現代社會

　　重建主義者強調改變的需要，在引導出一種世界文化或文明的目標上，他們是烏托邦主義者，因此認爲教育的主要目的是重建現代社會，以解除時代的危機。在這樣一個由經濟危機、世界大戰、原子武器、極權主義和種族歧視籠罩著的動盪不安的時代裡，重建主義認爲教育應該有新的

使命，應致力於改造社會，尋找一種新的社會秩序。

二、學校課程應致力於改造社會

重建主義者認為學校的課程應該包括各種社會問題，他們認為進步主義主張的以兒童的需要和興趣為基礎的課程，無力解決社會問題，新的學校課程應該從目前社會的問題和特徵中直接產生，讓學生認識這些問題的存在。各門學科的內容統一於「社會改革」，學習應圍繞解決社會改革的當代問題來進行，這種課程設計就是「核心課程」或「問題中心課程」。

三、教學方式的民主化及多元化

重建主義者認為民主的過程應該表現在課堂教學中，學生有權表達他對社會、政治、經濟問題之意見。布拉梅德認為教師在處理爭議性的課程內容時，態度必須是包容的，他稱之為「可辯護的偏見」（defensible partiality），教室允許學生公開檢視贊成和反對他的證據，然後盡可能公正的提出解決方案供學生選擇。重建主義者偏愛學生盡可能的走出學校而進入社會，從中學習並運用所學，例如服務學習，可幫助學生投入社區服務，以及獲得第一手的公共生活知識與經驗。重建主義者也相當重視問題解決的教學方式，學生不是只有被動的在教室學習，而要主動地進行分組探究，教師要設計適合學生年齡和環境的解決問題方法。

四、教師角色在喚醒學生對社會問題的意識

重建主義者主張教師要有以社會改革為重的理念，才能維護民主社會的傳統。為了達成社會改革的使命，教師在教學中亦扮演積極角色，教師應喚醒學生對社會問題的意識，教導學生批判省思、解決問題及改造社會的知能。重建主義者認為教師必須扮演雙重角色：教育者與社會激進分子，這二個角色是無法分開的，因為教育者必須能將在教室教授的知識加以實踐。

伍。分析哲學與教育

　　分析哲學（analytic philosophy）盛行於 20 世紀英美的哲學界，與風靡歐陸的存在主義相抗衡，由於分析哲學對傳統哲學提出嚴厲而直接的挑戰，故有哲學革命之稱。分析哲學並不是一個系統的哲學，分析哲學家們彼此的看法並不一致，他們共同關注的是語言的邏輯探究與語言誤用的情形。當代哲學的分析運動，與邏輯實證主義（logical positivism）及語言分析（linguistic analysis）有密切的關係，二者可以說是分析哲學的二大根源。重要的學者有英國的羅素（Russell）、懷德海（Whitehead）、摩爾（Moore）、維根斯坦（Wittgenstein）及維也納學圈（Vienna Circle）。維也納學圈視哲學為一種科學邏輯，他們無法接受傳統哲學的論證，認為傳統哲學的命題多是不能檢證的命題，應加以排除（簡成熙譯，2018）。一些分析哲學家不滿邏輯實證主義的概念及方法過於死板和狹窄，但他們又不願意回到傳統的思辨及形而上學的哲學方法上，因此他們將重點放在人們日常所使用的語言及概念上，企求能夠發展出一套共通的科學語言（伍振鷟等，2012）。分析哲學到了 20 世紀中期影響到教育哲學的領域，形成「教育分析哲學」（Analytic Philosophy of Education），其中以美國的謝富勒（Scheffler）、英國的皮德思（Peters）及赫斯特（Hirst）為主要代表學者。以下對其重要的教育思想作一探討（伍振鷟等，2012；簡成熙，1996、2005）：

一、不對教育活動作規範性的陳述

　　分析哲學家不作規範性的陳述，不告訴教師或學生應該如何或不應如何，也不針對教育活動作價值判斷，也不會告訴學生應該讀書、應該思考這類的話。他們關注讀書、思考、學習到底是什麼意思，希望透過分析而澄清事物，要求對知識作精確的分析和判別。

二、澄清教育語言、概念和口號

　　分析的教育哲學旨在澄清教育工作者所使用的語言，也澄清一些概

念，以及應用這些概念的過程、基本前提、目標等。藉著分析哲學的方法，我們可以發現許多陳述或規範是沒有意義的，甚至是誤導的，例如教師說「提供像眞實生活般的經驗」，分析哲學家會指出此一陳述顯得模糊，如此可引發教師更加深思考如何才能使意義明確。我們會經常聽到一些教育口號（slogans），例如學校已死、教育鬆綁等。分析哲學家認爲教育口號大多偏向於情緒性訴求，而人們對於教育口號的接受與否，又常憑藉個人情緒性的感受程度，較少以理智的態度去解析，所以分析哲學家特別重視以概念分析的方法來檢視教育口號的合理性，經過概念分析，能使我們對於某些偏激、似是而非的教育口號有所警覺，避免陷入教育口號的激情擁護，而產生了錯誤的教育觀念和行爲。

三、重視教育隱喻的運用

　　隱喻（metaphor）也稱爲暗喻，即以較具體的自然界現象，來比喻抽象難解的教育歷程或方法，使一般人較易了解抽象的教育原則。例如道德是人的第二生命、教育即生長、教師是園丁等。謝富勒在《教育的語言》一書中，針對教育的隱喻進行概念分析，以生長、塑造、雕刻來類推教育的意義。生長的隱喻賦予教師溫和的角色，此隱喻說明教師是對抗傳統權威教育的改革者。「教育即塑造」暗寓教師扮演著主宰的角色，有名的教育萬能說即爲此類。「教育即雕刻」的隱喻承認受教育者的身心氣質是有個別差異的，並且會在教學過程中不斷修正原有的構想。謝富勒認爲隱喻的表達方式常有震撼人心的效果，而隱喻本身就是一個嚴謹理論的構成要素，不像口號只是社會運動的枝節片段，這也是分析哲學家重視隱喻的原因之一。除了謝富勒所提的三種隱喻之外，簡成熙（1999）還提到「接生」、「鑄劍」、「撞鐘」的隱喻，接生是要引出學生本有的知識，鑄劍說明學習的過程絕不輕鬆，撞鐘是強調學生要懂得提問。

問題討論

1. 請比較觀念主義和唯實主義的教育思想有何異同。

2. 請以柏拉圖的洞穴隱喻為例，說明其要點並分析其對教育的啓示。

3. 請說明美國教育哲學家杜威（J. Dewey）的知識論之要點及其教育主張。（96 教檢）

4. 試列舉進步主義的三項主要教育理念，並提出其對於我國教育的二個啓示。（106 教檢）

5. 試分別說明實用主義與存在主義的教育理念，並陳述這二種教育理念在教師角色上的相同點。（102 教檢）

6. 崇尚存在主義思想家布伯（M. Buber）之《吾與汝》（*I and Thou*）理念的教師，在教學上會有哪些主張？試提出五項說明之。（101 教檢）

7. 試分別從人權及存在主義的立場，簡要說明推行生命教育的重點。（98 教檢）

8. 教育觀念的闡述常運用比喻或隱喻，試針對「教育即塑造」、「教育即生長」分別說明其意義及優缺點。（108-2 教檢）

第 **6** 章

教師專業

本書有二章專門探討「教育的執行者：教師」，本章著重於探討教師這項職業所需具備的工作條件，下一章〈教師圖像〉則是探討教師的角色與使命。教育的成敗，繫於師資的良窳，以致先進國家均積極推動師資改革，培育優秀師資，以期提升教育品質與國家競爭力，例如英國教育部於 2010 年發表《教學的重要性：2010 學校白皮書》，強調「學校體系效能最重要的決定因素即是教師素質」；美國聯邦教育部與經濟合作暨開發組織（OECD）於 2011 年聯合召開「國際教學專業高峰會議」，更以「建構高素質的教學專業」為研討主題。我國則是提出《中華民國師資培育白皮書》，以「師道、責任、精緻、永續」為核心價值，從「師資職前培育」、「師資導入輔導」、「教師專業發展」及「師資培育支持體系」四大面向，擬定發展策略與行動方案。從上述國家的政策導向，可知師資培育是很重要的教育工程，更是教育品質發展的重要核心（教育部，2012）。本章共分三節，首先探討專業的性質與發展，其次探討教師專業社會化的歷程，主要說明教師的職前教育，第三節則是探討教師的職業地位及提升教師專業的途徑。

第一節　專業的性質與發展

　　法國社會學者涂爾幹（Durkheim）主張社會分工體系是社會運作的基石，因爲職務分化能產生特殊功能，促使社會成員產生互相依存的和諧關係，伴隨此種體系分化的同時，彼此之間產生動態的密集交互作用（姜添輝，2004）。戴維斯和莫爾（Davis & Moore, 1945）據此發展出社會階層理論，主張可依個別職業對社會的貢獻程度而區分出爲：(1) 專業（professional）；(2) 半專業（semi-professional）；(3) 技術（skill）；(4) 半技術（semi-skill）；(5) 無技術（non-skill）等職業階層，處於頂層的專業行業對社會運作具備舉足輕重的影響力。本節針對專業的性質與社會學者對專業主義的詮釋作一探討。

壹. 專業的性質

　　「專業」（profession）或稱「專門職業」，係指具備高度的專門知能及其他特性，而有別於普通的「職業」或「行業」而言。典型的專業人員通常是指醫師、律師、工程師、建築師等（陳奎憙，2009）。韋伯（Weber）是第一位描述專業人員「理念類型」特質的學者，他把醫學、法律、教士的職業當作典型，他們是自僱的服務提供者，他們的入行是由專業同儕控制，專業人員設定入行、訓練與認證的要件，同儕所組成的委員會也發展出評審的過程，以維繫標準與能力（林郡雯譯，2007）。基本上專業有著下列特質：(1) 社會分工之需要；(2) 穩定社會之和諧；(3) 專業特質抗衡商業私利；(4) 享有特權與權益（黃嘉莉，2008）。社會中的專業人員具有較高的薪資、尊榮、權勢，他們的地位如同宗教般的神聖，他們保有社會傳統遺產的形象，具有穩定社會的功能。專業人員有著崇高的社會地位，讓人們產生朝向取得特定工作，以獲得專業地位爲努力的目標。然而爲了讓專業的存在取得正當性，就要構思如何運用策略讓其專業地位獲得社會大眾的認同（黃嘉莉，2016）。

新韋伯論者（Neo-Weberian）就將專業視為是一種意識型態，是擁有專業地位的團體所形成的社會藩籬（social closure）現象，社會的職務分化在「專業」稱號之下，掩飾了職業階層化的事實。帕金（Parkin, 1979）提出了社會藩籬、社會納入（social inclosure）、社會排除（social exclosure）等概念，他認為專業化是一種限制和控制進入職業者的策略，以保障和增進自身的市場價值。社會中的各個社會團體都試圖將獲得資源的機會及可能性歸屬到具某種資格的小圈子裡，社會藩籬為此設定資格和程序，使符合資格者能獲得最大的利益。於是，必須選擇某種社會或自然屬性，作為排除他人的正當理由，任何一種集體屬性，例如族群、語言、社會出身、宗教等都可以作為排除的準則。「文憑主義」（credentialism）亦是一種社會排除的策略，就是極力提高教育證書的地位，用以控制勞動分工中的關鍵位置。新韋伯論者認為所謂的「專業化」就是運用社會藩籬和社會排除，為某些職業設定門檻、限制進入者的資格，以保障該職業的市場價值（林大森，2017）。

貳. 專業概念的再詮釋

社會學中研究專業的發展與演變的學術稱為「專業社會學」，結構功能論針對功能與特質分析專業，象徵互動論討論專業化的過程，可稱之為專業的特質取向；新韋伯論者將專業視為是一種意識型態，探究專業地位團體所形成社會藩籬現象，是為專業區分的策略取向；專業發展的關係取向則討論專業隨著時代的變遷，其意義亦隨之改變（黃嘉莉，2008）。以下分別討論這三種取向研究之概況：

一、專業特質取向

結構功能論的學者最早關注專業意涵，這類學者被冠稱為專業特質論，因為他們致力發展一套專業的標準，以評量任一行業是否已達到專業的地位，或是提供任一行業朝向專業地位的依據。這類學者認為，傳統專業行業的共同特徵具有放諸四海皆準的作用，因此醫生、律師與工程師等

變成主要的研究對象。他們的共同觀點是醫生與律師等傳統專業行業的共同特質（trait），將可視爲所有專業行業的共同標準。這些學者發展出一些專業的特質，包含（姜添輝，2002）：

1. 一組專門化的知識體系。
2. 一套嚴格篩選制度，以確保新進成員的心智能力能契合前述知識體系的複雜性。
3. 施予長期訓練，以習得前述的知識體系。
4. 賦予高度自主權，以發揮專業知識效能。
5. 依據科學知識進行客觀的專業判斷，免除情感干擾。
6. 一個強而有力的專業組織，以發給所屬從業人員證照，進而維護專業服務品質。
7. 擁有專業倫理信條，藉由規範成員行爲，以維護該行業的專業形象。
8. 抗拒商業利益導向的專業行爲。

特質論的觀點即以傳統專業特質，作爲判斷其他職業是否達到專業的標準，與律師、醫師等專業相較，教師的專業倫理不具強制性、無法有效篩選專業教師、專業教師證照權威不一、教師專業自主權不高、教師的知識屬性屬於溝通知識、修業年限較短、多爲女性擔任、較難採取「專業理性」及「情感中立」，加上教師對學校教育及教學工作的領導支配權，往往被行政人員所剝奪等理由，質疑教師的專業性，只能與護理、社會工作並列爲「半專業」（semi-profession）（郭丁熒，2001、2003）。雖然教師必須通過專業教育，且擁有專業知識，也有團體組織，但是卻不具備社會所認同的專業特質。從中不難發現，雖然教師的社會功能相當重要，但是教師在實際上仍舊未達專業的標準（黃嘉莉，2008）。

二、專業策略取向

專業特質論提供教師朝向專業境界的依循標準，但該理論也存在一些限制，例如專業意識型態之中的專業自主權，將開啓並拉大專業人員與顧

客間的社會距離，因而使得專業人士得以擁有可觀的決定權與控制權，這些皆足以將其工作過程與內涵推向黑暗的角落，舉凡工作程序、過程、服務項目與費用皆淪為黑箱作業。專業的另一社會意涵是社會控制（social control），當教師被視為專業的同時，其行為則易受制於合法化的專業頭銜，並如同工人一般溫馴地執行國家政策（姜添輝，2000）。雖然特質論存在上述缺失，但教師團體應思索教職的實質內涵，要在充實教育專業知能這方面來努力，使教職成為「完全專業」（蔡培村，1996）。

　　教師如以社會服務功能與需求來看，理論上應是專業的，教師的確負有滿足社會需要的功能，因此聯合國教科文組織（UNESCO, 1966）於《關於教師地位建議書》（*Recommendation concerning the Status of Teachers*）之中，認為「教職應該被視為是專業」，該報告認為教育是一種服務公眾的型態，需要教師的專門知識和特殊才能，這些都要經過長期持續努力與研究方能獲得並維持；此外，教職需要從事者對於學生的教育及其福祉，負起個人的以及團體的責任感。依據此建議案，教師成為一門專業應該是沒有疑問的，因為教師這個職業對當前社會有極大的貢獻，人才培育與文化傳遞等重要功能需要靠教師來達成。其他學者如李伯曼（Lieberman）、史密斯（Smith）、史丁尼特（Stinnett）等，均認為教育是一門專業（education as a profession），並對於專業的標準有深入的探討（引自黃嘉莉，2008；陳奎憙，2009）。綜合各家意見，教師專業所包含的特質如下：教師具有教學法的專長、大學或研究所畢業證明教師訓練的時期夠長、在教室內教師已擁有顯著的自主權、新制度給予教師參與校務的權力、制度化的在職訓練、無私的奉獻，以及有組織的教師專業團體及專業倫理等（沈姍姍，1998；黃嘉莉，2016）。沈姍姍（1998）也指出，教師是否為專業人員並非問題的關鍵，當專業主義的概念已經成為一種意識型態，教師們願意認同教師專業，也朝向獲得充分專業自主權而努力，而形成了訴求教師權力的教育改革理想，因而對教師資格與工作改善造成實質影響。

三、專業關係取向

專業的概念在 1980 年代發展為「教師專業的關係取向」，這種取向是以馬克思主義強調的階級及剩餘價值的概念，探究專業與社會發展的關係。1980 年代英美國家的教育政策與新自由主義思想相結合，教師面對的是市場化的教育改革，而教師專業因而有所轉變。政府重新定義教師專業的內涵，產生所謂的「新教師專業主義」（new teacher professionalism），強調專業人員的具體表現標準，注重產品的控制。新教師專業使教育成為服膺國家政府培養人才、提高競爭力的手段，卻忽略教育的內在目的與本質。新教師專業的內涵如下：(1) 增加更多的機會與責任，作更明確的判斷；(2) 促使教師參與教學價值與社會價值的論辯；(3) 建立同儕合作的文化；(4) 與社區合作；(5) 主動積極照顧學生；(6) 不斷自我導向的學習；(7) 給予相對應的地位與酬賞。教師必須透過參與、合作、溝通、不斷學習等策略，以符合顧客的要求，展現教師的新專業精神（黃嘉莉，2008；Hargreaves & Goodson, 1996）。

新自由主義透過管理主義加強對於外在責任的重視，將使得社會大眾對於教師專業的信任愈益削弱，所謂的自主權似乎僅能表現在教材版本的決定上，而師生之間存在的則是一種工具性的關係（林京霈，2008）。艾波（Apple）描述教師失去有關課程與教學事項決定權的程度，已經大到專屬於教師的轄區只有教室裡的行為控制。教師能直接影響的只有以下五項教室決定的領域：(1) 教室空間的安排；(2) 師生對話的比例；(3) 教學是要個人進行、小組進行或整班進行；(4) 學生在平常上課是否要固定使用學習中心；(5) 學生可以不經教師同意而行動的程度。教師喪失了課程內容的控制權，教學過程僅剩下例行化、技術化、科層化，這種現象就是馬克思所謂的異化（alienation）（林郡雯譯，2007）。然而並非每位學者都贊同艾波的觀點，畢竟教師還是保有在課程與教學方面的自主權，他們強調教師必須有能力把學生提升到高層級思考能力、問題解決的能力，以及能應用合作學習策略來處理複雜的教學歷程（Hargreaves &

Goodson, 1996）。

第二節　教師專業社會化

　　按照功能論的看法，個人在社會化的過程是居於被動的，會遵循既有的社會規範與期望而表現角色行為。所以教師專業社會化（professional socialization of teachers）是指個人學習擔任教師職務，以有效融入教師專業團體的過程。在這個過程中，內在化教師專業團體的價值觀念、態度、技巧與期望，形成教師人格，因而獲得教師團體的接納（林生傳，2005）。教師專業社會化強調的是成為教師的學習歷程，這需要經過一系列的結構性經驗，所以在學習的過程中，通常需要提供「重要他人」與「專業參照群體」作為其模仿認同的對象（王雅玄、陳幸仁，2007）。學者將教師專業社會化的歷程從生澀到嫻熟分為幾個階段來探討，常見的是職前、實習、在職等三階段的劃分法。師資培育的職前教育所能培養的僅是擔任教師的基本知能與態度，經過實習階段，成為正式教師後，尚須在教學之際不斷反省、修正與改善教學，才能在教師角色上逐漸成熟（陳舜芬等，1996）。《師資培育法》及《師資培育法施行細則》對於師資職前教育、教育實習及教師在職進修有所規範，以下僅就教師專業知識及教師證照二項主題，說明教師專業社會化的歷程。

壹. 教師的專業知識

　　在專業特質論及形成專業地位的策略中，專業知識是社會大眾信任的重要因素，而且專業知識更重要的是能成為專業人員可用的資源，使專業人員與他人之間產生社會距離，因此提升教師專業地位的途徑要先從充實教師專業知識著手（黃嘉莉，2008；簡良平，2007）。教師需要具備哪些專業知識？美國在 1986 年由霍姆斯小組（Holmes Group）和卡內基教學專業小組（Carnegie Task Force on Teaching as a Profession）分別提出

報告，討論教師專業和教師教育的問題，二篇報告都認為：如果要確保教育質量，必須提高教師的專業水準。教師如果要進行有效的教學，最重要的是教師一方面需要擁有「學科知識」（content knowledge），另一方面需要「教學法的知識」（pedagogical knowledge）。學科知識即教師所要任教學科之專門知識，例如國文、自然、數學等；教學法的知識即是將教材知識、社會的規範與價值傳遞給學生的知識與能力，例如課程設計、教學活動的規劃與執行、評量與班級經營等。這些知識在師資養成階段，除了理論講授之外，還要與教學實習相結合，讓學生能將理論應用到實際教學情境。此外，學習者的知識與其社會發展脈絡、實踐反思能力、個人實用知識，均是教師在專業化過程中所要學習的專業知識（周新富，2018）。

　　《師資培育法》將「師資職前教育課程」分為三類：普通課程、教育專業課程及專門課程。普通課程為培育教師人文博雅及教育志業精神之共同課程，教育專業課程為培育教師依師資類科所需教育知能之教育學分課程，專門課程為培育教師任教學科、領域、群科專長之專門知能課程。教育部（2018a）於是制訂《中華民國教師專業素養指引──師資職前教育階段暨師資職前教育課程基準》，引導師資培育大學規劃師資職前教育課程與安排實踐活動，共包含 5 項教師專業素養及 17 項教師專業素養指標。教師專業素養如下：(1) 了解教育發展的理念與實務；(2) 了解並尊重學習者的發展與學習需求；(3) 規劃適切的課程、教學及多元評量；(4) 建立正向學習環境並適性輔導；(5) 認同並實踐教師專業倫理。各種師資類科所需修畢的學分數亦在該指引中規定。

貳. 教師證照制度

　　《師資培育法》第 10 條對教師資格檢定，有下列的規定：

1. 教師資格考試：依其類科取得修畢師資職前教育證明書或證明者，始得參加。

2. 教育實習：通過教師資格考試者，始得向師資培育之大學申請修習包括教學實習、導師（級務）實習、行政實習、研習活動之半年全時教育實習。

第 11 條規定符合下列各款資格者，由師資培育之大學造具名冊，送中央主管機關發給教師證書：(1) 取得學士以上學位；(2) 取得修畢師資職前教育證明書或證明；(3) 通過教師資格考試；(4) 修習教育實習成績及格。取得合格教師證，接著要參加地方政府或學校所辦理的教師甄選考試，錄取之後才能如願謀得教職。

證照制度的本質在於區辨有資格與未具資格者，對於教師工作而言，證照制度同樣必須能夠發揮區辨持有者與未持有者的能力差異。然而，教師專業地位在社會變遷中面對各種挑戰，包括科技是否取代教師、只要有意願教是否可取代正規師資培育歷程等問題，都讓教師證照的意義與價值及教師專業地位面臨崩解或轉型的挑戰。我國自 1994 年後，多元師資培育結果也出現取得教師證書者找不到教職的問題，通過教師資格檢定考試取得教師證書並不保證就業，須再進一步參加教師甄試方能獲得教師工作。證書的取得不表示持有者得以進入學校執行教學工作，證書無法直接代表成為教師專業地位群體的一員，象徵意義與實際存有落差。此外，過多的儲備教師也造就「教師證書無用論」的氛圍，形成另一類型的學歷膨脹現象。由於證照制度是為表徵社會藩籬之效果，但取得教師證書並不保障取得教師工作，大量培育教師的結果，產生教師超額現象，讓取得教師證書者可能沒有教學工作可執行。這種教師證書不保障就業的儲備制，讓教師證書的取得誘因不強。教師證照制度的落實是值得關注的焦點，政府必須了解，證照制度的嚴謹審慎程度對教師專業地位的提升有極大的影響（黃嘉莉，2015、2016）。

當師資生取得正式教職成為教師之後，還要持續進行專業社會化，這階段稱為「在職進修」，教師要參加校內外或師培機構所辦理的專業成長活動，整個教師職業生涯均要不斷地進行專業社會化，教育部（2016）發布的 10 項教師專業標準即是教師專業成長的重要參考依據。

第三節　提升教師職業地位的途徑

　　地位（status）、聲望（prestige）與評價（esteem）意義相近，然而在社會學的定義之下，地位被認為是在社會結構中的位置，而此位置決定一個人在社會中所適合的位置，沒有所謂的高低之分別。在我國的傳統社會中，教育一向被視為神聖的行業，但隨著社會的變遷，教師在社會上的職業聲望是否依然享有較高的地位？有沒有下降的趨勢？在探討職業地位（occupational status）時，一般常將聲望、財富、權威作為評價與分析教師社會地位的三項主要標準。不能僅憑經濟收入一個層面因素，這只是教師在整體社會地位的某一層面。教師的社會地位實際上是教師職業在社會的評價地位，是與其他職業相互比較的結果，也代表教師在社會上所獲得的尊敬程度，同時也是社會成員在選擇擔任教師職業的可能傾向（吳康寧，1998）。

壹、教師職業地位的調查

　　在社會階層的研究中，通常以職業聲望的測量來代表某一職業社會地位的高低。職業聲望指的是社會大眾對於各別職業所具有的社會榮譽（social honor）給予的集體評價，是對各種職業的主觀評價，其測量一般是採用如下方式：列出一些職業，讓被調查者按好壞程度進行評價，或按高低程度進行等級排列，研究人員再對這些好壞程度評價或高低等級排列給予相對應的數值，然後計算出每個職業的聲望得分，再根據得分的高低排列各類職業的聲望等級。職業聲望通常由社會組成分子的價值觀念所決定，通常具有其歷史文化背景，極難改變。而職業聲望的高低則是決定社會地位的重要標準。各項工作的職業聲望會影響從事此工作者的工作態度和效率（周新富，2018）。

　　在探討教師的社會地位或職業聲望時，不得不將各級的教師分開討論，大學教授與中小學教師的職業聲望就有明顯的差異（鄭世仁，

2007）。林清江（1971、1981、1992）對我國教師所作的教師職業聲望
調查研究顯示：教師的職業聲望很高，在 40 項職業分成六個層次的職業
聲望中，大學校長及大學教授名列第一層次，與中央政府部長、大法官並
列；中、小學校長及中學教師名列第二層次，與省政府廳處長、醫師、律
師並列；小學教師名列第三層次，與省議員、牙醫師、建築師並列，1971
至 1991 這 20 年來教師的地位並無改變。蔡淑玲和瞿海源（Tsai & Chin,
1991）在建構臺灣地區職業聲望的研究，發現在尊師重道的傳統文化下，
律師、醫師的聲望不如大學教授，也比不上小學老師。黃毅志（2003）
為建構臺灣地區新職業聲望，從 42 項職業中，發現大專教師與研究人員
的聲望與社經地位都是最高，中小學教師的聲望及社經地位也都很高，其
原因為所須教育年數偏高外，其道德形象亦高。從上述的調查研究結果可
以得知，我國教師的職業聲望居於「中上」，而不同層次的教師其職業聲
望不同，大學教師職業聲望最高，中小學教師職業聲望雖高於從事體力勞
動的職業和一些半專業性的職業，但低於醫生、律師等專業化程度比較高
的職業。究其原因，中小學教師具有待遇較高、工作穩定與自主性高等良
好工作條件，且對自身職業具高度認同的特殊性，往往擔任中小學教師
的職業後，便很少有教師會離開教職而轉任其他職業（游宗輝、黃毅志，
2016）。

貳. 提升教師專業地位的相關配套

　　專業特質取向所列出的專業特質之中，教師比較欠缺的特質有三：
(1) 高度專業自主權；(2) 成立專業組織，維護專業服務品質；(3) 制訂專
業倫理信條，規範成員行為及維護專業形象。加強這三項的特質對教師專
業的提升有正面的助益，當教師被視為「完全」專業，教師的職業地位同
時也會受到肯定與提升。

一、強化教師專業自主權

　　近年來的教育改革，不斷呼籲要提升教師的專業權力，提升教師的專

業權力有二種涵義：一是教師「有能力」理解教學情境，作成明智而理性的專業決定，並實踐於專業活動；二是教師「有機會」將專業知能展現在課程、教學、學生與自身專業有關的決定上。此種被「賦予權力」與「肯定能力」的表現，也就是教師得到充分「專業授權」的明證，故能促進教師專業能力的成長。所謂「有能力」則不應限於教學技術的精熟，最重要是具備再學習與反省的能力。所謂「有機會」指參與各種專業性的決定，亦即專業權力的充分賦予，這是專業自主的基本要素。教師需要面對各種層次的專業決定與挑戰，包括教學目標、評鑑方式、評鑑標準的設定、課程的規劃與探究、教學方法的運用、教學活動的設計、教材的選定、教學情境的控制等。賦予教師專業權力，讓教師進行課程與教學的決定與選擇，如此專業自主權才能得到確立（陳美玉，1997）。《教師法》第 16 條有關教師權利，即規定「教師之教學及對學生之輔導依法令及學校章則享有專業自主」。《國民中小學九年一貫課程綱要》的實施，也賦予了教師自編教材的自主權。當教師的專業權力得到高度的授權，教師的專業能力則有不斷成長的機會，如此教師的專業地位也會更加確立。

二、發揮教師專業組織功能

　　教師專業組織是一種因職業相近而形成的協會，訂有入會的標準及組織規範，其目的是聯合學校系統及有關教育人員的關係，並協助成員爭取福利及提高專業水準（鄭彩鳳、林漢庭，2004）。我國的教師組織，可分為以下三大類別（林斌，2003；姜添輝，2008；鄭彩鳳、林漢庭，2004）：

(一) 專業主義的教師組織

　　專業主義（professionalism）的組織，是以成員專業水準的提升與維護為主要目標，並且強調對學生的服務品質。結構功能主義學者將教師組織界定於專業功能的範疇，因為藉此頒發證照可提升自身的自主權，制定倫理信條以規範成員行為，當他們違背倫理信條時，可取消上述證照，進而確保服務品質以及專業形象。強調專業主義的教師組織大多會設置教學

專業研究部門，並時常舉辦教師研習、研討會，並發表相關教育改革議題之研究報告，例如英國全國校長協會。

(二) 工會主義的教師組織

工會主義（unionism）的組織以爭取成員的權益與福利、改善工作條件爲主要目標，通常會採取較爲激烈的方式來達成其目標。批判教學論者認爲教師團體應採取工會主義的路線，以爭取自身權益。許多西方教師組織展現較明顯的工會主義路線而非專業導向，此種現象乃根源於低落的薪資待遇，並衍生較低的社會聲望，此種情境使大部分教師難以發展出專業認同，因而熱衷運用集體行動對政府施壓，以獲取更高的物質報酬。例如英國全國教師聯合會（National Union of Teachers, NUT）以抗爭、罷教爲手段，來爭取自身的權益，特別是薪資待遇上，使教師的社會地位得以大幅提升。美國亦有此現象，特別是美國教師聯盟（the American Federation of Teachers, AFT）。

(三) 兼具專業及工會主義的教師組織

即兼具專業與工會主義二種取向的教師組織，同時兼顧「會員權益」與「專業成長」，這類組織通常會以較溫和的方式來爭取成員的福利，提升成員的專業水準。從西方教師組織的發展可以發現，教師組織無論初期以工會或專業角色自居，之後都將會轉變爲以上二者兼重的目標取向，以期獲得更廣大教育工作者、社會大眾的認同與支持。例如全美教育協會（National Education Association，簡稱 NEA）原先被歸爲專業主義組織，但在 1968 年之後，爲了爭取會員，改採罷工等激烈的手段。NEA 及 AFT 均設置教學專業研究單位，不僅辦理會員進修及研習，更時常對各項教育議題提出批評與建議。

《教師法》第 26 條規定：「教師組織分爲三級：在學校爲學校教師會；在直轄市及縣（市）爲地方教師會；在中央爲全國教師會。學校班級數少於二十班時，得跨區（鄉、鎮）合併成立學校教師會。各級教師組織之設立，應依人民團體法規定向該主管機關申請報備、立案。」由此法之

規定可知，教師會是獨立於學校行政組織之外，其一方面受到教育事業主
管機關的指揮與監督，另一方面受到人民團體法的約束（黃懿嬌、林新
發，2013）。而臺灣教師會與美、英、日等國不同的是，有學校層級的
教師會存在於校園之中，學校教師會係以壓力團體身分參與和監督學校行
政，可透過此組織之特性爭取和維護教師權益（陳琦媛，2013）。教師
組織的主要功能是增進教師福利與影響教育政策及實施，各層級的教師會
應妥善發揮功能，如此對教師專業地位將有所助益。其功能共計有以下六
項（吳清山，2001）：

1. 維護的功能：保障教師專業自主權，讓教師能夠安心教學。
2. 監督的功能：讓學校行政運作公開化、透明化，增進學校凝聚力。
3. 服務的功能：是教師服務的組織，當教師遭遇困難或遭受冤屈時，
   主動協助教師渡過難關。
4. 研究的功能：從事各種教育問題研究，推動教師進修與研習，協助
   教師專業成長。
5. 團結的功能：透過教師會交換教育訊息，結合集體的力量，爭取教
   師權益。
6. 協商的功能：透過教師會進行談判協商，締造學校行政與教師雙贏
   的局面。

三、遵守教師專業倫理信條

　　遵守專業倫理信條是任何專業工作者必備的條件之一，像醫師、律
師等專業自治團體都設有嚴謹的專業倫理信條（張德銳，2016）。教
師專業倫理信條是決定教師是否為專業的一項指標，例如全美教育組織
（NEA）於 1929 年即制定「教育專業倫理守則」（Code of Education
Profession）。教育團體雖有倫理信條，但對於違背的教師，教師組織本
身往往沒有懲戒或予以開除的權力，這是各國的現象（陳奎憙，2009）。
所謂教師專業倫理是指教師專業領域中的一套行為規範，藉以規範教師執
行專業時對其個人、他人及社會的行為（吳清山，1998）。專業倫理信

條著重在道德操守和專業精神，要讓教師時時思省，並深切認知教師的有所爲與有所不爲（張德銳，2016）。

　　我國的全國教師會曾於 2000 年通過《全國教師自律公約》，作爲全國教師專業倫理之規準。公約內容包括二部分：教師專業守則和教師自律守則。「教師專業守則」部分包括以下重點：(1) 傳授學生知識；(2) 以公正、平等的態度對待學生；(3) 課程內容及教材應充分準備妥當；(4) 主動關心學生，並與學生及家長溝通聯繫；(5) 時常研討新的教學方法及知能，充實教學內涵；(6) 以身作則，遵守法令與學校章則，維護社會公平正義，倡導良善社會風氣，關心校務發展及社會公共事務；(7) 教師應爲學習者，時時探索新知，圓滿自己的人格，並以愛關懷他人及社會。「教師自律守則」部分包括：(1) 不向其學校學生補習；(2) 不在言語及行爲上對學生有暴力之情形發生；(3) 不利用職權教導或要求學生支持特定政黨（候選人）或信奉特定宗教；(4) 與其學校學生不發展違反倫理之情感愛戀關係；(5) 不利用職務媒介、推銷、收取不當利益；(6) 不收受學生或家長異常的餽贈（全國教師會，2000）。

　　全教會所制訂的《全國教師自律公約》比較偏重於教學方面，詹棟樑（1996）認爲教師在教育過程中，必須與校長、同事和家長進行接觸，唯有從倫理的立場出發，認清自身角色的地位，才能建立良好的人際關係，善盡教師應有的責任，圓滿的達成教育的理想。因此，認爲校園倫理（school ethics）是教師專業倫理的一部分，應在職前教育階段讓師資生了解到校園倫理的重要性。教師校園倫理的內容包含以下三項：(1) 教師對校長的倫理關係；(2) 教師對同事的倫理關係；(3) 教師對家長的倫理關係。

問題討論

1. 古典教師專業主義認為專業具有哪些特質？

2. 身為教師需要具備哪些專業知識？

3. 請說出提升教師專業地位的具體作法為何？

4. 何謂教師專業倫理信條？請略述其內容為何？

5. 目前我國有哪些教師專業組織？教師組織為提升教師的職業地位，應發揮哪些功能？

第 7 章

教師圖像

國內近十多年來，在師資培育及教師進修上一直在尋找及建構理想的教師圖像（teacher images），探討什麼是良師，良師應具備什麼條件，以作為培養良師及良師成長的參考。自師資培育開放後，師資多元化，使得建立理想教師圖像的共識必須成為師資培育的核心，因為只有如此，才能群策群力培養良師，改進學生學習成效（黃政傑，2015）。從哲學家的思想加以分析，再找出其中的教師圖像或啓示，是常見的一種描繪教師圖像的方式，例如李玉馨（2009）採用杜威教育哲學的觀點闡述理想的教師圖像，所建立的教師圖像如下：期許教師能夠選擇經驗並巧塑經驗、運用科學並厚植科學、實行民主並深化民主，以引領社會達於幸福之境。郭丁熒（2004）則從教師社會學角度探討教師圖像，其目的在回應為什麼當教師、要當怎麼樣的教師、如何當專業或稱職的教師等問題。本章分別從三方面來探究教師圖像，第一節從哲學家的思想論述分析教師圖像，主要是從後現代主義哲學家的思想，歸納整理出教師圖像；第二節從教育社會學角度探討教師圖像，由社會學者對教師角色的論述，來描繪教師圖像；第三節依據《中華民國師資培育白皮書》（教育部，2012）所描繪的教師圖像進行分析整理，以了解新時代的良師所需具備的核心能力。

第一節　哲學中的教師圖像

　　林逢祺、洪仁進（2012）主編的《教師哲學》一書中，多位教育學者從哲學家的思想論述分析教師圖像，從古希臘的蘇格拉底、柏拉圖，到現代的弗雷勒（Freire）、傅科（Foucault）等，他們所提出的教師圖像有：教師是守護兒童善性的生命導師、等待生命成熟的無私奉獻者、生命自由的適度展現者、知識分子的「反叛主體性」者、善誘者、文化工作者、道德教育者（黃政傑，2015）。本節聚焦於後現代主義哲學思想，以批判教學論（critical pedagogy）所提出的教師圖像為主，著重在培養學生的批判能力。

壹. 後現代主義的發展

　　西方思想史分為三大典範：前現代、現代、後現代，前現代是指 17 世紀之前，其特徵是封閉的、停滯的；17-18 世紀科學興起，進入現代典範，人類在政治上根據人權，在物質上根據物質享受，堅持不斷進步的信念；20 世紀以後進入「後現代」（postmodern），其特徵為開放的體系、不確定性、不相信後設敘述（meta-narratives）、側重過程。現代主義的典範是科學模式的物理學，後現代典範是生物學的複雜性概念、網狀關係、特別是混沌理論、熱量守恆理論。後現代主義哲學有二種典型風格：激進的或解構性的、溫和的或建設性的，在教育領域方面，後現代典範逐漸取代現代主義典範（Doll, 1993）。後現代的「後」（post）有二個意涵，其一為後現代就是對現代的批判，這也是後現代為何如此多元，如此複雜的主因；其二是對現代的一種主動否定的精神，而又具有想「超越」現代的理論和文化（溫明麗，2007）。在後現代時期所形成的思潮稱之為「後現代主義」（post-modernism），表現在建築、音樂、繪畫、文學和哲學等方面。後現代主義不是一個統一的運動，是對於現代性的批判，但因看問題的角度不同，因而不是有系統的理念和概念，反而是複

雜且多樣形式的，拒絕化約或簡化的解說（李奉儒，2003）。後現代主義的重要代表人物有：李歐塔（Lyotard）、傅科、德希達（Derrida）、鮑曼（Bauman）、布希亞（Baudrillard）等。很多學者都會將後現代主義與後結構主義作爲同義詞加以對待，其實二者有重疊之處，也有差異之處。但後現代主義對教育哲學、教育社會學皆有很大的影響，其中之一是促使批判教學論的興起（Boronski & Hassan, 2015）。以下先敘述後現代主義的源頭：批判理論，再就後現主義與後結構主義重要主張作一說明：

一、批判理論

　　1923 年，德國法蘭克福大學成立一個研究馬克思主義的社會研究所，先後於此任職的學者稱之爲「法蘭克福學派」（Frankfurt School），其中較著名的成員包括霍克海默（Horkheimer）、阿多諾（Adorno）、馬庫色（Marcuse）、哈伯瑪斯（Habermas）等人，這個學派的思想稱之爲批判理論（Critical Theory）（Sensoy & DiAngelo, 2012）。法蘭克福學派從未把馬克思主義對社會結構的分析視爲當然，他們認爲早期的資本主義業已消失，因此出現不同的宰制形式，批判理論亦認爲資產階級和無產階級的區分或衝突已消聲匿跡了，也就是衝突的形式轉移了。這個學派學者所提出的理論統稱爲批判理論，「批判」概念源自黑格爾到馬克思，是對社會以及對各種知識體系的批判，其標準在於是否違背合理的社會利益。批判理論是一種辯證理論，強調理論本身便具有實踐性，終極目標在於社會的改造和人的解放。馬庫色認爲，在現代資本主義下，迅速膨脹的全國性、國際性壟斷和大規模國家干預，已經使人們的生活受到愈來愈精巧和有力的控制，這形成了批判理論的共同主題：宰制（domination）關係。這種宰制的根源就是批判學者強調的「工具理性」（instrumental rationality），它提供了人宰制人和體系宰制人的依據，我們可以從實證論和經驗主義看到工具理性對人性所造成的扭曲與貶抑（吳根明譯，1988；廖仁義譯，1998）。將批判模式應用到教育理論常見的方式有四種：(1) 改善現狀，追求進步；(2) 從虛假到眞實，即對意識型態的批判；

(3) 從不平等到平等，追求性別、種族、階級的平等；(4) 對霸權的批判，消除霸權，維持多元主義。其中第四種屬於後現代模式的批判概念（蘇永明，2015）。

二、後現代主義與後結構主義的重要概念

結構主義（structuralism）是 1950-1960 年代於法國發展出來的思潮，它可算是西方哲學「語言學的轉折」（linguistic turn）的一部分，因它與結構語言學有密切關係，其「結構」的概念類似佛洛依德的潛意識。後結構主義（post-structuralism）是結構主義發展的後一階段，但也是破壞結構主義的一種學說，後結構主義就是反對結構主義對真理的客觀性宣稱，因此要對結構主義進行「解構」，以破除各種社會情境中的霸權（蘇永明，2015）。

後現代主義具備了批判反省的特性，針對現代主義的種種現象提出質疑與批判，其重要的概念有：

1. 李歐塔對理性的批判，以及對啓蒙與文藝復興時期「宏大敘述」的批判，甚至認爲知識的合理性建立在其效用，而不再是追求真理。

2. 德希達的解構（deconstruction）概念，解構的對象就是以往被認爲類似結構的概念，例如文本（text）、制度、傳統、社會等，這些結構裡常用二元對立（binary）來將意義與價值定位，例如男／女、都市／鄉村、自然／文化等，解構就是認定文本是多義的，任何概念都沒有固定的意義，結構是不存在的。

3. 重視多元與異質性，後現代思潮重視邊緣的發聲權，即對異質性、個別性的尊重，並首肯多元化發展的信念與價值。換言之，後現代重視的是「他者」（others）聲音的發言權。

4. 科技的肆虐形成科技理性的膨脹，使得整個社會被科技資訊所宰制。就像是布希亞所認爲，現今社會已被「假象」（simulacrum）所填滿，媒體氾濫讓事物真假難以判斷（林奕成，2011；劉育忠，2009；蘇永明，2015；Gewirtz & Cribb, 2009）。

　　若要嚴格區辨後結構主義與後現代主義，後結構主義的理論對象是結構主義，而後現代主義的理論對象則是現代主義。後現代主義的論述包含了反啓蒙、反理性主義與浪漫主義傾向的法國文化傳統，以及德國哲學家尼采與海德格的反理性主義傳統，並且包含韋伯、法蘭克福學派的德國社會學思想，這種多重起源性的混雜特性，構成後現代主義論述本質上的異質性（劉育忠，2009）。

　　但是不可諱言，二種思潮重疊之處頗多，教育學者在引用時也經常混用，少有加以區隔。後現代主義的思想對於教育學的發展產生了以下的影響（周新富，2018；林奕成，2011；蘇永明，2015）：

1. 從解構立場質疑現代主義的後設敘述（meta-narrative），強調差異性、小巧性的敘述。
2. 拒絕人爲二元主義，從政治立場批判社會的不公不義，並保障弱勢者的正義。
3. 在全球的脈絡中與個體經驗的交互連結，發展生態永續性和文化多樣性。
4. 肯定並確認學校社群的任何聲音，任何單一權威無法成立，並對不合理的權力關係進行解構。
5. 揭露人類經驗意義層級下的混沌和不確定性，因此客觀眞理被戳破，倫理實踐強調自主性的倫理。
6. 教師和學生的地位關係是雙方互爲主體的關係，解構了教師中心權威。

貳. 批判教學論的教育思想

　　批判教學論（critical pedagogy）或稱批判教育學，其根源可以上溯至 20 世紀初期美國的社會重建主義（social reconstructionism），再結合法蘭克福學派的批判理論與教育及社會運動而形成此學派。批判教學論者認爲資本主義社會中，因種族、階級、權力、性別等差異而產生種種的社會問題，希望能透過教育和課程的改革，轉化社會不平等的結構（莊明

貞，2001）。因此學者提出教育領域的文化、政治和道德方面的指導，目標在使弱勢團體免於受壓迫，進而達到社會的自由及平等（Boronski & Hassan, 2015）。批判教學論著重於個體創新行動的「施為」（agency）概念，認為教育具有解放與重建社會的功能，此派學者認為文化再製理論偏向「結構論」觀點，會導致不均等的教育結果，因此主張透過提問（problem posing）、跨越文本（text）以及賦權（empower）等教學方式，不僅可以增進師生互動，並可提升學生發展自身的獨立判斷能力，因而提升教學效能（姜添輝，2010）。此學派的重要學者包括弗雷勒、吉諾斯（Giroux）、麥克拉倫（McLaren）等人，以下僅就麥克拉倫的教育論述作一略述。

麥克拉倫受到馬克思、杜威、葛蘭西（Gramsci）、布迪厄（Bourdieu）及弗雷勒等人的影響，開啟追求社會正義的思想，他融入馬克思人道主義、啟蒙、喚醒受壓迫勞工的意識等觀點至批判教學論中，但未採用馬克思廢除私有財產的主張。弗雷勒教育思想中的諸多觀點，例如「意識覺醒」、「對話式教學」、「愛與希望」、「解放」等都深深影響著麥克拉倫。麥克拉倫也經常與吉諾斯分享彼此的激進教育理論，認為教師要從傳統威權時期傳遞支配階級文化的角色，轉變為「轉化型知識分子」，並以達成社會公平與正義為職志（Boronski & Hassan, 2015）。麥克拉倫指出他的許多觀點都是受吉諾斯作品的啟發而來，例如麥克拉倫使用了吉諾斯的「發聲」（coming to voice）概念，其義是指個人解讀和訴說經驗的方法，在使學生從主流文化的宰制中得以解放，並有能力改造自己和社會（McLaren, 1998）。

在教學實務上，麥克拉倫曾擔任過貧民區的小學教師，他將自己教導少數族群以及貧窮學生的經驗整理成教學日誌，並收入《學校的生活》（*Life in schools*）一書中，以呈現一位老師在日常生活的教學中，如何帶入批判教學論的意識、目標；另一方面，也希望讓讀者看見理論到實踐之間的辯證過程。因為在教育現場以及社會生活中的經歷，使得他充分體會到弱勢群體遭受的不公正待遇，因此他認為教育的價值在於培養學生

的主體意識和批判精神，從而最終尋求解放。可見麥克拉倫本身的確身體力行批判教學論的主張，並從經驗中汲取養分，不斷進行理論的反思（林昱貞，2002；McLaren, 1998）。麥克拉倫因而認為教師應是一位「反思性實踐者」，應深入反思教學工作中所蘊含的政治意義，不能將教學工作簡化為知識的傳遞，而不自覺地成為社會結構再製的工具。教師反思之後，應轉化為批判性行動，在教室中加強批判教學，並發展學生的行動能力（李寶慶、靳玉樂，2014）。

參. 批判教學論的教師圖像

批判教學論自 1980 年代以來，經由弗雷勒、吉諾斯等人的倡議，目前已成為西方世界左派知識分子用以批判新右派、新保守主義、新自由主義、教育市場化的主要論述利器，同時也為批判性的教育實踐開啟另一扇希望之窗。學者將教育視為一種政治活動，分析、批判學校教育背後隱藏的意識型態和霸權，另一方面也賦予學校教育積極的能動意義，將之視為達成社會轉化、解放的場所（林昱貞，2002）。以下就弗雷勒、吉諾斯對教師圖像的論述作一闡述（周新富，2018；李奉儒，2012；Boronski & Hassan, 2015；Giroux, 1988）：

一、教師作為文化工作者

弗雷勒是巴西當代的教育學者，其著作相當豐富，最著名的當屬《受壓迫者教育學》（*Pedagogy of the Oppressed*）（Freire, 1970）。書中弗雷勒致力於「人的解放」及「社會轉化」，旨在喚醒受壓迫者在爭取自由解放中的「意識醒悟」。弗雷勒批判傳統「囤積」（banking）教育的壓迫，認為這種教育運用重複、記憶方式傳授機械的知識來「填塞」學習者的心靈，導致學習者沒有主動追求的欲望，也無法對接收的知識感到任何質疑，只是被動等待教師來填塞與存放知識。為改革傳統教育的缺失，弗雷勒提出「以問題化為中心」的「對話教學」及「提問式教學」，認為教師是提問者，能將與學習者的生活世界及其與世界之關係有關的課題以問

題的形式呈現，鼓勵學習者主動探索，對挑戰作出回應，並幫助學習者就其經驗與處境，提出對既有知識、價值、社會體系的質疑與批判。

在《教師作為文化工作者：給勇於教育者的信》一書中，弗雷勒主張教師的角色是批判的文化工作者（critical cultural worker），認為「身為教育者，我們既是藝術家，也是政治家，我們從來就不是技術人員。」他主張教師必須發展出對於教學歷程的愛，這樣才能在低微薪資、缺少尊重的惡劣工作環境下堅持教學。因為教師是文化工作者，所以教師必須具備自我批判能力，檢視與反省自己所處的立場與價值觀，雖然無法置身於主流意識型態之外，仍應批判性理解知識的建構性、教育體系與社會整體權力結構的關係，避免自己成為盲目傳遞特定意識型態的工具，應勇於揭露文化中的不合理現象，並進行改革的行動。其次，教師作為文化工作者，必須界定自己是批判的公民，發揮賦權增能和自主的作為與學生進行對話，由對話中揭發真實的殘酷行為與受壓迫的情形。第三，則是要以批判的樂觀主義來取代不能移動的宿命論，教師須安排機會讓學生能夠發現他們是歷史的主體，並覺察不正義的狀況雖是人類在歷史中產生的，但也可以由人類來轉化。身為文化工作者的教師，其角色是反威權主義的、激進的、解放的、民主的、對話的、互動的。

二、教師為轉化型知識分子

吉諾斯提出「教師作為轉化型知識分子」（teachers as transformative intellectuals）的教師圖像，所謂「知識分子」就是在任何社會中，懂得以文字等象徵符號來解釋宇宙人生的一群特殊人物。吉諾斯認為知識分子的類型有四種型式：「批判型的知識分子」（critical intellectuals）、「適應型的知識分子」（accommodating intellectuals）、「霸權型的知識分子」（hegemonic intellectuals），以及「轉化型的知識分子」（transformative intellectuals）。批判型知識分子批判現存制度和思想，抗議或批判是他們作為知識分子之專業地位與義務的一部分，是永遠的反對者。適應型知識分子通常選擇站在統治階級那邊，扮演投機者的角

色。霸權型的知識分子則臣服於各種形式的學術與政治團體之下，只關注自己的利益。而教師應扮演轉化型知識分子的角色，轉化型知識分子不只對於社會的現況有所反省批判，而投入實際社會結構的改造行動；不僅是站在知識分子良心的立場上，針對社會不公與不平發表自己的意見及批判，在此同時，他也能洞察各種權力競爭時隱藏於下的意識型態與利益，不會刻意假裝中立。

「轉化型知識分子」的概念是來自義大利學者葛蘭西的「有機知識分子」（organic intellectuals），「轉化」的概念如同「有機化」（organicalization）的概念，就是需要先掌握到脈絡，要以自身所處的社群、環境、生態作為認識的起點，透過整體的認識之後，建立其判準與轉化的目標，為行動注入新的意識，所以反省（reflection）是作為知識分子最重要的關鍵。教師要對課程、教學方法、師生互動、教學態度、教育價值觀等不斷的反省、思考與修正，反省雖然看起來不過是一種對經驗的整理或詮釋，不過可以拿出自己的價值信念作為反省的依據，藉著既有的理論協助行動者觀看自己。一方面體驗到既有理論的現實意義，另一方面對自己的價值信念作進一步的考驗，同時也可以加深對所處結構的了解，並且在環境中展開更進一步的行動。吉諾斯為了協助經濟不利、受社會排斥的非裔、拉丁美洲裔及巴西裔美國人改善學業成就，他撰文倡導「嘻哈教學法」，認為這種教育方式是將學習視為一種集體活動，對於在嘻哈音樂（hip hop）中，種族、權力、認同、歷史和政治等因素正產生著交互作用，藉此可以解放少數族群的學習經驗，讓他們找回學習的樂趣。這種嘻哈文化結合教學的趨勢受到美國、巴西的政治人物大力提倡，希望藉由嘻哈音樂所帶動的集體意識，轉化成教室的重建，以協助教育失敗的青少年增進教育成功的機會。

第二節　社會學中的教師圖像

　　教育社會學使用角色的概念來描繪教師圖像，角色（role）概念是美國著名社會學家米德（Mead）首先從戲劇中借用來的，經過長時期的發展，在社會學、社會心理學等領域得到廣泛的使用，角色不僅成為分析人際交往和人際關係的重要概念，更被普遍地用來分析社會結構（周新富，2018）。本節首先探討角色理論的重要概念，接著分別以教育社會學功能論與衝突論二學派的觀點來描述教師圖像。

壹、角色理論重要概念

　　角色按其原意，本指演員在戲劇舞臺上，按照劇本規定所扮演的特定人物之行為舉止。林頓（Linton）在 1936 年的研究認為，角色為對特定身分之人所訂下的權力及責任，占有特定社會地位的人，有必要規範何者為適當或不適當的行為。因此角色即是個人處於某種社會地位所表現出的一套行為模式，這套行為模式是要符合社會的要求與期待，也就是要符合社會規範（周新富，2006）。

　　一個人在社會中從事的職業、活動相當廣泛，因而形成複雜的社會關係，於是每個人往往具有多種的身分、地位，要扮演多種的社會角色，構成所謂的「角色組合」（role set）。以學生為例，他的身分是學生，但他也是校隊的一分子，也是父母親的兒子，同時是一個奉公守法的好國民。角色扮演（role playing）是角色理論的中心概念之一，米德認為角色扮演是使社會互動得以進行的基本條件。社會中每個成員都是社會舞臺上的一個演員，各自扮演自己不同的角色（Turner, 1998）。在扮演角色時，根據不同的目的要求，可以對角色進行不同的分類，因而產生許多角色類型，例如相對角色（reciprocal role）、獲致的角色（achieved role）、賦予的角色（ascribed role）等。所謂相對角色是指某些角色是配套的，單獨不能存在，像教師不能沒有學生、丈夫不能沒有妻子、醫生不

能沒有病人；獲致的角色是指經由個人努力所獲得的角色，例如藝術家、教師；賦予的角色是指個人與生俱來的角色，例如性別、年齡（成年人、選民）、種族等。這些角色類型即構成角色結構，無論哪一種角色類型都存在著角色期望的問題（周新富，2018）。

角色期望（role expectation）是角色理論中另一項重要概念，當一個人占有社會結構中的一個位置，其表現出來的角色行為要符合社會、他人的期待與要求，這種期待與要求即稱為角色期望。例如社會對女子的期望是溫柔、美麗、大方、文靜、善良、富有同情心等；相反地，對女子不應期望粗暴、殘忍、惡毒、攻擊的行為。當一個人扮演一個角色或同時扮演許多不同角色，角色內部或角色之間往往會發生矛盾、對立或衝突，稱之為角色衝突（role conflict），這是任何人在角色扮演過程中不可避免的社會現象。角色衝突的表現形式可分為角色間衝突（interrole conflict）和角色內衝突（intrarole conflict），角色間衝突指一人身兼二個以上的角色，而形成顧此失彼、無法兩全的情形，例如已婚的女教師要兼顧家庭與工作，因而產生角色間的衝突。角色內衝突是指擔任同一角色但無法同時滿足多方面需要時所引起的心理困境，例如校長、家長、學生對教師角色期望不一致，使教師感到無所適從（周新富，2006）。

貳、功能論的教師圖像

功能論的重要學者帕森斯（Parsons, 1951）提出專業角色理論，來分析社會體系中的角色行為，他特別重視價值導向的作用，認為一個人在開始行為表現之前，必須先對二個極端不同的行動方向作一個價值的選擇，而這些行為通常是透過五種配對所形成的價值導向，他稱之為「價值導向之模式抉擇」（pattern-alternatives of value-orientation）或簡稱之為「模式變項」（pattern variables），由這五種模式變項可以分析教師圖像的變化（王麗雲，2006；Parsons, 1951）：

一、感情性對感情中性

感情性對感情中性（affectivity vs. affective neutrality）是指教師與學生接觸時，必須考慮究竟應付出多少感情成分，多少理智成分，加以適當的抉擇，例如教師付出多少情感（關懷）與理智，甚至於冷漠。現代教師對於學生應採取的態度，應是理智的關懷、了解與輔導，而非溺愛或嚴苛的管教。

二、廣布性對專門性

廣布性對專門性（diffuseness vs. specificity）是指教師與學生互動時，是廣泛涉及其生活領域的各層面，或僅限於專門性質的一面，例如教師與學生接觸的面向僅限教學或單一科目，或教師全面性的關心學生。傳統教師強調社會化功能，主張完整人格的教育，顯然偏重廣布性的師生關係；現代教師重視選擇的功能，強調學生應學有專精，並能學以致用，因此師生感情逐漸趨於中性，而角色任務也逐漸專門化。

三、普遍性對獨特性

普遍性對獨特性（universalism vs. particularism）是指教師在評估學生時，是根據普遍客觀的標準，或是以自我的價值體系與對方之個別狀況酌情決定，例如教師評量學生是公正無私，或注意到個別差異而採取獨特性原則，教師可能面臨左右為難的情境。一般認為教師在大原則方面不應該有例外，例如校規所訂條文，在細節方面可以權衡處理。

四、成就對歸因

成就對歸因（achievement vs. ascription），此組變項與前者有關，重「成就」者比較強調「普遍性」原則，重「歸因」者則比較偏於「獨特性」原則。教師對學生的態度，應著眼於其實際表現，或考慮其本質，例如年齡、性別、智力、體力、種族、家庭背景等條件。

五、自我導向對集體導向

　　自我導向對集體導向（self-orientation vs. collectivity orientation）是指教師究竟應考慮個人本身的需要為自己設想，抑或應為自己所屬的團體而行動。易言之，教師究竟應優先考量其經濟報酬、工作條件、升遷，或應以整體教育發展為重，強調服務的觀念，而不斤斤計較自己的得失。此一變項又涉及個人目標與團體目標統合的問題，一般認為二者應獲得適當的協調。

　　帕森斯所謂的「專業角色」，指的是角色期望中的「普遍性」、「感情中立性」、「專門性」、「成就」以及「集體導向」等類型，這種教師圖像說明教師是技術的專家（technical experts）。但這種角色適合任教於中等教育的教師，因為班級中不同學科由不同教師任教，學生在學校生活不再只認同單一對象，會著重在科目內容的能力上，這時教師的角色是技術的專家，而不是一個威望或權威的人物（郭丁熒，2003）。教師在專業化的過程中，為建立專業角色及提升專業地位，其價值導向務必朝此方向抉擇，或是適度地將價值導向加以協調與統合。而小學教師的教師角色，帕森斯則提出「教師似母親」（mothers）的論述，因為美國的小學主要以女性教師為主，女性教師與母親的相似處：同為女性之事實、親切體貼、對小孩都持有保護態度。我國對小學教師之角色期望，以愛心、耐心等教師個人特質為首要，期待教師角色類似於母親角色（郭丁熒，2004）。

參. 衝突論的教師圖像

　　衝突論者根據馬克思主義的立場，針對教師的角色衝突與異化進行探究，類比基層教師為工廠的勞工，學校教師好比是「去技術化」的教書匠（張盈堃、陳慧璇，2004）。以「生產」為學校教育的譬喻來看，學生是產品，課程就是材料（Kliebard, 1975），教師就像是生產線上的「技術操作員」，其「責任」就是完成國家、社會及課程設計者所交付的任務，

即把教科書教完。在科層體制的行政運作中，課程專家的角色只要負責設計，教師的「角色」才是課程實施。教師無權，也無需參與課程決定的上層運作，因為教師是整個國家教育體系下的最底層（黃騰，2005）。以美國為例，有上千個學區這樣支配著學校教育：每個學區有階級制度的官員及某些程度的科層體制，教師變成被管理的全時受僱者，行政人員則被學校委員會委任執行其權威。同樣的，教師工作一再被控管在科層體制的分工裡，課程與教學工作被拆解，切割為許多可簡單重複完成的細小部分，教師忙碌於例行公事的處理，在完成工作的過程中減少了心智活動（郭丁熒，2003），這樣的專業人員在組織中的工作，已與無產階級無異。教師的圖像處於「矛盾的階級位置」，教師是受薪階級，是服務於意識型態再生產的受薪階級，與軍警、公務人員一樣服務於國家機器（張盈堃、陳慧璇，2004）。

　　提出文化霸權概念的馬克思主義學者葛蘭西，注意到知識分子與霸權的關係，認為統治階層透過知識分子的中介而建立霸權。他將知識分子分為傳統的（traditional）及有機的（organic）二類，有機的知識分子主要任務為執行國家機器的強制職能，教師的圖像即為有機的知識分子（organic intellectuals），以「說服」與「強制」二種方式執行統治階級交付的任務（謝孟穎，2002）。另一法國學者阿圖舍（Althusser）則提出教師圖像是「意識型態國家機器的代理人」（the agents of ideological state apparatuses），意識型態國家機器主要是藉由意識型態來發揮功能，例如教育、宗教、家庭、政治、工會、傳播、文化等皆屬之，其作用如同葛蘭西所言，教師透過課程與教學在傳遞統治階級的意識型態，為統治階級建立合法化的論述（郭丁熒，2003）。

　　所上述所列舉出的教師多維影像，不論教師似受僱者、母親、技術專家、勞工、無產階級、意識型態國家機器的代理人、轉化型知識分子、文化工作者等，透過這些不同論述，我們可以思考自己將來是要成為怎樣的教師？對自己喜歡的圖像，則可作為努力之職志，對於不喜歡的圖像，則可供作借鏡，將來避免成為那種類型的教師（郭丁熒，2004）。

第三節 理想中的教師圖像

我國社會以「傳道、授業、解惑」，期許教師扮演知識的傳遞者、教導者角色。但隨著社會的變遷與專業化的發展，教師的角色產生根本改變，面對新的教育局面與需求，教師需要新的能力與態度，而師資培育的規劃也需要將教師角色重新加以思考與定位，釐清對教師的合理期望，並提供適當的支持，方能提高教師專業形象，確立教師專業地位（教育部，2012）。以下探討如何清楚描繪教師的理想圖像，以及師資培育的理想圖像。

壹. 教師圖像

教育部（2012）在《師資培育白皮書》中，所描繪的新時代教師圖像為：具備教育愛、專業力、執行力的新時代良師。面對新時代的教育環境，社會對於教師的關注，仍主要圍繞於教師敬業心、教師專業知能與實際教育成效等三項，所以培育富教育愛的人師、具專業力的經師、有執行力的良師，乃是教師圖像所在。教育史上首先系統性地探討教師應當擁有教育愛特質者，主要以史普朗格（Spranger）的文化教育學為代表，其倡導的教育愛包含四項特質：(1) 幫助學生成長與改變，以提升自我主觀精神的層次；(2) 使學生自我完善，趨向未來理想圖像，彰顯「高層次自我」；(3) 使學生認同所有自然及有心智生命者所遵循的法則；(4) 使學生感受教師的愛，能發自內心遵守教師的規定（朱啓華，2006）。總括來說，教育愛並不只是一種純粹的情感付出，教育愛所期盼的教師專業是：富有教育理念、文化目標、了解學生發展與其生活脈絡的關係、懂得運用文化與道德價值陶冶學生的品格與行動（葉彥宏、施宜煌，2017）。這樣的教師圖像所須具備的核心內涵如表 7-1 所述。

表 7-1　教師圖像及其核心內涵表

教師圖像	核心內涵		
富教育愛的人師	洞察 insight	關懷 care	熱情 passion
具專業力的經師	國際觀 international perspective	批判思考力 critical thinking	問題解決力 problem solving
有執行力的良師	創新能力 innovation	合作能力 cooperation	實踐智慧 practical wisdom

資料來源：教育部（2012，頁 13）。

　　要成為富教育愛的人師，「關懷」（care）學生是教育愛的起點，再以「洞察」（insight）掌握學生發展與社會變遷，讓「熱情」（passion）持續教育志業。要成為具專業力的經師，需要具備教育專業、學科專門知識、教學知能，從專業知能當中培養「批判思考力」（critical thinking），進而啟迪具有思考力的學生，並且須佐以「國際觀」（international perspective），以掌握全球發展，具備「問題解決力」（problem solving），以析釐面臨的教育挑戰。要成為有執行力的良師，需要具有「合作能力」（cooperation），共同與教師同儕、相關學校教育專業者溝通與推動教育事業，再以「實踐智慧」（practical wisdom）革新教育實務，「創新能力」（innovation）轉化創意思維而有嶄新教育作為。因此，新時代良師需要具有關懷、洞察、熱情、批判思考力、國際觀、問題解決力、合作能力、實踐智慧、創新能力等九項核心內涵（教育部，2012）。

　　教育部於 2019 年另外公布〈終身學習的教師圖像〉，強調該圖像是引導我國師資職前培育與教師專業發展，教師應以終身學習為核心，具備「教育愛」，持續成長的「專業力」，以及擁有面對新時代挑戰的「未來力」（教育部，2019d）。其與「教師圖像」的差異點，主要將「執行力」改為「未來力」，而核心內涵中的「國際觀／國際視野」，在「教師圖

像」屬於「專業力」內涵，但在「終身學習的教師圖像」，則屬於「未來力」（林政逸，2019）。

表 7-2　終身學習的教師圖像及其核心內涵

終身學習的教師圖像	
教師圖像	核心內涵
教育愛	熱忱與關懷、倫理與責任、多元與尊重
專業力	專業與實踐、溝通與合作、探究與批判思考
未來力	創新與挑戰、文化與美感、跨域與國際視野

貳. 實踐策略

《師資培育白皮書》（教育部，2012）所揭櫫的師培願景為「培育新時代良師以發展高品質教育」，所描繪的教師圖像及其應具備的核心內涵，皆是我國辦理師資培育的目標與依循的原則。所謂徒法不足以自行，整體教師專業社會化的歷程要擬訂配套措施，才能培養具有教育專業知能且具教育愛的教師。

一、師資培育圖像

師資培育圖像為兼具「專業標準本位」與「師資培用理念」的師資培育體系，其具體策略有二：(1) 標準本位的專業成長系統；(2) 培用理念的政策運作網絡。以下分別說明之：

（一）標準本位的專業成長系統

為建立教師終身專業學習的圖像，白皮書中規劃「推動標準本位的師資培育」，即以「專業標準」導引教師建立核心內涵。教育部（2016）發布 10 項教師專業標準及 29 項專業表現指標，10 項標準適用於師資培育各階段的專業化歷程，也希望能引領師資職前培育與教師專業發展。10 項標準為：

標準 1：具備教育專業知識並掌握重要教育議題。

標準 2：具備領域 / 學科知識及相關教學知能。

標準 3：具備課程與教學設計能力。

標準 4：善用教學策略進行有效教學。

標準 5：運用適切方法進行學習評量。

標準 6：發揮班級經營效能，營造支持性學習環境。

標準 7：掌握學生差異進行相關輔導。

標準 8：善盡教育專業責任。

標準 9：致力教師專業成長。

標準 10：展現協作與領導能力。

此後從師資生遴選與輔導、實施師資培育課程、培育核心內涵、進行教師資格檢定考試、發展教育實習活動、導引初任教師任職、建立系統化教師在職進修制度、提供教師學習支持系統、激勵教師專業發展、處理不適任教師等，皆以「教師專業標準」為依歸，藉此兼顧師資職前與教師在職的永續專業發展，落實教師終身學習的圖像，整全發展優質的教師社群（教育部，2012）。

(二) 培用理念的政策運作網絡

師資培育之大學與中小學彼此同心協力，貫通師資培育之職前培育、教育實習、教師專業發展等三階段教師專業成長系統，共同進行教育研究，落實完整的地方教育輔導。在職前師資培育階段，為奠定「培育」至「致用」的基礎，促進師資培育之大學的教育專業課程兼具理論與實務，輔導師資生真正具有教育實務能力。在教育實習階段，強化「教育實習三聯關係」，即實習指導教師與實習學生的「指導關係」、師資培育之大學與實習機構的「夥伴關係」，以及實習輔導教師與實習學生的「輔導關係」，以深化實習學生教學知能，落實優質的教育實習。至於教師專業發展階段，則是期許教師在教學歷程中，不斷累積知識與經驗，省思專業廣度與深度，若遇問題可尋求師資培育大學的專業協助（教育部，2012）。

二、建立教師專業發展評鑑與獎勵制度

　　我國於 2005 年修正《大學法》後，賦予大學教師評鑑法源依據，而中小學教師亦為具有高度專業性質之行業，但教育部推動的「教師專業發展評鑑」，已於 2017 年宣布暫緩辦理。教育主管當局如果想要解決教師專業發展成效不彰和意願低落的問題，應該盡快的建立教師專業發展的評鑑制度，讓教師經由評鑑了解自己不足的地方，進而積極的從事教師專業發展的活動。而且盡快設置教師專業發展的獎勵制度，讓教師從專業發展活動中獲得實質的效益，例如：給予公開表揚、升遷調動、薪級晉升或教師換照的鼓勵，這樣才能提高教師從事專業發展的意願，以促進學校教師專業領域的發展（梁福鎮，2014）。

問題討論

1. 後現代思潮對教育思想產生哪些影響？

2. 批判教學論在理論與實務方面有何獨特之處？

3. 試述「教師作為轉化型知識分子」的二項重要意義，再列舉我國學校教師可有的三種作為。（99 教檢）

4. 什麼是弗雷勒（P. Freire）所說的「囤積式教育」？什麼又是他所講的「提問式教育」？這二種教育類型對於教師與學生角色的看法有何差異？（105 教檢）

5. 教育社會學的功能論、衝突論對教師圖像如何描繪？

6.《師資培育白皮書》對理想的教師圖像如何描繪？這樣的教師需要具備哪些核心能力？

第**8**章

教育社會學的發展
與理論概要

本書用 5 章的篇幅來探討教育社會學的相關議題,本章首先討論教育社會學的發展與重要的理論。社會學在獨立成為一門學科之前,是歸屬在社會哲學之中,一直到 19 世紀的法國學者孔德(Comte)創立「社會學」(Sociology),這個學門才開始興起。教育社會學的創始人有學者認為是法國學者涂爾幹(Durkheim, 1858-1917),因為他著有《教育與社會》一書(周新富,2018)。這個時期稱為古典社會學,所用的方法論偏向哲學思辨,直到 1950 年代才開始以科學方法進行教育社會學的實證研究。社會學經過長時間的發展,形成了許多的學派,其中功能論、衝突論是主要的學派,同時許多的小學派亦以獨特的方法論進行研究,例如現象學、俗民方法論、批判理論等,這些小的學派統稱為解釋論。因為有這麼多的學派從不同的觀點探討教育的諸多層面,使教育社會學成為百家爭鳴、百花齊放的現象。

第一節　教育社會學發展

　　教育社會學從名稱上可看出這門學科是由教育學與社會學所結合，是屬於社會學的分支，在教育學的領域中，一般將教育心理學、教育哲學、教育社會學視爲教育學的理論基礎。本節分別從意義、基本重點與發展等面向，來探討教育社會學的基本概念。

壹. 教育社會學的意義

　　教育社會學（sociology of education）是介於教育學與社會學之間的一門學科，近年來教育社會學日益成爲一個重要研究領域，對推動教育的革新有極大的助益。有關教育社會學的意義，學者各有不同的定義，其中以陳奎憙（2009）的定義最常被引用，其定義如下：教育社會學是探討教育與社會之間相互關係的科學；它是運用社會學的觀點與概念分析教育制度，以充實社會學與教育學理論，並藉以改善教育，促成社會進步。林生傳（2005）對教育社會學所下的定義爲：結合教育學與社會學，分析社會結構中的教育制度，實徵教育歷程中的社會行爲，並詮釋其意義爲目的的一門科學。由上述學者的定義，吾人可以知悉教育社會學是以社會學的概念去認知、分析、詮釋教育制度及教育場域中的社會行爲。

貳. 教育社會學的基本重點

　　譚光鼎（2011）認爲教育現象的探討主要有二個基本重點，一是社會各種勢力對於教育的支配與控制，二是教育實際所產生的功能爲何，前者稱爲社會控制，後者稱爲社會機會，以下分別說明之（王麗雲，2005；譚光鼎，2011）：

一、社會控制的探討

　　社會控制（social control）是指社會組織利用社會規範，對其成員的

社會行為實施約束的過程。無論是功能理論或衝突理論，都把教育視為一種社會控制的工具，不過二者是從正、反二種不同立場來評價社會控制。例如涂爾幹認為教育是塑造理想成人的機制，是一種道德統整的工具；衝突論的馬克思則認為教育是灌輸宰制階級意識型態的途徑。功能論者認為學校的社會控制功能可以促進社會的穩定，減少社會問題；然而衝突論者認為學校社會控制的功能過強，可能造成思想上的箝制，壓抑學生批判思考的能力。由學校的社會化功能、教室教學、課程型態的研究中，可以得知學校教育是社會運用來整合或控制的機制之一。

二、社會機會的探討

　　學校教育可以提供學生獲得社會機會（social opportunities），例如取得更高教育成就、生活資源或躋身上層社會；然而學校教育也同時再製社會的不均等，限制某些社會成員的發展。從正面（功能論）的觀點而言，學校教育可以培養經濟所需要的人力資本，並且可以提升個人的就業能力，創造個人的社會發展機會。從負面（衝突論）的角度來看，教育的結果也複製或強化社會結構中的不平等，限制或剝奪女性、弱勢群體或低社經地位者的社會機會，學校因此成為「社會再製」的幫凶。

參、教育社會學的發展

　　從教育社會學的發展過程來看，教育社會學似乎首先得到教育學界的認可和接納，在 20 世紀前 30 年就把教育社會學視為建立教育理論和實踐基礎的學科。但到了二次大戰以後，一些學者（例如 C. A. Egenll、W. B. Brookover）撰文指出教育社會學應該是社會學，不是教育學，其主要原因是將教育體系作為社會學的一個重要研究領域，藉以發現新的理論觀念。也就是社會學家偏重歸納綜合以建立理論，而對應用性不感興趣。而教育學者可能對於社會學的理論不全贊同，甚至批評社會學者不了解教育理論，主張教育社會學的研究應偏重具體性、診斷性、預測性及應用性（詹棟樑，2003；錢民輝，2005），這些紛爭到現在仍持續不斷。教

育社會學 20 世紀初在美國開始蓬勃發展，其發展的歷程一般分為三個階段，即規範性、證驗性、解釋性，以下除敘述這三個階段的發展概況之外，也略述教育社會學近 20 年來的發展：

一、傳統的教育社會學

　　從 20 世紀初期至 1950 年代之前，這個時期稱為「傳統的教育社會學」（educational sociology）、「規範性教育社會學」，或稱之為「思辨教育社會學派」。這個時期的重要成果是美國學者華勒（Waller, 1961）的《教學社會學》，此書對學校社會學或教學社會學的研究影響頗大。這時期的特色為教育學者從事規範性的探討，例如：探討如何以社會化歷程來達成教育目的、探討教育的社會角色。但這只是把教育與社會的知識拼湊在一起，給人一種大雜燴的感覺（鄭世仁，2007）。

二、新興的教育社會學

　　1950-1970 年，這段時期稱之為「新興的教育社會學」（sociology of education）、「證驗性教育社會學」。這個時期是教育社會發展的分水嶺，即由規範性研究轉為實證性研究，學者採用社會學的科學分析方法來分析教育制度。在研究內容方面，著重於教育制度與社會結構、社會流動之關係的探討，是「鉅觀」的教育社會學研究（陳奎憙，1990），著名的研究如柯爾曼（Coleman et al., 1966）有關教育機會均等的實證調查。

三、新的教育社會學

　　新的教育社會學（new sociology of education）或稱為「解釋性教育社會學」，於 1970 年代在英國興起，英國學者楊格（Young, 1971）主編《知識與控制——教育社會學的新方向》發軔了新教育社會學的研究取向，其採取的研究導向與分析主題為：(1)「非實證」或「解釋的」研究取向；(2)「微觀」的研究內容；(3) 教育知識社會學的探討。這種方法論或稱為「人文研究典範」，其基本特徵是放棄「量」的研究，轉向「質」的研究，主張採用參與觀察的方式，實地了解師生互動過程中如何建構知

識，並形成價值。在研究內容方面，「微觀」的研究著重於學校內部班級社會體系中人與人之間的互動，包括師生關係、學校文化，以及教學活動歷程（沈姍姍，2005；陳奎憙，2009）。此一時期另一發展路線為提出社會再製、文化再製和抗拒理論的新馬克思主義（Neo-Marxist），可以法蘭克福學派（Frankfurt school）的批判理論（critical theory）為代表，認為教育是資本主義的一種壓迫形式，被用來維護宰制團體的既得利益，該理論的主要目的是希望透過教育而促進社會變遷（轉型或解放）（譚光鼎，2011）。

四、新的教育社會學之後

新馬克思主義與新教育社會學盛行的 20 世紀 70 年代、80 年代早期，教育社會學中充滿著階級、階級再製與階級抵抗這類術語（劉雲杉，2005）。1980 年代後期及 1990 年代中期，女性主義、後現代、後殖民主義、多元文化主義等新思潮的批判論點，在此一時期特別活躍。教育社會學的研究主題出現三個明顯的焦點：(1) 有關性別與種族的社會正義問題；(2) 探討政府的政策形成與效果的問題；(3) 聚焦於學校教育成效的問題（沈姍姍，2005；張建成，2002）。

第二節　教育社會學理論概要

教育社會學把教育看作是一種社會制度，教育社會學的研究是要探討此制度與其他制度之間的關係，教育社會學的理論就是在引導我們了解教育制度是如何運作的，為何如此運作。教育社會學家提出不同理論來解釋各種教育制度的運作方式，但因所持的觀點不同，因而造成理論存在差異性。結構功能論是傳統的理論派別，其理論重點在探討教育制度如何協助建立與維持社會秩序；衝突理論是另一重要的學派，此派多數的學者是從馬克思主義的觀點來批評資本主義教育制度的缺失。除此二學派外，另有

一股第三勢力，通稱為解釋理論，它是由一些小學派所組成，成立的時間較晚。以下分別對結構功能、衝突分析與解釋學派的理論觀點作一概述。

壹. 結構功能學派

結構功能論（structural functionalism）又稱功能論（functionalism）或和諧論（consensus theory）。其思想源於 19 世紀，當時是個生物學的世紀，達爾文進化論在此時期發表，社會學思想家受到當時生物學成就的影響，開始把一些生物學概念用於社會；同時，歐洲發生工業革命及政治革命，對「社會秩序」的建立與維護特別關心。1950-1960 年代，教育社會學受到結構功能的支配，主要是受到涂爾幹思想的影響，因功能論重視社會秩序、社會凝聚（social cohesion），強調社會穩定、和諧地運作，故其主要概念可以歸納出：結構與功能（structure and function）、整合（integration）、穩定（stability）、共識（consensus）四項特徵（Parelius & Parelius, 1987）。功能論主要在研究社會結構對個體生活的影響，強調社會世界的客觀面貌（Gewirtz & Cribb, 2009）。在功能理論的發展上，哈佛大學社會學家帕森斯（Parsons, 1902-1979）是關鍵人物，一直到 1960 年代末期，帕森斯所提倡的功能論主導美國社會學理論約 30 年。帕森斯受到歐洲社會學家涂爾幹的影響極大，他的某些基本理念是來自涂爾幹，因此對於社會秩序的議題著力頗深；他也從佛洛依德的心理分析論借用其人格理論，來說明社會化的歷程（Meighan & Siraj-Blatchford, 2003）。以下僅就帕森斯的理論作一敘述：

一、建立價值共識

帕森斯認為「成就」和「機會均等」是社會所要培養的價值共識，社會要確定提供給個人的教育機會是均等的，其後所形成的不均等教育成就，應該歸因於個人智力與努力的差異（莊勝義，1989）。依照成就高低而區分學生地位階層的作法，無可避免的將產生高低社會等級的差別，但是由於功績式的選擇及其選擇性的報酬，是社會各階層所建立的「價值共

識」，故這種差別是社會各階層所接受的。學校在選擇過程中所擔任的職責在公正評量學生成就，給予公正的酬賞。雖然學生能力的優劣與家庭地位高低有關，但在功績社會當中，個人的成就並不必然會受制於社經地位（Parsons, 1959）。在這個公平、開放的功績社會之中，學生的教育機會是均等的，決定學生的未來發展是他的成就與能力。

二、對教育功能的主張

帕森斯（Parsons, 1959）在〈學校班級為一種社會體系〉（the school class as a system）的論文中，提出教育有二種基本功能：社會化（socialization）和選擇（selection），但對社會化功能特別重視。所謂社會化是指個人學習某些社會地位的行為，並在社會期望與約束中履行角色行為。帕森斯認為在學校課堂裡所學習的重點是社會知識，不是事實性知識，學生對教師價值觀的認同和內化程度才是學校教育的主要功能。學校具有「核心社會化機構」的地位，為盡社會化的職責，學校實施能力的訓練與人格陶冶，使學生具未來成功扮演成人角色所需的動機與技能。

學校教育的第二種功能是選擇，根據帕森斯的看法，教育選擇是一種分類的過程，其過程是依據整體社會價值及規範來區分學生，並透過選擇的機制，依據個別的才能，給予不同層級的教育酬賞，反映「個人成就」的價值和「普遍主義」（universalism）的規範（張鐸嚴，1994）。而教育選擇的方式是直接訴諸「能力」與「成就」，學校評量學生成就的優劣，給予選擇性的酬賞，因而形成學校的社會地位體系，這種選擇結果就類似社會階級的地位系統，成就較高的學生適於擔任功能特殊、技術性較高的角色，地位較低的學生則適於擔任低技術性、非個別性而程度較低的工作。所以學校的選擇過程即在區別、分化，使學生獲得差異的酬賞，分配不同的教育機會，以進入不同的成人角色世界（Parsons, 1959；譚光鼎，1992）。

貳. 衝突理論學派

　　1950 年代以後，社會衝突現象的不斷增加，一些社會學家開始對帕森斯理論產生懷疑，他們採用馬克思、韋伯、齊美爾（Georg Simmel, 1858-1918）等人有關衝突的思想，對結構功能論提出批評和修正，逐漸形成社會學的重要學派之一（蔡文輝，2011）。衝突論（conflict theory）不像功能論那樣觀點一致，可以分為馬克思主義與非馬克思主義的衝突理論，馬克思主義衝突理論採用馬克思的階級鬥爭論，否定功能論關於共同價值觀的觀點，而強調經濟階級之間的鬥爭（Gewirtz & Cribb, 2009）。非馬克思主義學者包括德國社會學家韋伯及達倫多夫（Ralf Dahrendorf），其中韋伯對教育社會學的影響較大，形成韋伯學派（Weberian school），他把社會衝突的原因歸因為權力競爭，當代韋伯學派著名的學者有華勒（W. Waller）出版《教學社會學》、柯林斯（Collins）提出文憑主義（credentialism）與地位團體（status group）的概念、布迪厄（Bourdieu）提出文化再製理論。衝突理論的共同點即認為社會是處於衝突狀態之中，人們缺乏的主要資源就是權力，因此他們把學校看作是一個為權力而競逐的社會競技場（social battlefields）（鄭世仁，2007；Sadovnik, 2016）。衝突論用來解釋社會結構的主要概念有以下三項：衝突（conflict）、變遷（change）、強制（coercion）（Parelius & Parelius, 1987）。

一、衝突論的基本主張

　　基於以上所述，衝突論的基本主張可歸納為四項要點：(1) 反對社會是一平衡而和諧的結構性說法；(2) 現代社會是由多個利害衝突的部分、團體或階級所構成的，社會學的分析應著眼於社會中利益如何差等的分配，及優勢團體如何維護並把持既得權益；(3) 其研究重點在揭露利益衝突的冷酷事實，並促進社會的解構重建，使社會不斷變遷；(4) 學校教育常作為優勢階級巧妙控制、壓迫被控制階級的一種工具（林生傳，2005；陳奎憙，1990）。

二、社會再製理論

衝突論的經典之作是包爾斯和金帝斯（Bowles & Gintis, 1976）所著的《資本主義美國的學校教育》（*Schooling in Capitalist America*）一書，他們從經濟的觀點來探討教育與社會的關係，結果發現低社經地位學生的學業成就低，接受教育的年數較短，較多從事低階的職業；而高社經地位學生的學業成就高，接受教育的年數較長，大多從事地位較高的職業。這說明學校教育並不符合教育機會均等的原則，不同家庭背景的學生，透過學校教育之後，進而影響到將來職業地位的高低，而產生代間社會階層再製（reproduction）的現象，故其理論稱之為「社會再製理論」。「再製」一詞具有負面的涵義，類似複製（replication）或是重複（repeat），應用到社會關係上則是指透過一個控制選擇的系統，使社會不同階級持續自己之社會地位的過程。包爾斯和金帝斯提出「符應原則」（the correspondence principle），來說明教育系統如何幫助年輕人整合到經濟系統。學校透過「分流機制」，將勞工階級的子女放置在後段班或選修職業課程，教師鼓勵他們要溫順、順從外在的規則，因為他們未來是要擔任工人階級的職位。而中產階級的子女所就讀的班級或學校，教師則是鼓勵他們以自己的步調來工作，不需要他人監督，他們從事的活動是智能性的工作，而不是遵從外在規則，將來他們是要進入經濟頂端的位置（Mehan, 1992）。

三、文化再製理論

文化再製的概念最早發展於 1970 年代法國的布迪厄，文化再製理論主要在探討文化再製與階級再製之間的關係，他認為學校教育透過「文化資本」（cultural capital）的分配，而進行社會的再製（陳奎憙，1998）。布迪厄認為文化是階級的表象，其作用如同經濟資本，是在幫助維持階級的支配和形成個人的生活機會（life chances），在階級和文化二者相互增強之下，高階級的文化成為最顯著的文化。學校教育所傳遞的文化是高階級的文化，透過學校教育，即將社會和文化不平等的現

象，一代一代地傳遞下去，社會不平等的現象就一直延續下去（Erickson, 1996）。所以學校教育的功能乃是分配上層社會的文化資本，傳遞統治階層的文化，藉以再製社會階層。布迪厄將個人所可能擁有的資本分為四種：

1. 經濟資本（economic capital），指個人的財富及所擁有的生產工具，可以輕易的轉變為其他形式的資本。
2. 文化資本（cultural capital），指個人的教育、學歷、資格、品格及文化財等，在某些條件下可以轉化為其他形式的資本。
3. 社會資本（social capital），指個人的社會關係及影響力，社會資本的獲得和個人的社會地位、專業和階層有關。
4. 象徵資本（symbolic capital），指個人的魅力、聲望，以及權威和信譽，甚至包括穿著、表現自己，以及和女孩談話的能力，象徵資本同時具有感受不到和感受得到的特質（Bourdieu, 1986）。

其中文化資本是指一個社會中，高地位者的文化資產，例如對藝術、古典音樂的興趣，閱讀文學作品，進入劇院和博物館等人文活動。擁有文化資本就像擁有經濟資本，使得子女長大成人時會成為有錢有權的人，所以大部分精英分子的子女是博學的，能讀能寫，獨占知識的領域，優勢階級即以此方式使其保存經濟上的利益（Zweigenhaft, 1992）。

參. 解釋理論學派

解釋理論學派關注於社會生活的微觀層次，目的在詮釋人與人互動過程中所產生的社會行動（social action），此學派是由符號互動論（或稱象徵互動論，symbolic interactionism）、現象學（phenomenology）、俗民方法論（ethnomethodology）、知識社會學（sociology of knowledge）、批判理論（critical theory）等學派所組成。以下重點在介紹符號互動論的社會化理論，以及解釋學派學者伯恩斯坦（Bernstein）的文化再製理論：

一、符號互動論

　　符號互動論的體系是米德（Mead, 1863-1931）所建立的，他受實用主義哲學及心理學行為論的影響，強調把個體置於整個社會或團體內來考慮和分析（Ritzer, 2000）。其理論是匯聚角色理論、齊美爾的互動分析、韋伯的社會行動論、胡塞爾（E. Husserl）的現象學及舒茲（A. Schutz）的現象互動論（phenomenological interactionism）而成，強調人類行為主動性和創造性的部分（Turner, 1998）。教育社會學受到符號互動論的影響始於 1970 年代早期，其與功能論及馬克思結構主義所強調社會結構對人類行為的限制不同，它強調人類不是社會的產物，強調主觀性（subjectivities）在社會世界的重要性，主張個體是社會的創造者，而人際之間的行動（agency）能夠塑造社會結構，故其研究觀點聚焦於微觀層級的互動和每日生活的細節（Gewirtz & Cribb, 2009）。此學派對兒童社會化發展過程有精闢的見解，尤其對「自我」（self）的生成過程特別感興趣（Ritzer, 2000）。以下分別介紹米德、顧里（Cooley）及高夫曼（Goffman）的理論：

(一) 社會自我理論

　　米德所提出的理論，稱之為「社會自我理論」（the theory of social self），其理論的中心概念為「自我」，也就是個人的「自我覺察」（self-awareness）與「自我形象」（self-image）所構成的人格層面。這個社會自我是由自我概念、自我覺察、自我價值和自尊所組成，與人格同樣是指人的行為傾向。米德提出「概括化他人理論」，來說明個人社會化的發展情形。他強調自我覺察發展的重要性，所以米德主張人的心靈（mind）與自我是經由兒童時期學習他人的角色，以及想像他人對自己的評價而逐漸發展出來的。自我的發展是經由下列三個階段：準備階段（preparatory stage，2 歲前）、遊戲階段（play stage，2-4 歲）、比賽階段（game stage，9 歲以後）。經由團體競賽，兒童發展概括化他人（generalized others）的概念來組織他們的行為，概括化他人即以有系統

的、預期的行為、意義和觀點來要求參與者，當兒童玩棒球這種有組織的
遊戲時，他們練習調適其行為到支配遊戲的行為系統之中。所以概括化他
人的意義就是兒童將他人對本身的行為，綜合成一種整體印象，然後根據
這種印象，就他人的角度衡量本身的行為。在真實的社會生活，他們必須
遵守社會規範，了解社會地位及社會的價值與態度，如此兒童才能發展出
完整的人格（周新富，2018）。

（二）鏡中自我理論

顧里（Cooley, 1864-1929）在社會化理論建立上有其崇高的地位，他
認為自我是社會產物，自我觀念源自兒童與他人不斷地互動，他以鏡中形
象（the image of looking-glass）來說明他人如何影響自我觀念的情形。
他認為一個人轉變成社會人，主要是個體「社會自我」的發展，這是由
我們觀察他人對我們所作的反應方式而發展的，這就是顧里所謂的「鏡
中自我」（the looking-glass self），他曾說：「在鏡中，每人反映他人對
自己的形象。」這句話的意思是個人對於自身的感覺，乃是想像他人對自
己所作所為的感想。在日常生活中，我們持續與他人互動，並判斷他人的
行為，我們也想像他人對我們的行為所作的判斷，我們對「自我」的覺知
是基於我們的想像之上，以為他人將對我們作怎樣的判斷。顧里認為鏡
中自我的形成包含了三個階段：(1) 想像我在他人心目中的形象；(2) 想像
他人對此形象的批評；(3) 由此形象而發展出自我的感覺，例如驕傲、羞
恥、自卑等。這個歷程說明我們藉想像他人的反應方式，來評價自己的行
為，如果自己認為他人贊成其所作的事，則自己也會贊成這些事（Cooley,
1961）。根據顧里的觀點，一個人的自我形象（self-image）和自我概念
（self-concept）的建立，都要靠他人的協助，自我形象的形成是比較短暫
的、逐漸塑造的，長時期累積即成為自我概念，這是在互動中形成的，是
有意識的行為。

（三）戲劇理論

在 1960 至 1970 年代，高夫曼是戲劇社會學的創始者，他以戲劇表演

的過程比喻社會的互動模式，成為當代「劇場理論」的鼻祖。其戲劇理論談論的就是一種面對面的對應方式，強調互動就是每個人的表演活動，也就是角色在社會中的表演，依賴著表演者、同臺表演者以及觀眾三者之間的互動。當人處在不同的社會角色，即進行著不同的社會自我表演，由此探究出人際互動下所隱含的思維模式。高夫曼將社會生活的形式隱喻成戲劇、儀式和遊戲，戲劇是說明社會生活各種互動表演的特徵；儀式則強調社會的特定秩序，以及造成這個秩序的精神基礎和規範制度；遊戲則在表明社會活動的競爭和相互操縱的各種策略的貫徹過程。學校是教育工作者的舞臺，就親師互動的角度，若教師是表演者，而同事是同臺的表演者，家長與學生則是觀眾（魏慧美、陳翊偉、吳和堂，2013）。戲劇理論對於學校與教室內人際互動的探究，仍具有重要的理論參考。

二、伯恩斯坦的符碼理論

伯恩斯坦（Bernstein, 1924-2000）是英國教育社會學家，如同社會學家涂爾幹一樣，他將教育置於其理論發展的核心地位，自 1960 年以來，致力於理解語言、家庭、教育與政治經濟學之間的關係。其符碼理論（code theory）關懷社會正義與公平性，提示弱勢團體在教育過程中可能遭受的潛能浪費（王瑞賢譯，2006）。他最著名的著作是《階級、符碼及控制》（*Class, Codes and Control*）一系列叢書，從語言使用的觀點來分析社會階級與行為表現關係，但在 1977 年之後的論著卻慢慢朝文化再製或衝突論有關的研究發展，所以他後期的理論有學者將之歸為衝突學派（Blackledge & Hunt, 1985）。

(一) 核心概念

伯恩斯坦符碼理論有三個核心概念：符碼（code）、分類（classification）和架構（framing），了解三者的意義才能對整個理論有透澈的認識。

1. 符碼

所謂符碼即指語意體系，它是一種默默作用的規範性原則，它可以

選擇並整合：(1) 合適的意義（relevant meanings）；(2) 意義實現的形式（form of their realization）；(3) 意義的情境脈絡（evoking contexts）（Bernstein, 1982）。換言之，符碼是指潛存於某一社會深層結構的語言原則，對於該社會的運作，具有潛移默化的規範作用。他將符碼分為精緻型（elaborated code）與限制型（restricted code）二類，勞工階級在生產場域需要用限制型符碼，而精緻型符碼則是中產階級參與再生產的過程所需。由於學校教育是以精緻型符碼之使用來評量表現，所以勞工階級的小孩表現就比較差，進而再製階級結構（Bernstein, 1967）。

2. 分類

分類是指類別間分化的性質，分類強，則各類別有著極強的疆界，使得各類別彼此孤立、分離。伯恩斯坦最主要是以「分類」的觀念，說明權力分配與權力關係運作的情形，他認為社會分工不但產生階級關係，也產生分類關係，類別之內有特殊的社會關係和溝通形式，類別內的合法意義是本類成員的權力象徵，能規範成員的行為。易言之，階級關係透過其所建立的分類原則來設定主體的地位（黃嘉雄，1995）。將此概念應用到教育領域，分類是指課程內容的疆界維持程度，與課程內容無關，如果教育知識是採強分類，課程內容間有顯著的疆界或界限，則稱為集合型（collection code）課程；反之，若其組織採弱分類，疆界強度減低或模糊，則稱之為統整型（integrated）課程（歐用生，2005）。集合型課程傾向維持社會現狀，透過課程的分化以培養不同階層的人才，所以集合型課程是極為專門化的課程；統整型課程則是對社會現狀的挑戰，企圖透過課程的統合以消弭社會階層的界限，

3. 架構

架構代表溝通原則，架構在資源再製過程中涉及社會關係溝通實務的原則和規範。溝通原則亦受到強、弱架構的支配，強的架構是傳送者（transmitter）控制選擇、組織、位置、姿勢、穿著和空間的面貌等溝通情境；反之，接收者（acquirer）有更多的控制權稱之為弱的架構（Bernstein, 1982）。架構是指在教學關係中，師生對於傳遞或接受的知

識，在選擇、組織、步驟和時機上所持有的控制程度，也是疆界維持的程度，與教學內容無關。柏恩斯坦提出「顯性」（visible）及「隱性」（invisible）教學法，顯性教學法的特點是強分類及強架構，各學科的界線十分清楚，師生關係具有明顯的等級性，教學活動的順序、速度及評量標準受清楚明確的規則所約束。隱性教學法的特點是弱分類及弱架構，重視學科之間的整合，師生的權力關係看似平等，受教者對教學活動看似擁有較大自主權，教學進度較有彈性，考試標準較多元，學校願意把校外生活知識吸納為課程一部分。「顯性教學法」最合乎經濟原則，「隱性教學法」因需要有更充裕的時間及空間條件作配合，成本甚為高昂（王瑞賢，2018；黃庭康，2018；Bernstein, 1990）。

（二）文化再製過程模式

柏恩斯坦以符碼理論，來建構一個具有普遍性的文化再製歷程模式，從早期的語意取向擴大為意義取向，透過分類與架構的強弱程度建立各種相關類型的傳遞符碼（它可以適用於家庭、教育、性別、生產等），最後則將所習得的分類與架構規則，內化成為主體的辨識與實現規則，整合在一起，成為一個文化再製模式（沈姍姍、王瑞賢、方德隆、蘇峰山，2016）。

柏恩斯坦從精緻型符碼與限制型符碼角度，來解說中上階級與勞工階級在受教過程中的根本差異，如同布迪厄的文化再製理論，皆是針對教育機會不均等進行深層的文化批判，但布迪厄關注的是再製的社會結構，柏恩斯坦關注的是教學傳遞的過程，是針對教學過程的社會學分析（王雅玄，2007）。柏恩斯坦認為從「可見教學」到「不可見教學」的轉變，是一種教育傳遞方式的改變，也就是從明晰具體、標準客觀的教師控制模式，轉變為隱含分化的學生自主模式。如果教師教學的傳遞方式還是體現在「集合型符碼」，如此則對於中產階級兒童比較有利；如果教師使用體現「統整型符碼」的弱架構、弱分類（不可見教學）教學傳遞，則可以中斷文化再製現象（王雅玄，2007）。

問題討論

1. 何謂鏡中自我？並舉例說明教師如何因應學生的自我形象，採取有效的教學策略。（102 教檢）

2. 結構功能論與衝突論對教育功能的看法有何差異？

3. 布迪厄（P. Bourdieu）以文化資本（cultural capital）的概念來分析社會階級與學習表現之間的關係，他認為文化資本主要有三種形式，試說明這三種文化資本的形式及其特質。（105 教檢）

4. 請說明包爾斯和金帝斯的社會再製理論（符應理論）之內涵，並比較其與布迪厄文化再製理論有何異同。

5. 符號互動論有哪些主要概念？並請略述米德、顧里及高夫曼等學者之理論大要。

第 9 章

社會結構與教育

社會結構是由各種社會制度（social institutions）所形成，教育本身也是一種社會制度，因此教育制度在社會結構中的地位，可從教育制度與其他社會制度的關係予以分析，教育制度與其他社會制度之間的關係，約可分為相互適應、相互改變、相互依存三種關係。例如家庭制度與教育制度是相互適應的關係；政治制度的維護、穩定與發展，均仰賴教育的力量，二者呈現相互依存關係（林清江，1999）。本章聚焦於教育制度與社會階層制度的相互改變關係，雖然社會階層制度會限制某些社會團體成員在教育上的發展，但是教育制度亦可促成社會流動，改變階級結構。傳統社會是一個封閉的社會，教育受到名門望族、權貴子弟把持；現代社會強調功績主義（meritocracy），積極建立教育機會的均等，讓處於不利地位的團體得以透過教育取得向上流動的機會。本章分別從階級、性別二層面來探討其與教育的關係，最後再探討教育機會均等的理念與實踐。

第一節　社會階層化與教育

　　本節在探討社會階層化的概念與理論，以及探討家庭社經地位如何影響子女的教育成就。社會成員因財富、權力與地位的差異而形成不平等的位置，於是形成社會階層化的現象，實證研究發現低社經地位學生大多屬於低成就者，故有必要了解形成低成就的原因為何，針對原因給予積極性的協助。

壹. 社會階層化的意義

　　社會不均等（social inequality）是普遍存在人類社會的現象，隨著時間、空間的不同而程度有所差異，但不均等的現象卻是無法完全避免的，這種現象不僅表現在政治層面，在所得收入、種族差異、社會地位、文化水平等方面，均可以看出存在許多的不均等。故社會不均等的顯現就形成了社會階層，社會階層化（social stratification）的結果即產生不同的社會階級。林生傳（2005）認為社會階層化是社會根據某一或若干標準，形成階層的歷程或現象，這是一種社會現象，也是一種社會過程，是一種不可或缺的社會制度。而依據的標準通常是權勢、財富、聲望（地位）的高低，將社會成員安排在不同層次的位置，因而形成不同的社會階級，個人因所屬階層或階級，而影響人們的生活機會（life chances）、生活方式（ways of life）和階級行動（class action）（許嘉猷，1986）。

貳. 社會階層化的理論

　　人類社會既然階層化是不可避免的現象，那麼是否可以探究出形成社會階層化的原因為何？這種現象對社會有什麼影響？

一、功能論

　　戴維斯和墨爾（Davis & Moore, 1945）是功能論的重要倡導者，在

《社會階層化的原理》一書中，提出功能論解釋社會階層化的主要論點為「不平等報酬的需要」，他們認為社會階層化有其功能上的必要性，這個系統的存在是為了以強而有力的規則分配資源和報酬。不同社會的職業系統裡，不同職位具有不同的重要性，人們會評估何種工作和等級更具價值，因而不同的職位伴隨著不同的報酬，並限制進入某些職業的人數。財富、權力、聲望，這三項是組成社會階層的基礎，也是人人渴望擁有的東西，故社會將制定一些規則，來規範誰將擁有生活中想要的重要資源（Mulkey, 1993）。

二、衝突論

功能論的觀點後來受到不少社會學者的批評，衝突論者涂明（Tumin）就認為社會職位功能的重要性是不容易判斷的，且含有強烈的價值判斷，例如醫生重要還是農民重要？社會職位的不可替代性往往不是功能的不可替代，反而只是一種彼此協議的結果；具有某些特定才能的人，並不是如功能論所主張的真的人才稀少，而是社會存在結構性的限制因素，而導致人才的稀少（王振寰、瞿海源，2003）。

衝突論認為社會階層的存在是優勢團體（dominant group）為維護既得權益或把持已經獲得的資源，這些擁有財勢與高地位的人不願意改變現狀，利用種種設計來固守，以防被爭奪，於是社會衝突產生。衝突論者因而認為社會階層的存在乃是人為的，是以武力或強制性所形成，是可以加以改革的，但只有用武力才可以改變現有狀況（蔡文輝，2011）。

參. 教育與社會流動

社會流動（social mobility）是指在開放式的社會階級制度中，各階級之間的社會成員，由一個位置移動到另一個位置的過程。學者將個人的地位分為二類：與生俱來的地位稱為賦予地位或歸屬地位（ascribed status），個人的成就主要來自努力或才能，這種地位稱為成就地位或贏得地位（achieved status）。在愈高度發展的社會，愈重視個人努力取得

的成就地位，而教育在個人社會位置的流動中，扮演著重要的角色（周新富，2108）。

一、社會流動類型

階級系統的社會流動類型，主要分為下列二種（周新富，2108；蔡文輝，2011）：

(一) 垂直流動與水平流動

垂直流動（vertical mobility）是由一個階層到另一個階層上升或下降的流動，垂直流動又可以分成向上流動（upward mobility）與向下流動（downward mobility）。向上流動是由下層階級高升上層階級的流動，例如從女工變成小學教師、從黑手變頭家；向下流動是由上層階級下降到下層階級的流動，例如由富商轉為攤販。水平流動（horizontal mobility）是在同一階級或地位上流動，只是職業的轉換，未帶來社會地位的改變，例如從汽車推銷員轉到房屋銷售員。

(二) 代間流動與代內流動

依據社會階層改變之時間來看，可分成代間流動（intergenerational mobility）與代內流動（intragenerational mobility）。代間流動是指親子兩代間在社會階層上的差距，也就是父母與兒女之間的職業地位的改變，若是年輕一代之地位高於老一輩的社會地位，稱為上升的代間流動。代內流動又可稱為事業流動（career mobility），這是追蹤個人的生命過程中，其社會位置轉變的狀況。通常個人隨著教育程度的提升及年齡的提高，其所得、職業聲望及權力都有上升現象。

二、社會升遷模式與教育選擇

社會學者特納（Turner, 1970），提出社會升遷模式（social ascent）及教育選擇策略的分析，特納將社會升遷的型態區分為二種：贊助性流動（sponsored mobility）及競爭性流動（contest mobility），二種型態代表不同的價值觀念及精英結構。他所謂的贊助性流動，意指個人獲得一種社

會地位，正如進入私人俱樂部，須得其他會員的贊助或同意，成員對會員資格的同意或拒絕，決定其是否向上流動。在這種制度下，未來精英的甄選是由既有的精英或其代表來決定，而且精英的地位是由這些在位者依其所認定的功績規準來給予符合條件者。而所謂競爭性流動是指在一社會中，精英的地位本身是一種獎賞，個人可憑本身的才能和努力，在某些公平的遊戲規則下，運用各種方法或策略獲得該地位（楊瑩，1995）。

　　特納（Turner, 1970）依據二種社會流動方式，而把教育制度歸類為「贊助型教育制度」及「競爭型教育制度」，前者以英國為代表，英國在1944 年通過一項著名的「11 歲考試法案」，只有少數學生通過考試後，再加上學校成績和個別的面試，才決定誰可以進入文法中學。文法中學是高品質的大學預備教育，這些人將來從事中產階級或高地位的職業；其餘學生則就讀現代中學或技術中學，他們進入大學的機會，和接受高地位職業訓練的機會較小。這說明了贊助型流動的教育制度是以早期的選擇，將大量的教育資源集中在精英學校，而對某些團體施以特別的訓練，一旦通過了分化階段的選拔，學生生涯就從此確定。競爭型流動以美國的教育為代表，美國視教育為向上努力的工具，在教育的內容上，不會過於強調精英分子的權力，而且美國學校對學業標準的要求都較為寬鬆，沒有關鍵的分化點，各種課程間的轉換或者輟學後繼續升學是相當容易的。美國民眾對教育最關心的事是避免在優秀、低劣學生之間建立任何形式的社會隔離，盡可能讓選修課程的管道維持暢通，學校教育最重要的地方在提供機會，以發揚學生的進取心。

三、教育對社會流動的影響

　　影響社會流動的因素頗為複雜，一般分為社會及個人因素二類，教育在個人社會流動的歷程中扮演相當重要的角色，但社會因素亦是不可忽略的因素，若大環境不佳，個人要有所成就也極為不易。在個人因素方面，教育成就常被認為是促進社會流動的工具，教育程度高者，多從事專業與技術性工作；教育程度低者，則從事低薪、非技術性工作。成就動機

亦是影響社會流動的因素之一，個人對流動的渴望愈高，往往上升流動的機會也愈高，爲了未來的目標，寧願將目前的欲望滿足延後。教育成就與個人社會流動的關係愈來愈密切，但教育成就又受到家庭背景的影響。「地位取得」（status attainment）研究，主要在探討地位的取得是自己努力得來的，還是家庭背景的影響，也就是探討賦予的與贏得的影響力到底是哪個大。最有名的研究爲威斯康辛（Wisconsin）地位取得研究模式，研究結果發現個人的教育成就受到家庭背景的影響很大，例如施威爾和霍森（Sewell & Hauser, 1980）的研究發現，來自高社經地位的高能力學生，其大學畢業的機會是低社經地位學生的 3.5 倍。

肆. 家庭社經地位與子女教育成就

地位取得模式說明家庭社經地位背景，對子女教育成就有很大的影響，父母的社經地位愈高，對子女未來教育與職業地位取得之影響力也愈大。家庭社經地位指標包括父母收入、父親及母親的教育，和父親的職業，研究發現在社經地位的分組中，教育成就有很大的差異。當控制學業能力變項後，依據智力分成四組，高社經地位學生仍然比低社經地位學生有較大的教育成就（Sewell & Hauser, 1980）。後來增加一些社會心理變項如「重要他人」，包括父母、教師及同儕，父母的價值觀或是教育期望會影響其子女的期望，進而影響子女職業地位的獲得與教育的成就（郭丁熒，1997）。學者試著解釋社會階級如何影響子女教育的成敗，陳奎憙（1990）歸納一個社經地位對教育成就的影響模式（如圖 9-1），此模式說明家庭社經地位並不直接影響教育成就，而是透過物質條件、教育態度、教養方式、價值觀念、語言型態、智力因素、成就動機、抱負水準、學習環境等中介因素來影響它。這些中介因素與社會階級關係密切，但並非絕對密不可分，研究發現階級之內學業成就的差異，可能是這些中介因素所造成的。林生傳（2005）認爲社會階級可能決定家庭擔負教育經費的能力，並影響家庭結構、價值觀念、語言類型、教養方式等因

素,從而對教育成就發生影響。這些影響子女教育成就的變項稱為中介因素,其中影響比較大的因素包括:家庭經濟資本、家庭文化資本、家庭社會資本、家庭的語言形式,以及包括信念態度、價值觀、教養方式等的社會心理因素,對兒童的學校態度、自我期望、成就動機等產生影響,進而影響到他們在學校的學業成就。

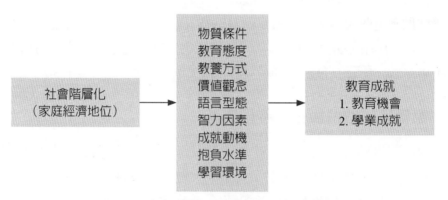

圖 9-1　社會階層化影響教育成就的理論模式
資料來源:修改自陳奎憙(2009,頁 90)。

第二節　性別與教育

我國社會長期以來存在著性別階層化的現象,所謂性別階層化(gender stratification)是指社會成員因為其社會性別,而對社會的珍稀價值(財富、聲望、權力、個人自主權、人身安全、教育機會等)的取得受到不平等的對待。其重點強調在階級、種族、宗教信仰等社會特質都一樣的狀況下,女性仍較男性在財富、權力、聲望等各方面較不易取得。性別階層化與父權體制環環相扣,在「男尊女卑」的意識型態下,建構出男女權力差異的社會藍本,以致男性在政治、經濟、社會及文化各領域,都比女性擁有更多的資源與權勢(藍采風,2000)。這種性別階層化是一

種「文化專斷」（cultural arbitrary）的現象，是優勢團體宰制弱勢團體行為、態度、觀念、思想、意志、價值與理想的機器或機制。透過教育的「再製」功能因襲並延續社會的建構與文化的宰制工程，以維持父權社會秩序（林生傳，1999）。要改善性別不平等的現象必須從教育著手，實施性別平等教育，教導新生代建立兩性平等的理念，長期下來，社會的成員即能消除性別刻板印象及性別偏見，一個沒有性別歧視的社會就會逐漸建立起來。本節探討教育系統所存在的性別差異，以及如何實施兩性平等教育。

壹. 教育系統的性別差異

社會系統必須靠學校傳遞重要的信念與價值觀，包括性別角色行為與期望，這種傳遞部分是透過課程中的正式科目與教材，或是依照性別結構分派任務，但大多數的社會期望經常是透過非正式的潛在課程來傳遞（黃德祥等，2007）。為建構兩性平權的社會，有必要檢視學校的各項教育活動是否存在性別不平等的現象，進一步思考改進的作法。經統整相關文獻，教育系統內的性別差異有以下幾項（方德隆，2002；周新富，2018；林生傳，2005；張盈堃，2001）：

一、入學機會的性別差異

在探討教育中的性別不均等時，大多數的研究都指出女性入學權利受到較多的限制，這種現象在非洲、中東、南亞等國家中特別明顯。臺灣地區在入學機會的性別差異有以下的情況：

（一）各教育階段的入學率差異

在各級教育階段方面，男女性入學率的差異國小、國中、高中方面，107 學年女性學生所占比重分別為國小 48%、國中 48%、高中 46%，比重相當接近。高等教育方面，107 學年學士班女性學生人數之占比約49%，博、碩士班之女性學生占比各為 33.9%、45.9%，顯示就讀博士的女性明顯低於男性，然而若與 97 學年之 27.8% 相比較，人數有遞增趨勢

（教育部，2019a）。由上述教育統計可知，男女學生在義務教育及高中階段有均等的入學機會，但是在高等教育的研究所階段就開始出現性別間的差異，碩士階段雖然男生多於女生，但差距不大，但博士班的差距則是拉大，男生就讀人數將近七成，女生只有三成。

(二) 就讀學類領域的差異

　　其次觀察大學生就讀學類領域情形，106 學年女性學生占比，以「醫藥衛生及社會福利」74.4% 最高，「教育」為 67.2%、「藝術及人文」為 66.4%，分居二、三位。女性占比較低者為「工程、製造及營建」、「資訊通訊科技」及「自然科學、數學及統計」等領域，分別占 17.4%、27.9%、40.6%（教育部，2019a）。在就讀學科領域上也有性別區隔的現象，女性大多是就讀直接成本低的學科或較低經濟報酬率類科，例如人文藝術、教育；男性大多就讀工程、資訊及科學類科，將來就業比較容易獲得高薪。

二、男尊女卑的人事結構

　　至於在教育職場方面，中等以下學校教師以女性占多數，且隨教育等級之提高，女性教師所占比重則反向減少，間接的顯示過去傳統社會中，男性接受教育的機會比女性為多，也因此使得男性在社會上從事的是較高經濟效益、較高社會地位的職業，造成兩性在學術發展及職業的區隔。而且雖然在中小學女性占了絕大多數，但是擔任學校校長的卻是男性占了大多數。同時，中小學主管中，輔導主任為女性的比例最高，而訓導主任以男性為多。這樣的現象延續了女慈男嚴的傳統印象，也傳遞了某些性別刻板印象的訊息。

三、性別區隔的課程設計

　　臺灣過去的學校課程安排依循著刻板化的性別角色，例如過去國中男生修習工藝、女性學家政，以及高中和大學的軍訓與護理，形成性別區隔（gender segregation）的課程設計。經過婦女團體的努力，此一現象已獲

得改善。然而非正式的課程或潛在課程，也應避免性別區隔，例如《性別平等教育法》規定，學校每學期應實施性別平等教育相關課程或活動至少4 小時，但有些學校只安排女學生參加講座或活動，最好的方式是要全體學生共同參與。

四、教科書中的性別歧視

學生所使用的教科書或是讀本，都會將存在於社會的性別偏見現象傳達給學生。在教科書中對兩性社會角色的描述也有性別分化的情形，像是男性多為醫生、軍人、警察、大學教授等；而女性則多為祕書、教師、家庭主婦等。而教科書中常見對男性的描寫是堅強的、勇敢的、有主見的、具責任感的；而女性則多是柔弱的、可愛的、服從的及安靜的。

五、師生互動過程的性別不平等

除課程外，教室裡的師生互動也可以分析不同性別學生在學校教育過程中是如何被對待。教學是一種複雜的師生互動歷程，教師可能在教學或處理學生行為的過程中，展現其對性別關係的看法與態度，並透過課堂互動傳遞給學生。師生互動過程的性別差異表現在以下幾方面：

1. 互動次數與時間多寡。男生與教師的語言或非語言互動率明顯高於女生，獲得老師關注時間也較多。
2. 互動內容的差異。男生常因課業表現敏銳而被讚美，女生則是因為乖巧被讚美。
3. 指派工作性質的差異。分配男生室外的、較粗重的清潔工作，分配女生室內的掃地工作等。
4. 教師對於學生關注的差異。老師較會注意到女生的外表，對男生則是注意到身體技能或是有關課業的學習。

貳. 實施性別平等教育

性別平等教育（gender equity education）是透過教育的歷程使不同性

別的人，均能在公平的立足點上充分發展其潛能，不因個體之性別因素而遭到不當限制。同時應對不同性別的人給予同樣的尊重態度，依其生理上的差異，秉持著公正的原則，讓其均有發展潛能的機會，不因性別因素而受到限制，也不強迫將其納入主流價值中，而是依其自然的本質而能適性發展。所以性別平等教育的理念，就是在打破傳統社會文化的性別角色刻板印象與性別偏見，讓不同性別的學生都能依其興趣、能力而適性發展，不會因性別因素而受到限制，使其潛能獲得充分發展（蔡文山，2006）。其具體的作法計有以下幾項（方德隆，2002；周新富，2018）：

一、落實性別教育機會均等

要落實兩性平等教育，首先要先做到性別教育機會均等，所謂性別教育機會均等其界定如下：不分男女，每個人皆獲得充分的入學機會，接受基本的教育，必有一定學力程度。在此一基礎上，無分男女皆能依其性向與興趣，享有公平的機會繼續接受教育。在教育情境中不因性別受到任何歧視，必要時並能享有積極的差別待遇，充分參與教育歷程並得到最佳的教育效益。在教育結果方面，無分男女，每個人應依其資質差異、潛能得到充分的發展，並進一步獲得公平的預期效應，不因性別而形成性別階層化之現象（林生傳，2005）。由前述資料的分析得知，男性與女性在博士班階段、就讀學術專長二方面有非常明顯的差異，教師及家長應多鼓勵女性繼續就讀碩、博士班及往理工、科技類科發展，拉近這二方面的差異。

二、消除教科書的性別偏見

依據「性別平等教育教科書評鑑規準」全面檢視教科書、學生手冊、習作、教學指引、教師手冊及教學媒體，是否存在性別角色刻板印象、性別偏見或對女性的貢獻與成就省略不提的內容，而提出糾正。除教育部及女性團體的把關之外，教師在教學時，所使用的教材或參考資料亦須加以檢視，對於具有性別意識內容要提出批判，以營造一個無性別偏見的教學環境。

三、性別平等理念融入課程設計

　　性別平等教育的目的不只是在課程中多加入幾堂性別課程，而是以認識多元文化和尊重差異爲基調，除了協助學生認知社會文化的多樣性，破除性別偏見、歧視與刻板化印象，也希望引導學生探究性別權益相關議題，積極參與社會團體，建立解決問題的能力。目前性別平等教育議題是採用融入學科課程內涵的策略，在課程實施上則有不同的作法，例如消除課程中含有偏見或歧視的內容、在課程中針對某些有所貢獻的女性事蹟給予肯定和表揚，或以附加的教學單元，將性別有關的概念、議題和觀點納入課程之中。在教學上要營造性別平等的氣氛，激發課程討論的參與動機，如此有助於建構性別平等概念。

第三節　教育機會均等的理念與實踐

　　社會階層化導致教育階層化，在講究文憑的現代社會裡，教育往往又是影響職業的重要變項，教育機會是否均等，也就成爲眾所關注的焦點。在教育機會不均等的社會裡，不論如何努力，也少有機會取得高職業與高收入，占據高位的往往是能力不強，又不努力的權貴子弟。這不但埋沒人才，保障怠惰，使得整個社會無法發揮應有的效率，也給社會的穩定運作帶來問題（黃毅志，2005）。導致教育機會不均等的原因頗多，例如家庭社經背景、性別、族群、文化、城鄉差距等，政府需要制訂積極的教育政策，讓處於不利地位的學生能提升教育成就。

壹、教育機會均等的意義

　　教育機會均等（equality of educational opportunity）的理念是在「社會正義」思潮下應運而生，陳奎憙（1990）將教育機會均等的定義界定爲：每一個人均有相等的機會接受教育，且在教育的過程中，應在同等的

條件下接受適性教育。楊瑩（1994）則提出教育均等有二個概念：(1) 每一個體應享受相同年限、共同性、強迫性的基本義務教育，不因個人家庭背景、性別或地區之差異有所不同；(2) 每一個體應享有符合其能力發展的教育，此教育非強迫性，但應含有適性發展的意義。美國學者柯爾曼（Coleman）早期對教育機會均等的界定大致是「立足點的平等」，之後融入積極性差別待遇的觀點，也對教育機會均等的意義作了修正，依投入、歷程、結果三種層面，教育機會均等的意義應包含：(1) 教育基本條件的均等，例如入學機會、學校環境條件的均等；(2) 教育歷程的均等，例如資源運用的均等、參與的均等；(3) 教育結果的均等，例如達到某種程度的學業成就、教育成就、社會生活等方面的均等（譚光鼎，2011）。

貳、教育機會均等理念的發展歷程

隨著時代的演進，教育機會均等的理念也隨之轉變，以下將教育機會均等理念的演進歷程分爲五個階段來敘述（巫有鎰，2003；楊瑩，1998；鄭世仁，2007；張建成，2002）：

一、有教無類

1950 年以前所謂教育機會均等，指的是每個國民都有受相同年限義務教育的權利，以消除因家庭社經背景、性別、種族、身心特質、宗教等因素而存在的不平等，希望使學生皆擁有接受教育的同等權利，以達到「有教無類」的理想。此階段強調之重點在於接受基礎教育的入學機會相等，重視就學機會的平等與保障，希望藉「免費」的教育，減少因經濟障礙造成的不均等現象，所以各國採取的措施大都集中於爲民眾提供免費的公立小學教育。

二、因材施教

第二階段約在 1950-1960 年代中期，注重共同教育經驗的提供，主張人人不但應有接受免費中等教育的權利，而且每個人也都應有相當之機會

接受共同、綜合型態的教育，例如英國工黨 1960 年代力倡普設「綜合中學」。由於學校環境、課程與師資大多是為一般的學生所設計，弱勢階層、身心障礙或資賦優異的學生，往往無法得到應有的指導與協助，因此，學者在此一階段強調入學後教育「過程」與「內容」的均等。故此一階段強調學生的適性教育，以發揮「因材施教」的功能。

三、積極性差別待遇

1960 年代中期至 1980 年代稱為第三階段，此時期可說是教育機會均等理念與政策最興盛的時期，美國在 1964 年通過《人權法案》，柯爾曼在 1966 年提出一份非常有名的報告：Coleman Report。此時期對教育機會均等問題關注的不僅是「投入」（input），也關注「效果」（effect）。於是在弱勢團體的爭取下，「積極肯定行動」方案隨處可見，「補償教育」亦蔚成風潮，於是英國有「教育優先區」（education priority areas）、「積極性差別待遇」（positive discrimination）等方案；美國有「積極肯定行動」（affirmative actions）、「補償教育」（compensatory education）等方案。簡言之，本階段著眼於補償的角度，對於不同需求的團體，在基於正義與公平的原則下，教育資源的投入應有所不等，補償教育的實施是本階段的特色。

四、新自由主義興起

1980 年代起，隨著教育思潮的演變與政府的財政緊縮，學者們開始懷疑政府干預是否真能達成教育機會均等？等到「新自由主義」或「新右派」（the New Right）執政以後，英美社會的發展，在教育政策上採行自由市場的改革策略，倡導的教育市場化與家長選擇權制度，將教育目標由原先的追求「均等」，轉而強調教育的「品質」、「效率」與「自由」。在各國爭相追求教育品質與效率的同時，教育機會均等會不會被「犧牲」或「忽略」？艾波（M. Apple）在 2000 年時，即撰文批評美國新自由主義者所提倡的教育市場化，是以「自由」之名，行「再製」不均等之實。

參、教育機會均等的實踐

　　弱勢團體在學校學習的失敗，引發英美等先進國家的注意，教育當局紛紛提出許多對策，企圖改善因為經濟、文化等因素所導致的教育機會不均等。政府在改變社會不平等的現象時，一定要提出一套有效的教育政策，方能達到預期效益。以下則就美國、英國及我國政府促進教育機會均等的教育政策略作說明：

一、美國政府的補償教育政策

　　1960 年代以來，美國全國與地方基層為出身貧困家庭或少數族裔的學童，提供了大規模的教育服務方案，以補償這些學童在智能與社會發展方面的缺憾及不足，這些政策的形成，與當時美國詹森總統所提倡的「向貧窮宣戰」、「邁向大社會」的政治訴求密切配合，但最重要的是補償教育方案有學理上的依據，這些依據可由三個角度來理解：(1) 兒童在初生的數年內，學習的速度特別快；(2) 來自匱乏家庭的兒童，在學前教育階段，就已經比同齡的中產階級兒童的發展有所落後；(3) 提供特殊的教育補償方案，可以改善貧困兒童的發展機會與前途展望（張煌熙，1995）。

(一) 及早教育方案

　　補償教育方案主要的理念，是對特別需要的學生提供「積極性差別待遇」（positive discrimination），而採取「不同但相等」（different but equal）的教育補助策略（林生傳，1995）。全國性的學前教育補償教育方案，以《及早教育方案》（Head Start Program）為代表。《及早教育方案》是由聯邦政府的「經濟機會處」（Office of Economic Opportunity）所推動，主旨在於提供有助於兒童發展的多項服務，諸如：促進兒童的心智與學習技能、改善兒童身心的健全發展、推動親職教育、健全家庭的社會功能等。但是這個方案不是由公立學校推動的方案，不在聯邦教育機構之下執行，除了幫貧困學童打好學校教育基礎之外，也提供醫療、餐飲及社會工作服務，強調兒童全面的發展，而最重要的一點，這個計畫是自

願的，沒有任何學齡前兒童或家長是被迫參與的（Jones, 1985）。《及早入學方案》在 1990 年度所投入的經費高達 14 億美元，爲全美將近 50 萬名 3 到 5 歲的兒童提供爲期 2 年的教育服務，對教育不利學童的智能與社會發展的確具有積極正面的影響（張煌熙，1995）。該計畫至今仍持續推展，依據研究發現，這項計畫對 3、4 歲幼兒的認知、健康和親職領域有顯著的助益，而親子關係的改善，對兒童長期發展又有潛在的助益（Weigel, 2011）。

(二) 職業教育

職業教育是聯邦對學校補助計畫中最早實施的方案，從 1917 年的《史密斯－休斯法案》（Smith-Hughes Act）開始，已做過多次的修正，補助的範圍包括初中、高中，內容則涵蓋農業、家政、工作研究與職業教育的設備購置，近年來成人職業教育人數的逐年增加，將是未來發展的主要趨勢。對於貧窮者和失業者須提供職業訓練，讓他們能夠改善經濟環境（Jones, 1985）。

(三) 雙語教育（bilingual education）

這個方案是爲不精通英語的學生而設的，其主要決定乃是 1964 年《聯邦民權法案第六款》（Title VI of the federal Civil Rights Act of 1964）的規定，法院認爲學校要對非精通英語的地區學生差別對待，應該實施雙語教育，因此各學區要去設計和實施雙語教育方案（Odden, 1991），先讓非以英語爲母語的外國移民精通英語，在以後的學校學習才能跟上進度，不會成爲一位學習失敗者。

(四) 從「別讓孩子落後」到「每個學生都成功」

2002 年小布希總統簽署《別讓孩子落後法案》（No Child Left Behind Act, NCLB），進一步強化聯邦教育力量，要求州、地方及學校負起教育績效責任，提供卓越的教育，讓每個孩子都能有效學習，並縮短學生學習落差（吳清山、王令宜，2016）。2015 年歐巴馬總統亦簽署《每個學生都成功法案》（Every Student Succeeds Act, ESSA），提供更多學

生取得高品質公立學前教育，並保障美國弱勢學生，也要求各校提出解決辦法，補救學業落後學生，確保每位學生的學習表現（吳清山，2016）。這二個法案皆重視弱勢學生的教育公平，對促進美國教育機會均等的提升有一定的貢獻。

二、英國的教育優先區方案

　　英國以《教育優先區方案》（Educational Priority Areas Scheme）作爲教育改革的積極策略，其理念是來自 1967 年的《卜勞頓報告書》（*Plowden Report*），報告書引進了「積極性差別待遇」觀念，英國政府即開始讓社會經濟不利地位的學生得到補償文化經驗不足的機會（楊瑩，1998）。首先是設立教育優先區的指標，合乎指標的地區則給予更多的教育資源，例如降低班級師生比例、配置教學助理、補助校舍修繕或重建的經費、提供額外的圖書與儀器設備等（楊瑩，1995）。所採行的措施總共包括：積極性差別待遇、學前的教育、社區教育計畫、社區中小學的整體發展、城內學童的教育計畫、文化不利地區的教師中心、成人教育計畫，以及其他有關的諮詢服務等（張鈿富，1998）。大規模補償教育的實施往往會因人員、經費、教材等問題，而影響計畫實施的成效，加上英國政黨的更迭，使得此方案的進行遭遇阻礙。自 1970 年代起，受到財政緊縮與經濟不景氣的影響，民眾開始檢討對教育優先改善地區學校的大量經費補助，是否合乎經濟效益的原則，於是在 1970 年代的英國，學校經營的效率、教育品質的維護或提升、課程的改進，以及青少年暴力行爲的預防等規定，已逐漸取代早期民眾對「積極性差別待遇」的熱衷與關懷（楊瑩，1995）。

三、我國的教育優先區計畫

　　政府爲解決城鄉教育差距，或某一地區特有的教育問題，對一些位處偏遠、地理環境特殊、交通不便、人口逐漸流失、班級數較少、教師流動率過高等文化不利地區的學校，無法獲得解決特殊問題所需的資源，致使

他們的教育水準永遠難以迎頭趕上，而形成所謂「國民教育的暗角」，因此教育部於1994年補助臺灣省教育廳8億元試辦教育優先區（Educational Priority Areas, EPA）計畫，1996年正式實施（教育部，2018b）。主要的精神在於「教育機會均等與社會正義原則」的實現，以「積極性差別待遇」的理念，來關懷並降低文化資源不利因素的影響，並依照各種不利類型而訂定補償計畫或教育支援策略，以增進相對弱勢地區的教育條件與品質（范雅惠，2008）。

　　被列為教育優先區的學校可以向教育部申請以下的補助：(1) 推展親職教育活動；(2) 補助學校發展教育特色；(3) 充實學校基本教學設備；(4) 發展原住民教育文化特色及充實設備器材；(5) 補助交通不便地區學校交通車；(6) 整修學校社區化活動場所；(7) 修繕離島或偏遠地區師生宿舍（教育部，2018b）。

四、我國其他教育政策

　　除設立教育優先區的政策之外，促進教育機會均等的教育政策尚有：延長義務教育年限、幼兒教育普及化、學校制度單軌化、公平開放的升學制度、發展特殊教育、合理分配教育資源、實施終身教育等（黃天、周翊，2013）。依據2020年修訂的《教育部國民及學前教育署補助國民中小學弱勢學生實施要點》，為促進教育機會均等、平衡城鄉差距的教育政策，除了推動教育優先區計畫之外，還有國民小學兒童課後照顧服務、夜光天使點燈專案計畫、國民中小學學生無力繳交代收代辦費計畫、國民小學及國民中學推動夏日樂學計畫整合式學習方案、城鄉共學夥伴學校締結計畫、辦理兒童及少年未來教育與發展帳戶。連同近幾年積極推動的《國民小學及國民中學補救教學實施方案》，這些教育政策皆可視為補償教育的配套措施。

問題討論

1. 試分別說明贊助性流動（sponsored mobility）和競爭性流動（contest mobility）的意涵及相應的實際教育措施。（101 教檢）

2. 請簡述家庭的社會階級如何影響子女的教育成就。（94 教檢）

3. 我國課程改革已經納入性別平等議題，如果你是教師，試條列式提出五項教師應採取之具體作為，將性別平等教育落實在教學實務當中。（97 教檢）

4. 何謂積極性差別待遇（positive discrimination）？分別從政府、學校、教師三方面，說明可以進行哪些積極性差別待遇的措施。（108-1 教檢）

5. 很多研究顯示，社會階層化與教育成就有著密切的關係，不同社會背景（家庭、學校、地區、族群…………）的學生，其教育成就也往往有所差異。請問可循哪些途徑或策略來改進此等現象，以落實教育機會均等的理念。（96 教檢）

第 10 章

文化與教育議題

哲學與社會學都非常重視文化的議題，在探討教育的本質方面，有學者提出「文化陶冶」的論述，本章從社會的觀點來探討文化與教育的關係。陳奎憙（1998）認為文化提供教育內容，文化規範決定教育目的，文化亦具有非正式的教育作用，例如語言的學習。教育對文化亦有重要的貢獻，例如教育具有選擇與傳遞文化、創新與更新文化的功能。功能論重視的是文化的社會功能，而衝突論重視的是不同文化之間的權力關係，例如布迪厄認為文化具有象徵權力（symbolic power），經由文化專斷（cultural arbitrary）的運作而形成象徵暴力（symbolic violence），導致社會再製得以持續不斷地進行（周新富，2018）。依《十二年國民基本教育課程綱要總綱》「實施要點」規定，各領域課程設計應適切融入性別平等、人權、環境、海洋、品德、生命、法治、科技、資訊、能源、安全、防災、家庭教育、生涯規劃、多元文化、閱讀素養、戶外教育、國際教育、原住民族教育等議題。所謂「議題融入課程」的教學，係教師在課程與議題相關的部分，帶出議題實質內涵的學習。以語文領域為例，在閱讀相關之文本時，延伸出不同地方或區域的飲食文化、穿著文化、風土習俗等（教育部，2019c）。上述的教育議題，本書在不同章節探討性別平等教育、品德教育，本章著重在探討文化與教育的相關議題，以多元文化教育、原住民族教育二項議題為主軸，亦就關聯性較大的新住民教育及青少年次文化二項主題一併討論。

第一節　多元文化教育

　　我國憲法肯定多元文化的理念，多元文化教育的精神亦納入《教育基本法》第 2 條中，顯示我國以法律維護多元文化之價值。臺灣為多族群融合之移民社會，加上全球化發展趨勢，文化交流與混雜之現象益為明顯，更突顯多元文化教育議題之重要性（教育部，2019c）。

壹. 多元文化教育的涵義

　　20 世紀 60 年代，多元文化教育（multicultural education）一詞開始流行起來，從那時起，世界主要國家的多元文化教育方興未艾，多元文化教育伴隨著國際教育改革而不斷發展（陳美如，2000）。所謂多元文化教育是一種追求教育卓越的運動，目的在促進教育機會均等和公平性，它也是一種課程設計途徑，以所有學生為對象，藉以發展個人的多元文化性，促進個人以多元方式知覺、評鑑、信仰和行動、理解和學習，去面對文化多樣性，去接納欣賞不同文化的人所具有的差異（黃政傑，1995）。多元文化教育是尊重差異，考量不同文化觀點之教育，藉由教育協助學生對不同的種族、族群、階級、宗教、性別、語言等文化型態，發展多樣性的認識與態度，從了解、接納，進而尊重與欣賞，減低對不同文化的偏見及刻板印象，發展跨文化素養，並有意識的覺察與批判主流預設的價值及運作，使不同群體與文化均有發聲及平等參與社會各項活動之機會，無須放棄自己獨特的文化認同（教育部，2019c）。

貳. 多元文化教育的內涵

　　多元文化發展有其歷史文化背景因素，其源頭來自於歐美國家嚴重的種族（族群）問題，例如加拿大魁北克省的英法語裔之間的緊張關係；美國長期以來的種族衝突，以及 1960 年代的公民權利運動；英國面對自殖民地湧入的移民；紐西蘭與澳洲的少數民族之文化主體意識覺醒等。這些

事件引發「多元文化」概念的興起，但隨著時間的推展，多元文化的內涵已不侷限於種族或族群的問題，逐漸擴大到了不同的文化群體，例如性別、宗教、語言、階層、特殊兒童、性傾向、各種次文化群體的特殊需求等（張建成，2007）。因此多元文化的內容主要包括下列三項：第一，為因地理位置或國家文化不同而產生的多樣性文化風貌；第二，係指在地球村中，不同種族、族群（例如原住民、新移民、弱勢族群）的文化觀念與風俗民情；第三，為最廣義的定義，係指不同階級、宗教、性別、性傾向、黨派、身心狀況（例如殘障者）、年齡等，不同身分、背景、需求與社群者的價值觀念、行為特色（林志成，2009）。臺灣除了受到歐美國家的影響之外，也受到解嚴後的本土化運動、國際原住民（族）運動的影響，對多元社會與多元價值的反應、對族群和諧的期待、對混亂的「國家認同」之反省，以及對社會相對弱勢者的關懷等，都可能說明或解釋多元文化教育興起的部分原因（莊勝義，2007）。

一、多元文化教育的課程內容

班克斯（Banks）認為多元文化教育不但是一種理念、理想，也是一種持續不斷的課程改革和教育改革。但這樣的解釋過於空泛，一般將多元文化教育視為課程設計與教學歷程，其課程內容包含五個層面（Banks, 2007）：

1. 內容的統整（content integration）：指教師使用來自不同文化的教學內容和實例。

2. 知識的建構（knowledge construction）：指教師幫助學生了解、探索和決定某一領域隱含的文化假設、內在參考架構、觀點及偏見是如何地影響知識建構。

3. 公平的教學法（an equity pedagogy）：指教師修正教學法，以幫助及催化來自不同文化、種族、性別及社經地位之學生的學業成就。

4. 偏見的減少（prejudice reduction）：指教師藉由教學法及教學內

容，修正學生的種族、性別態度和其他偏見。

5. 賦權的學校文化（an empowering school）：指檢驗學校內各種社團運作、師生關係及學業成就，創造一種賦權給不同種族、性別和團體的學校文化。

二、多元文化教育的學習主題

多元文化教育這項教育議題，主要在培養學生多元的觀點，提供學生與不同團體互動的機會，並增進相互理解、相互包容的能力。更進一步則是揭露隱藏在社會生活中的壓迫和不平等，進而促進社會公平正義的實現。因此在課程方面，主要是要教導學生以下四項學習主題（教育部，2019c）：

1. 我族文化的認同：透過多元文化的學習，讓學生了解自己的歷史、傳統及生活方式，了解我族文化、珍惜我族文化，並進而能創新、批判或傳承。

2. 文化差異與理解：讓學生願意理解與接受不同的文化，體認人我及不同文化間的異同，尊重並肯定社會的文化多樣性。

3. 跨文化的能力：協助學生跨越國內及國際間不同文化的界線，引導學生願意與不同群體及文化建立群際與合作關係，展現跨文化互動的能力，促進文化合作與交流。

4. 社會正義：透過課程活動減低或消除學生對特定文化的刻板印象和偏見，當有剝奪、歧視或宰制他族文化或群體的現象，能有意識覺察並批判。面對文化衝突時，能對抗偏見及所有形式的壓迫或歧視，有處理及解決問題的能力。

參. 多元文化教育的課程設計模式

傳統的學校課程只反應了主流族群的文化、經驗和觀點，如此會使弱勢族群學生產生疏離感和自卑感，導致他們在家庭和學校之間產生文化衝突（Banks, 1989）。因此，多元文化教育學者提出多種多元文化的課

程設計模式，以下僅以班克斯的課程模式說明之。班克斯所提出的多元文化課程設計模式有以下四種（方德隆，1998b；黃純敏，2006；Banks, 2004）：

一、貢獻模式

貢獻模式（contributions approach）是將特定族群或文化團體的節慶、英雄故事加入課程裡，教師透過講授、課程安排，讓學生接觸少數民族的文化，特別是在幼兒園和小學階段。

二、附加模式

附加模式（additive approach）是將文化內容、概念或主題加於課程中，但並沒有改變課程的架構，通常是以一本書、一個單元、一節課來達成。例如在國文課中加入與少數族群有關書籍、文章的討論。

三、轉化模式

轉化模式（transformation approach）是改變既有的課程架構，讓學生從不同的文化觀點來看概念、議題、主題和問題，主流文化的觀點只是其中之一。學習者會了解知識是一種社會建構，也就是人們根據自己對周遭世界的經驗與了解來創造意義，其目的在教導學生批判性思考能力。例如哥倫布發現新大陸，從哥倫布遇到的原住民的觀點看來，則根本不是發現。

四、社會行動模式

課程進入了轉化模式，可增加學生對族群問題、性別、階級有關的概念、議題的省思，並在該議題討論中澄清自己的價值觀，並且作成自己的結論之後，學生就有能力採取個人的、社會的或公民的行動，這稱之為社會行動模式（social action approach）。例如寫信給教科書出版公司，促使他們對教材內容採取一種比較平衡的取向。

要成功地實施多元文化教育，教師扮演著關鍵的角色，因為教師所知

覺與運作的課程，無不影響著學生所經驗到的課程，教師如何地解讀、詮釋與轉化課程、教科書、教學素材裡所傳達的觀念與意識型態，在教學過程中十分重要（陳枝烈，1999）。我國對於多元文化議題雖列為十二年國教總綱核心素養的重要內涵，但教師若缺乏多元文化相關知能，也許不會將此議題融入任教領域（學科），以致無法符應不同文化背景學生的需求。要落實多元文化教育的理念，務必在師資培育的職前及在職進修中多充實這方面的知識，讓教師願意將多元文化內涵融入至既有的課程架構上。

第二節　弱勢族群與教育

　　各個社會內部都會有「強勢族群」（majority group）、「少數族群」（minority group）之分，少數族群指的是一個在社會裡受到政治和經濟上的壓抑及不平等待遇的團體，因此少數族群也被稱為「弱勢族群」，例如美國社會的黑人、某些社會的婦女。臺灣社會的弱勢團體又稱為「弱勢族群」，是指在社會中由於經濟收入、權益保護、競爭能力等原因，而處於困難與不利地位的人群（賴永和，2009）。大致包括以下五種類型：(1) 依貧窮線所產生的弱勢族群，例如低收入者；(2) 依少數種族所產生的弱勢族群，例如原住民；(3) 依文化差異所產生的弱勢族群，例如外籍新娘與新臺灣之子等；(4) 依居住地區所產生的弱勢族群，例如偏遠及離島地區；(5) 依社會排斥所產生的弱勢族群，包括精神和身體殘疾者、自殺者、藥物濫用者、多問題家庭、反社會的人等（周仁尹、曾春榮，2006）。教育社會學所探討的弱勢族群包含原住民、新移民、偏遠地區、經濟上的弱勢等四類，本節僅就原住民、新移民其子女在教育所遭遇到的教育問題加以探討。

壹. 原住民族教育

　　原住民族是現有各族群中最早生活在臺灣的民族，歷史長河中，原住民族曾經是被同化的對象，原住民學生無從自學校教育中習得自身文化，一般學生也少有機會自課本中認識原住民族。但隨著我國基本國策宣示尊重原住民族多元文化及其民族意願，教育政策亦依據此原則進行調整，在《原住民族基本法》，強調「政府應依原住民族意願，本多元、平等、尊重之精神，保障原住民族教育之權利」，《原住民族教育法》亦明言，原住民族教育的目的在於「維護民族尊嚴、延續民族命脈、增進民族福祉、促進族群共榮」。因此，在學校教育自應融入適當的原住民族教育議題，以彰顯我國對於原住民族權利之尊重，以及促進族群平等理念的決心（教育部，2019c）。

一、原住民族教育現況

　　《原住民族教育法》於 87 年公布施行，該法明確指出，原住民為原住民族教育之主體，政府應本於多元、平等、自主、尊重之精神，推展原住民族教育，由教育部與原住民族委員會就主管權責分別辦理原住民族之「一般教育」及「民族教育」。依據《107 學年原住民族教育概況分析》（教育部統計處，2018）的統計資料，原住民族教育的概況如下：

　　(一) 輟學率偏高

　　106 學年國中小原住民學生的輟學率為 0.7%，105 學年高級中等學校原住民學生休學率 3.7%、喪失學籍率 3.6%，皆高於一般生。106 學年大專校院原住民學生新增休學率及退學率分別為 8.2%、13.7%，「工作需求」（23.5%）、「志趣不合」（15.0%）及「經濟困難」（12.1%）為申請休學主因；退學原因則以「休學逾期未復學」占 28.9% 最多。

　　(二) 就讀私立大專人數較多

　　國小及中等學校原住民學生就讀公私立學校比率則與一般生無顯著差異，106 學年高級中等學校原住民應屆畢業生升學率為七成一，升學流向

以就讀私立大學者占 60.8% 最多，就讀公立大學占 33.9% 次之。原住民就讀專科學生因私立醫護專校設立原住民護理專班等優惠措施，致私立比重較公立高出 83.8%，而原住民學生就讀公立研究所比例則明顯高於一般生。

(三) 就讀專業以餐旅及醫護多

大專校院原住民就讀學門主要集中於「餐旅及民生服務」、「醫藥衛生」及「商業及管理」學門，三者合占大專校院原住民學生近五成一；就讀人數最多學類為「醫藥衛生」學門之「護理及助產」，占全體大專校院原住民學生之 13.3%。

(四) 接受原住民族實驗教育學生人數日益增加

107 學年全國計有 17 所國中小持續實施原住民族實驗教育，且已擴及國中及高中階段；107 學年開設大專校院原住民專班校數維持 24 所，108 學年將再增設語言與文化、幼兒教育等專班。

(五) 整體原住民教育程度以高中職最多

原住民族委員會於 108 年針對 15 歲以上原住民的教育程度進行統計，其中以高中（職）比例最高，占 40.87%，小學及以下占 16.89%，國（初）中占 16.62%，而專科學歷者占 6.53%，大學及以上占 19.09%，專科以上的教育程度僅占原住民人口總數的 25%。若與非原住民相比較，其大學以上人數所占比率為 34.53%，遠高於原住民的 19.09%；原住民高中（職）教育程度所占比例遠較非原住民的 29.93% 來的高。由這二項數字顯示原住民的教育程度較低，高中職的教育程度所占的最高，而專科、大學及以上者之比例則低於全體民眾（行政院原住民族委員會，2019）。

二、原因分析

整體而言，原住民族的教育成就偏低，相關實證研究發現原住民族在學成績均低於漢人（巫有鎰，2007；巫有鎰、黃毅志，2009）。細究其原因可能如下：原住民社區多地處交通不便的山地、偏遠地區，因學校教

師流動率高，影響教學成效（陳奕奇、劉子銘，2008）。在學校因素方面，例如經費不足、設備不完善、學習資源不足，以及教師身兼數職，課務、雜務負擔沉重，流動率高，加上教師配課情形嚴重，鮮少爲學生設計符合其需求或發展的創新課程等，這些因素都使得原住民學業成績較低（甄曉蘭，2007）。譚光鼎（2008）提出原住民族群自我認同消極不振，因爲在「學校同化教育」及「升學優惠制度」雙重夾殺下，原住民精英學生普遍缺乏傳統文化認知。國外對於少數民族的研究，同樣發現因爲弱勢族群處在經濟和文化的弱勢，使他們缺乏適應社會所需要的文化資源，較難與強勢族群學生相互競爭，因之產生較多的低教育成就問題。過去解釋這種現象的理論有遺傳基因論、文化缺陷論，不過 1970 年代以後，這些理論開始受到嚴厲批判，認爲無論是遺傳基因論或文化不利都是一種標籤，缺乏反省主流文化對於弱勢文化的壓迫與宰制，並可能落入種族中心主義的迷思（周德禎，2006；周新富，2018）。

從文化差異觀點解釋少數族群學業成就低落，而提出完整的理論模式的學者爲歐格布（Ogbu, 1991），他在比較「自願移民」和「非自願移民」這二類少數族群的學業成就差異時，指出可能原因並不僅限於文化、人際溝通、權力關係的問題，有部分原因可能是歷史經驗的不同，而造成適應上的差異。自願移民的少數族群如亞裔學生，他們在教育成就上普遍有傑出表現，因爲他們相信移民可以帶來更好的生命機會，因此憑著這種期望來回應在美國社會所受到的遭遇。非自願移民的少數族群如黑人、印第安人，則因爲奴役、征服、殖民化而成爲移民，他們痛恨失去自由、獨立，而認爲主流社會在剝削、壓迫他們（周德禎，2006）。

三、改革策略

爲改善原住民族教育問題，教育部制定《原住民族教育法》、《發展原住民族教育五年中程個案計畫》、《原住民族教育政策白皮書》，以及原民會訂定的許多短程、中程與長程的原住民族教育推展計畫，可見政府長期以來爲達成教育機會均等的理想所作的努力。從每位學生單位成本的

數據來看，原住民所處的山區偏遠學校是教育資源最高者（陳奕奇、劉子銘，2008），政府還提供原住民升學優惠待遇及就學獎助學金。除寬列教育經費及升學優惠外，提升師資素質、落實母語教學、加強親職教育及推展多元文化教育，都可改善原住民族的教育現況（高德義，2000）。

(一) 落實原住民族教育議題的學習主題

依據原住民族教育議題之內涵，鼓勵學校教師將原住民族知識議題融入教學，以提升原住民的自我認同，並互為主體的尊重原住民族文化和生態智慧。至於辦理原住民族實驗教育的學校，則應將以下學習主題列入課程：原住民族語言文字的保存及傳承、部落與原住民族的歷史經驗、原住民族的名制、傳統制度組織運作及其現代轉化、原住民族文化內涵與文化資產、原住民族土地與生態智慧、原住民族營生模式等（教育部，2019c）。

(二) 實施文化回應教學

在教學方面，各國原住民族群長期致力推動「文化回應教學」（culturally responsive pedagogy），並在教學場域中加以實踐。所謂文化回應教學，是尊重學生文化，避免用主流文化的標準來評斷學生的學習行為，並且要運用學生文化知識經驗、先前經驗、知識架構和表現風格來設計教學活動，促使學生的學習更具效率（Gay, 2000）。當教師任教的班級中出現一、二位原住民，可以試著將以下的教育理念應用在教學之中（解志強譯，2006；Gay, 2000）：

1. 承認不同種族或族群文化遺產的合法性。
2. 針對學生不同的學習型態，使用多樣化的教學策略。
3. 教導學生要了解和頌揚自己及他人的文化傳統。
4. 將多元文化知識、資料和素材，整合在學校日常教學科目裡。
5. 教師應避免傳授單一主流的價值觀，要在課堂引導學生檢驗一些視為理所當然的意識型態。

貳、新住民子女教育

近 20 年來，隨著經濟自由化、政治民主化及社會多元化的持續發展，使得國人與外國人結婚的情形逐年增加，因跨國婚姻所導致之移民事實，已經讓臺灣進入了前所未有的民族大熔爐時代。經由婚姻遷徙到我國的新住民人數由民國 92 年（5.46 萬人）達到高峰之後逐年下降，至 102 年有 1.95 萬人，再緩和回升至 107 年的 2.06 萬人，其中以來自大陸及東南亞者所占比例最高，依 107 學年的統計，國中小新住民子女之父或母，約四成二來自大陸地區，近三成九來自越南，不到一成來自印尼，三者合占近九成。107 年生母或生父爲新住民之出生嬰兒數 1.38 萬人，占全體新生兒的比重已由 92 年之 13.37% 下降至 7.62%。新住民子女在 103 學年就讀國中小共計 21.21 萬人，104 學年起下滑爲 20.80 萬人，107 學年下降至 16.68 萬人（教育部，2019b）。新住民子女占國中小學生總數之比例由 95 學年 2.9% 增加至 105 學年 10.5%，相當於平均每 9 位國中小學生即有 1 人爲新住民子女（教育部，2018c）。雖然人數呈現下降趨勢，但仍占學生總人數不低的比例，爲提升整體國民素質及競爭力，有必要對此一族群給予關注與照顧。

一、新住民子女的教育問題

國內相關研究指出，新住民子女受母親生活適應、語言溝通、人際關係適應等問題的影響，在教育方面產生以下問題（周新富，2018；教育部，2018c）：

(一) 語文學習發展待協助

語言是一切學習的基礎，若孩子語言發展遲緩、口語表達能力不足，不但會影響學業的學習，亦將使其難以適應學校生活。新臺灣之子多分布於農業與偏遠鄉鎮等經濟狀況較不富裕家庭，其外來刺激較都市孩子不足，孩子無法得到應有的模仿和學習。如果媽媽講話不標準、語言能力又有限，則孩子學到的自然也不標準，也很難讓孩子得到充分的了解，以致

語言發展容易產生較爲遲緩的現象，故有必要強化新住民子女語言與文化的學習成效。

(二) 學業成就待提升

課業學習是學校教育的重點，一般而言，孩子在學校學習方面若遭遇困難，除了第一線的教師予以協助外，家長的關心與支援更是學習的後盾。但新臺灣之子大多住在偏僻的鄉下，缺乏外界資訊，所得到的文化刺激也較少；若其父親因生活而忙碌，母親又中文不佳，可能在指導孩子功課及與老師溝通上產生困難，導致孩子學習表現低落。

(三) 親職輔導與親師互動可再深化

政府社教機構、社區大學及中小學所辦理的相關新住民輔導措施，已執行許多相關家庭教育輔導措施。然而，各級學校教師普遍認爲「親職輔導措施」仍須再加強落實。其中家長與學校互動機制特別需要加以強化，新住民子女的家長大多肩負家庭經濟重擔，對於參與學校親師活動的意願較低，除了利用現有的親師座談制度，積極強化家長與學校的互動之外，宜更進一步建立新住民子女家長的有效互動機制。

二、改革策略

隨著十二年國民基本教育的實施，爲達成「成就每一個孩子」的核心教育願景，對於新住民子女的教育問題宜訂定積極的教育輔助政策。除了辦理親職教育、開設新住民語言課程、補救教學、課後照顧等補償教育的方案之外，有必要在師資培訓方面強化以下二項作法：

(一) 師資培育開設多元文化教育課程

目前各師資培育之大學提供的職前教育和在職進修教育，尚未普遍開設多元文化教育或多元文化課程設計。對於未來新住民學校師資與新住民子女的互動有所影響，亦將持續不利於新住民子女學習成就之改善。因此，有必要加強推動教師對多元（跨國）文化教育與素養，使教師能深入了解多元文化，營造族群平等、相互尊重與理解的教育環境（教育部，2018c）。

(二) 落實關懷倫理學之理念

本書在道德教育方面提到諾丁絲（Noddings, 1984）所提出的關懷倫理學，其理念在建構一個微觀的、具體處境的、重視人際關係、情意交流取向的倫理學，頗適用於原住民族教育與新住民子女教育。諾丁絲主張在教育上應該走向「去除專業化教育」（de-professionalizing education），這並非是一般人所想像的降低師資品質，或使教師失去專業自信與專業區隔，而是主張教師不要以學科專業來宰制學生學習的內容和價值，而要在教學中突顯對人的關懷。教師除了對教材、教法要非常精熟外，更要對學生有敏銳的觀察和細膩的感受，因而不是將教學任務的核心放在展現知識上（顧瑜君，2008）。

第三節　青少年次文化

青少年的生命正邁向高峰，他們往往具備了獨特的青少年／青年（adolescence/youth）文化或是次文化（subculture），而這種文化與教師所代表的舊文化或成人文化之間有很大的差距。身為與青少年長時間相處的第一線工作者，必須每天面對青少年文化的衝擊，即便不認同青少年的次文化，教師也必須正視青少年次文化的存在現實與價值（方永泉，2005）。

壹. 青少年文化的定義

「青少年」這個名詞其實定義的不是很明確，而是一種模糊的概念，不過大體來說，我們可以把它定義成介於兒童期與成人期之間的一個發展的階段。根據美國白宮青少年問題諮詢委員會於 1973 年發表的報告書《Youth: Transition to Adulthood》，界定青少年時期為 14 至 24 歲。所以青少年階段大致涵蓋國中、高中（高職）與大學生，此時期的青少年，除了生理產生明顯的變化以外，人格特質也在成長變化之中（譚光鼎，

2011）。雖然學術上對青少年作這樣的界定，但一般教師在認知上皆排除大學生這部分，僅聚焦於國中、高中階段的次文化。所謂「次文化」指的是較小團體或次級層級的文化，因此「青少年次文化」（adolescent subculture）即是青少年爲了滿足生理與心理的需要，發展出一套適合自己生活的獨特文化，包含生活型態、價值觀念、行爲模式及心理特徵等。成人文化一般歸屬於「主流文化」，這些次文化表現於青少年的服飾、髮型、裝扮、語言字彙（俚語或暗語）、娛樂方式和行爲態度上（馬藹屏，1997）。

貳. 青少年次文化的內涵

　　次文化的產生固然因地域、種族、階級、年齡等不同因素而有差別，但因爲處於同一個地域、種族、年齡或階級，成員彼此之間會有著較多的休戚與共的一體的團結感，而且也易產生共通的溝通語彙或方式，進而能在物質形式與外觀上生成某些「共同性」，以標示出「我們是同一國」的意涵（方永泉，2005）。依據相關文獻，歸納出臺灣青少年次文化有以下的內涵：

一、網際網路文化

　　世界網路化已成爲當今的發展趨勢，人們於生活中多面性地運用電子數位科技，諸如電子信箱、電子商務、線上遊戲、手機上網等，網際網路數位科技的出現，改變了人類的生產模式、人際交往模式與生活方式，同時，亦改變了人們的心理、情感及思維模式。隨著網路使用人口普遍化、低齡化的現象，網路也成爲青少年族群在人際交往與休閒娛樂上的重要管道（盧浩權，2007）。青少年經常在網路世界中玩電腦遊戲、線上遊戲，隨著社交網站如臉書、Twitter、Line 的盛行，青少年在網路上聊天、結交朋友、玩直播等已更加容易。網路世界帶動俗稱「火星文」的網路用語及符號大行其道，也促使青少年更容易接觸到色情資訊等負面影響。部分青少年因沉迷網路遊戲，導致成績大幅滑落，嚴重者衍生出輟學的問

題。如何教導青少年合理使用網路，乃成爲學校教師的一項重要課題。

二、流行文化

　　流行文化（popular culture）在今日已是人們日常生活的一部分，其透過媒體大量且迅速的傳播，經常成爲某個時期、某個族群、某個地區及某個世代的標識與符號，甚至成爲一種共同享有的集體認同與記憶。「流行文化」一詞的意義相當多重與歧異，也被稱爲大眾文化、低俗文化（low culture）、消費文化（consumer culture）、娛樂文化（entertainment culture）及商品文化（commodity culture）等，而由於其在今日多由媒體進行傳播，有時也被稱爲「媒體文化」，法蘭克福學派則稱之爲「文化工業」。對這一世代的青少年學生而言，他們透過諸如電影、電視、音樂、偶像、遊戲、體育、動漫等的流行事物，形塑了屬於他們的特殊生活風格與身分認同，也產出屬於他們自己世代共同擁有與分享的「感受結構」（feeling structure）（楊洲松，2015）。以流行音樂爲例，這已經是青少年生活中不可或缺的一部分，他們走在路上總是戴著耳機、聽著偶像所唱的歌曲，所聽的音樂則包括流行曲、搖滾樂、Hip Hop、Rap 等，興之所至則隨著旋律跳起街舞，甚至熱衷參加大型的搖滾音樂會。用這些方式，青少年能達到紓壓，以及在同儕團體之中得到歸屬感和安全感。

參　青少年次文化的功能

　　過去有關青少年次文化的研究，多半認爲其對於以成人文化爲主的社會，常會形成「抗拒」或「對立」的關係，例如對形式主義的反抗、反抗成人世界的繁文縟節、對機械生活的不滿、對功利商業主義的抗議等（陳奎憙，2009）。面對著當代社會中青少年的次文化，我們似乎不能再將其單純地視爲與成人或主流社會文化對立的一種文化，而應該以新的眼光來審視青少年次文化所具備的新內涵。當教師在面對著層出不窮、一再推陳出新的青少年次文化，教師仍應保有適當批判的能力，洞察某些青少年次文化所流露的「虛無主義」茫然心態，適時與青少年進行對話與討論，

喚醒青少年本身具有的批判反省意識（方永泉，2005）。以下針對青少年次文化在教育上的正負向功能作分析（周新富，2018；譚光鼎，2011）：

一、積極功能

青少年次文化不全然都是搞怪、奇裝異服等負面形象，還是具備了以下四項的正面功能：

（一）協助青少年社會化

次文化最重要的功能是幫助青少年進行社會化，使他們得以從家庭生活進入成人世界，從雙親庇護到獨立自主。次文化中的同儕團體是學生學習社會生活中一個重要過程，學生很多能力的培養需要透過同儕團體協助進行，包括表達自我、相互溝通、合作競爭等能力，都有賴在同儕團體中學得經驗。

（二）滿足青少年尋找安全與自由的需求

青少年的生活空間擴展，受到較大的環境壓力和成人的壓制，為了逃離這種限制和壓力，青少年團體透過次文化的發展，藉以尋找安全與自由舒適的生活方式。例如網路世界提供了青少年休閒娛樂，在虛擬的網路環境中可以得到宣洩。

（三）紓解青少年對社會現實的不滿

青少年次文化與正值叛逆年齡的青少年產生了一種共鳴，而形塑出對現實不滿、標新立異的主張與行動。例如青少年喜歡的音樂、塗鴉文化，其內容多少表達出青少年所面臨的問題，透過這些次文化之型態，青少年將對社會的不滿與抱怨宣洩出來。

（四）協助青少年尋求自我認同感

青少年時期致力於發展自我統整與尋求自我肯定，是個體自我認同形成的重要關鍵時期。在學校生活中，除了正式課程之外，學生所學到無形的價值觀念、行為習慣等，會對學生產生潛移默化的作用，而次文化的形成正可提供行為參照的標準，以協助青少年尋求自我認同感。

二、消極功能

青少年次文化有其積極面與消極面的功能，我們似乎不必過度強調其負面影響作用，而忽視其積極的一面。青少年次文化之中，最主要的負面功能，可分為反智主義、反抗文化和偏差行為三種：

(一) 反智主義

柯爾曼（Coleman）於 1961 年研究美國中西部 10 所高中學生次級文化，他認為學生次級文化與成人社會的價值及目標顯然不同。他從實證資料的分析中發現：在高中生的同儕價值取向中，男生重運動明星，女生則重人緣好與活動領導者。二者皆未將學業成就列為決定同儕地位最優先的考慮因素，這種背離知識成就的價值取向，稱之為「反智主義」（anti-intellectualism），通常表現在對於知識分子的懷疑和鄙視（譚光鼎，2011）。然而在臺灣各項研究的結果，卻相當一致地顯示中學生沒有反智主義的傾向，學生們相當肯定課業與讀書的重要（吳瓊洳，1997）。

(二) 反抗文化

反抗文化或稱反學校文化（counter-school culture），是次文化的一部分，反抗文化在思維方式、價值觀念、行為規範等方面處處挑戰主流文化。反學校文化是與學校主流文化相對立的一種文化，它所宣導的價值標準與行為規範是與學校主導價值規範相衝突的（徐波鋒，2007）。英國伯明罕學派的學者威立斯（Willis, 1977）所著的《學習成為勞工》（*Learning to Labour*）一書，探討勞工階級抗拒學校文化的現象。威立斯以俗民誌研究法研究英國小城（Midlands）的一所中學裡，12 位勞工階級的小夥子（lads）如何經由學校教育後獲得勞工階級的工作，書中最主要在探討一個問題：為什麼這些勞工階級的子女，要讓自己本身獲得勞工階級的工作？威立斯筆下的勞工階級學生處處與學校權威對抗，且以打瞌睡、曠課、抽菸、喝酒、欺騙、偷竊、打架等方式反抗學校權威。他們在學校生活中擁有自己的天空，在精神上戰勝了權威，但是他們在學校畢業後，在日常的社會生活中並未戰勝統治階級而獲得較高的社會地位，相

反地卻依然成爲下層階級勞工，社會地位的複製即在勞工階級無意識的狀態下持續不斷地進行（黃鴻文，2000）。

(三) 偏差行為

偏差行爲是青少年次文化最嚴重的負面行爲，已觸犯到社會的法律，須受法律制裁，例如殺人、偷竊、吸毒、飆車、參加幫派、霸凌同學、暴力討債等，有些嚴重的偏差行爲甚至要上法院，或接受感化教育，較輕的偏差行爲則是經常要接受輔導室長期的諮商。而反學校文化的行爲通常是蹺課、逃學、說髒話、抽菸、打架、奇裝異服等，雖違反校規，也是讓教師頭疼的學生，但他們尚不至於違反法律。

問題討論

1. 如果要使用多元文化教育理念進行課程設計，試舉例說明你的設計模式為何？

2. 歐格布（Ogbu）提出的文化差異理論其主要觀點為何？此一理論有何缺失？

3. 對於原住民族教育，你覺得目前有哪些問題存在？請提出解決問題的策略。

4. 新住民子女的學習問題（提出四種）？政府應提出的解決策略（提出三種）？（107 教檢）

5. 何謂文化回應教學（culturally responsive teaching）？文化回應教學可促進少數族群學生的學業成就嗎？為什麼？

6. 試從教育社會學觀點解釋「次級文化」，並列舉出三項「學生次級文化」之特徵。（100 教檢）

第 **11** 章

教育行政與教育政策

教育的中心工作是教學，為實施教學有賴教育人員及學生的參與、經費設備的支援及社會的投入與影響。教務在處理有關教學的事務，學務在處理有關學生的事務，處理有關經費設備的事務為總務，處理教育人員的事務為人事，處理有關社會的事務屬於公共關係，因此教育事務包含教務、學務、總務、人事及公共關係等五類，教育行政即對教育事務的管理，以求有效而經濟地達成教育目的。「管理」一詞常被視為行政的同義字，所謂管理即是計畫、組織、溝通、領導及評鑑的歷程，這五項內涵也是行政的歷程（謝文全，1995）。很多人會認為教育行政是公務員才需要熟悉的知識，我只在學校教書，不須具備這些學識。廣義的教育行政包含學校行政，校長、主任、組長都是教育行政人員，若具備教育行政學識，對行政運作成效有極大的助益。在學校本位管理的風潮下，教師領導日益受到重視，因此需要具備教育行政學的知識。本章分別探討教育行政組織、教育行政理論及教育政策等三項主題。

第一節　教育行政組織

　　本節主要在介紹教育行政的意義與內容、我國教育行政組織，以及美英法日等四國的教育行政組織。

壹. 教育行政內涵

　　政府為辦理教育，必須有一群人來負責推動教育相關工作，才能達成任務。教育行政就是對教育相關工作的管理與對教育相關人員的領導（謝文全，2012）。為對教育行政有所了解，以下先對其意義與內容作一敘述：

一、教育行政的意義

　　行政（administration）是與他人（或經由他人）共同合作，有效地達成組織目標的過程，因此教育行政（educational administration）就是把行政的理念應用到教育領域。黃昆輝（1991）認為，教育行政是教育行政人員為解決教育問題所表現出來的行為形式。從程序的觀點來說，教育行政即是計畫、組織、溝通、協調及評鑑等繼續不斷的過程，如就其中心功能來說，則教育行政即是以作決定為中心的過程，亦即是以訂定計畫為中心的歷程。謝文全（2012）認為教育行政是對教育事務的管理，以求有效而經濟的達成教育的目標。這一定義包括四項要點：(1) 教育行政的管理對象是「教育事務」；(2) 教育行政是對教育事務的「管理」；(3) 教育行政的目的在「達成教育的目標」；(4) 教育行政應「兼顧有效及經濟」。從上述的定義可以得知教育行政是在管理教育事務，其目的在解決教育問題，而解決問題的方法必須是有效能的，不是在浪費資源，因此在運作上要有嚴謹的歷程。

二、教育行政的內容

　　教育行政的內容相當廣泛，就行政項目而言，教育宗旨與教育政策的

擬訂、教育計畫與學校制度系統的建立、教育經費的籌措與運用、教育
人員和教育視導的推展、課程與教學的改進、教育成效的評鑑、教育法
規的訂定與修改、教育統計資料的整理與出版等，都是教育行政的業務
範圍。教育行政所包含的內容有以下三項（周甘逢等，2003；謝文全，
2012）：

1. 教育行政組織：包括各級政府的教育行政組織、各級學校行政組
   織、社會教育行政組織。
2. 教育業務行政：在對教育人員與事務的領導與管理方面，包含教務
   行政、訓輔行政、總務行政、人事行政、財政行政、公關行政等。
3. 教育行政歷程：從行政的歷程來分析教育行政的內容，包括計畫、
   決定、組織、溝通、領導、評鑑、興革等，此部分是教育行政學
   主要的研究領域。

貳、我國教育行政組織

我國教育行政制度，共分為中央、地方二個層級，中央是教育部主管
全國教育事務，1998 年採取「精省」政策後，地方則為直轄市教育局與
縣（省轄市）政府的教育局（處）主管教育業務，以下介紹其組織結構：

一、中央教育行政組織

1928 年政府公布《教育部組織法》，明定「教育部」為全國學術、
文化及教育行政事務的最高機關，從此以「教育部」作為正式名稱。依據
最新修訂《教育部組織法》之規定，教育部長下設二位政務次長，一位常
務次長，一位主任祕書，三位次長皆在輔助部長處理部務。底下的部門有
部內單位、部屬機關、部屬機構、部屬學校及行政法人（國家運動訓練中
心）等。部屬機關包括三個次級機關，分別為國民及學前教育署、體育
署及青年發展署，其中國民及學前教育署主要在推動十二年國民基本教
育，其職責為統合中等以下學校教育事權，專責掌理高級中等以下學校教
育政策、制度之規劃、執行及督導。部內單位包括：綜合規劃司、高等教

育司、技術及職業教育司、終身教育司、國際及兩岸教育司、師資培育及藝術教育司、資訊及科技教育司、學生事務及特殊教育司、祕書處、人事處、政風處、會計處、統計處、法制處、私校退撫儲金監理會。其中與師資培育關係密切的單位為師資培育及藝術教育司，國家教育研究院負責辦理教師資格考試。

　　我國教育行政制度採行普通行政與教育行政合一的政策，教育行政組織並非獨立運作，而是附屬於一般行政體系之中。教育行政制度同時採用中央集權制，教育部擁有最大的人事權、課程權、經費權，例如國立高中職校長聘任、制定高中以下各級學校的課程綱要、規定修業年限及畢業學分數、執行中央教科文的預算等。地方教育行政機關受限於人力、財力與官僚體制，無法對地方教育有所創新（秦夢群，2017）。

二、直轄市與縣（市）教育行政組織

　　自 2015 年起計有六個直轄市的教育首長為市長，下設教育局為執行機關，局長綜理局務，其下有副局長協助處理局務。內部單位以臺北市為例，設有綜合企劃科、中等教育科、國小教育科、學前教育科、特殊教育科、終身教育科、體育及衛生保健科、工程及財產科、資訊教育科、祕書室、督學室、附屬社教機構（例如圖書館、動物園）等單位。

　　主管縣市級的教育機關為縣市教育局（處），設有局（處）長、副局（處）長各一人，內部單位以屏東縣教育處為例，下設督學室、學務管理科、教學發展科、特殊教育科、學前教育科、國民教育科、資訊教育資源中心、家庭教育中心、體育發展中心等單位。

　　直轄市及縣市教育局（處）之首長，表面上雖實際負責地方教育的運作，但直轄市及縣市長的影響力卻相當大，教育局長要面對地方首長及教育部二個上級，有時會無所適從。地方教育局缺乏適切的課程權與經費權（多須仰賴上級補助），在因地制宜的教育政策上，束縛過多而未能竟全功。地方派系介入校長遴選頗為嚴重，對教育運作的超然性與獨立性有所影響（秦夢群，2017）。

參、主要國家教育行政組織

所謂「他山之石，可以攻錯」，從不同國家、地區的教育活動，可以找出共同性與殊異性，以為彼此相互學習及成長的依據（黃文三、張炳煌，2011）。以下依據相關文獻（丁志權，2016；楊思偉，2008；秦夢群，2017），分別介紹美英法日等四國的教育行政組織，以了解先進國家教育行政制度與我國的異同。

一、美國教育行政組織

美國教育行政組織分為聯邦、州、地方學區三級，聯邦設教育部，為中央負責教育行政的機關，州設有州教育委員會與州教育廳，地方學區則設有地方教育委員會與教育局。由於教育權在憲法上採用地方分權的設計，州與地方學區所擁有的權力極大。基於此，聯邦教育部的功能僅限於協調各州的教育活動，以達到教育機會均等的理想。近年來聯邦教育部會控制各州與學區之運作，希望能透過立法提振學生教育表現，其中如 2002 年的《別讓孩子落後法案》（No Child Left Behind Act），規定接受補助的州政府，必須提出提升學生成就表現的策略與作法。聯邦政府即使不是法令上行政權力之擁有者，但藉由經費的挹注，欲爭取經費的地方政府或大學須服膺聯邦教育政策，實質上即默默完成權力的行使。

美國教育權為各州所擁有，各州體制雖有差異，但多以州議會、州教育委員會、州教育廳形成的鐵三角為主要決策與執行機構。在州之下的教育組織即為地方學區（local school district），其運作與普通行政分開，有獨立的權限。地方學區的劃分，有的與普通行政區域一致，有的可能橫跨數個普通行政區域，學區之名稱可分為聯合學區、初等教育學區、中等教育學區與職業教育學區，其中聯合學區多位於人口較少的地方，以統整學區內幼兒園到高中的校務。地方學區的教育行政機關主要為地方教育委員會（local board of education）與地方教育局（office of superintendent），教育委員會產生的方式大多為選舉，少數為派任，委員任期 2-6 年不等，多半為無給職。地方教育委員會擁有徵收地方財產稅

來募集教育經費的權力，對於學區內的教育局長、校長、教師及其他人員的聘任行使同意權，也可與教師團體溝通談判相關權益。教育局長多由地方教育委員會遴聘產生，其背景多為擔任教師一定年限後具有校長經歷，最後轉任教育局長，視學區大小與需求，增設副局長與助理局長等職位。

二、英國教育行政組織

英國的正式國名為「大不列顛與北愛爾蘭聯合王國，簡稱為聯合王國」（UK），行政區域包括英格蘭、蘇格蘭、威爾斯和北愛爾蘭四大區，各區再劃分地區（regions），例如英格蘭區再劃分為九個地區。英國教育行政制度較偏於地方分權，但比起美國，英國中央政府的權限明顯較大。英國中央教育行政機關的名稱及業務常有改變，例如 2001 年稱為「教育與技能部」，2007-2010 年英國新的聯合政府上臺後改稱「兒童學校與家庭部」（DCSF）和「創新大學與技能部」（DIUS），2010 年以後改組為「教育部」（The Department for Education, DfE）與「企業創新與技能部」（Department for Business, Innovation & Skills, BIS）。前者主管兒童事務、中小學教育與家庭事務，後者主管高等教育。

英國地方政府體制採「行政與立法合一」，以地方議會為其地方政府，議長就是縣市長，地方議會就稱為「地方教育局」（Local Education Authority, LEA）。自 1988 年教育改革法推行以後，地方教育局開始對各中小學管理委員會實施「財政授權」，各校可自行決定經費運用，也可聘請和解聘教職員，降低地方教育當局對中小學的影響力。經過一連串的修法，如今地方教育局大多被稱為「地方當局」（LA），因為主管的業務已不只是教育，而包括兒童福利、青年教育等，以往的教育局改名為「兒童事務局」或「兒童青年與家庭局」。2009 年時，英國共有 232 個地方當局，在運作上，地方縣市議會將教育行政之權交付「兒童家庭與教育委員會」（除徵稅與發行公債權之外），由其作大部分議題初步審查，並定時向議會報告，最後進行決議。基本上，縣市議會、兒童家庭與教育委員

會、教育相關局處（兒童局）三者，共同負責地方當局的基本運作。

英國每一所公立中小學均須設置學校管理委員會，這是英國學校自主的樞紐，也是英國學校經營的最大特色。校管會委員人數 8-12 人不等，依學校規模而定，其成員包括五類：家長代表、地方當局代表、教職員代表、校長、社區代表等，其中家長代表最多，約占四分之一。學校管理委員會在人事、課程、經費上均享有決策權，並與地方當局共同協商權力，雖然沒有美國地方學區的獨立程度，但擁有頗大的自主權。

三、法國教育行政組織

法國普通行政計分為中央、行政地區、省、市鎮四級。在教育行政組織上，法國採取中央集權制度，2007 年中央主管教育行政機關分為二個部：國民教育部、高等教育與研究部，2014 年又合併為「國民教育與高等教育暨研究部」，教育部長由政府總理提名，總統任命。在相當於行政地區層級，平行設立「大學區」（academy），部分有多個大學區，設有「大學區總長」，由總統任命，通常為大學教授。總長綜理轄區內幼兒園到大學所有的公立教育，區內大學彼此之間及與中小學之間能否建立合作關係是成敗關鍵，1927 年我國實施的大學區所以失敗，其原因為大學與中小學之間為爭取資源而纏鬥不休。

法國教育行政第三級是省，設有省長一人，省教育行政部門稱為「大學區督學處」，首長為「大學區督學暨省教育服務總長」，由教育部從「大學區督學」中挑選，送內閣部長會議決定，再由總統任命。大學區督學處的主要任務是承大學區總長之令，督導轄區初中與小學之行政與財務，以及初等教育人事、教學、學籍與考試等。省之下則為市鎮，省大學區督學處會在省內各視導區派駐督學，管理學前與小學教育這方面的業務。地方教育委員會自 1997 年以來，是法國最基層的教育審議組織，其任務是審議市鎮的教育議題，以增進市鎮教育的進步。

綜上所述，法國教育行政組織主要分為中央教育部、大學區與省大學區督學處三級，中央握有大部分人事、課程與經費權，愈往下權力愈

小，近年在去中央化的浪潮下，地方各級首長在教育事務上的影響日增。

四、日本教育行政組織

　　日本的行政制度分為三級，即中央、都道府縣、市町村，教育行政組織也依此分為三級，中央主管教育的機關原為「文部省」，2001 年將原有的文部省和科學技術廳合併改稱「文部科學省」，負責統籌國家教育、科學、技術、學術、文化及體育等事務。文科省的首長為文部科學大臣，是內閣成員，內部單位包括一房七局，外部單位為文化廳。

　　日本第一級地方政府是都道府縣，相當我國的省市。都道府縣議會是教育事務的立法機關，都道府縣政府為行政機關，教育事務由「都道府縣教育委員會」執行與管理，委員由知事提名，為確保教育中立，委員會中不得有半數以上委員屬同一政黨。教育委員會設有「地方教育事務局」，置「教育長」一人，由委員互推，下設六個課，其中所設「指導主事」類似我國的視導人員，大部分由教師兼任。而教育委員會所管轄的主要是公立中小學及幼兒園，私立學校及公立大學則由都道府縣政府主管。市町村是最基層的教育行政單位，亦是成立教育委員會，設有事務局，置教育長。在教育行政上，公立大學由市町村長管轄，中小學和幼兒園由市町村教育委員會負責管理。

　　日本教育行政組織呈現集權與分權的混合制，中央政府的教育權責頗大，中小學課程由中央發布，教科書由中央審定，人事方面，師資培育由中央負責執行，經費方面，中央負責義務教育學校人事費三分之一，2010 年實施高中免學費政策，所需經費亦由中央支應。地方教育委員會的委員雖由地方首長提名，經議會同意後任命，不過教育委員會仍獨立於地方政府之外，擁有相當大的決策自主性。

肆. 國際重要教育組織

　　所謂國際性組織，即透過合約由許多國家共同參與，組成一個獨立的組織，並藉由會員國大會共同合作達成目標，例如經濟合作發展組

織（OCED）、國際教科文組織（UNESCO）、國際教育成就評鑑協會
（IEA）。這些機構的共通特色都是以國家（或地區）為代表成員，沒有
開放給民間社團法人或個人參與（IEA除外），這些機構又稱為「多邊組
織」（multilateral organizations）。國際組織在教育領域的主要功能有以
下五項：發展官方教育政策（白皮書）、比較與國際教育研究、技術訓練
協助、資金援助、國際發展合作（詹盛如，2009）。以下僅就二項國際
重要教育成就評量的國際組織說明之：

一、國際學生能力評量計畫

　　國際學生能力評量計畫（Programme for International Student
Assessment，簡稱PISA），是由經濟合作暨發展組織（OECD）主辦的
全球性學生評量。自2000年起，每3年舉辦一次，評量對象為15歲學
生。PISA為電腦化評量，評量內容包含閱讀、數學及科學等三個領域的
基本素養，以及問卷調查。每一次的評量，都會著重在其中一個領域。自
2012年起，每次會加考一個其他領域的素養，例如：合作解決問題能力、
全球素養、創意思考等。經由PISA評量與問卷調查結果，可用以比較不
同國家間學生的學習表現與學習環境，透過學生表現的比較，除了可以了
解各國學生領域素養的趨勢外，研究的結果還可以幫助各國了解國內教
育體系、學校管理與教師教學可以改善的方向。臺灣從2006年開始參加
PISA評量計畫，2018年則有79個國家（地區）參加，臺灣是第五次參
加，受測樣本包含192所學校（包括國中、五專及高中職），計7,243名
學生參與（國際評比辦公室，2020）。

二、國際教育成就評鑑協會

　　國際教育成就評鑑協會（International Association for Evaluation
of Educational Achievement，簡稱IEA）成立於1958年，是一個獨
立的國際性合作組織，由與教育有關的國家級研究機構和代表政府
的研究單位所組成的協會。IEA總部設在荷蘭阿姆斯特丹市，主要工

作是研究學生在基本學科（數學、科學與閱讀）上的表現。自 1990
年開始推動進行「第三次國際數學與科學教育成就研究」，評量各
國四年級與八年級學生數學與科學領域上的學習成就，以 4 年爲期
的跨國研究，其目的在了解各國在其教育改革或課程改革等措施的成效。
IEA 至今已經執行超過 23 項跨國成就的研究，包括國際數學與科學教育
成就趨勢調查（Trends in Mathematics and Science Study，簡稱 TIMSS）
與國際閱讀素養調查（Progress in International Reading Literacy Study，
簡稱 PIRLS）。臺灣自 1999 年開始參與 TIMSS，國際閱讀素養調查計畫
於 2006 年首次參與，目前已參加 2006、2011、2016 三屆（洪月女、楊
雅斯，2014；國際評比辦公室，2020）。

第二節　教育行政理論

　　教育行政學是行政學的一種應用科學，將行政學研究所獲得的理論與
概念應用到教育行政中，通常理論的發展是循著「正、反、合」的辯證性
發展，對立的正反兩面各有所偏，後來的理論便開始進行整合（謝文全，
2012）。本節首先探討教育行政理論的發展過程，再由行政歷程中探討
各項組織行爲的意義與功能。

壹. 教育行政理論的演進

　　教育行政的理論研究主要受到「公共行政」及「工業管理」二種理論
的影響，使教育行政理論觀點歷經多種不同的理論觀。茲將理論演變的歷
程作一略述（周甘逢等，2003；吳明隆等，2019；謝文全，2012）：

一、古典組織理論

　　古典組織思想出現在第一次世界大戰以前，主要包括二項不同的管
理觀點：科學管理（scientific management）與行政管理（administrative

management），泰勒（Taylor）、費堯（Fayol）是此理論最具代表性的人物，從 1910-1935 年是這派理論最興盛時期。科學管理和行政管理對教育組織和行政的影響有：強調效率、詳細嚴密的應用、一致的工作程序及周全的會計程序。茲分項說明如下：

(一) 泰勒與科學管理

泰勒是科學管理之父，當他從事全美工廠實際問題解決之時，他提出四項科學管理原則：(1) 藉由科學測量方法，將工作細分，決定工人工作執行的細則；(2) 運用科學方法甄選工人，並訓練其執行特殊工作；(3) 建立管理者和工人明確權責劃分概念；(4) 管理人員的任務是設定計畫、組織及決策活動，工作人員則負責完成工作。

(二) 費堯的行政管理

費堯是一位法國工程師，他將成功的管理歸因於有效的管理原則，其名著《一般和工業管理》一書，使他成為第一位現代組織理論學家，他將行政行為劃分為五項功能：(1) 計畫（planning）；(2) 組織（organizing）；(3) 指揮（commanding）；(4) 協調（coordinating）；(5) 控制（controlling）。指揮和控制就是今日所稱的領導和評鑑。

二、人際關係理論

人際關係理論源自梅耶（Mayo）及其同事於 1922-32 年之間，在西方電氣公司霍桑廠（Hawthorne Plant of the Western Electric Company）進行一系列研究，想要探討物質因素與工人生產率的關係。研究發現不論如燈光、休息時間、工作時間等物質情況正面或負面的變化，產量仍然不會增加，最後結論是物質上的工作情況不會導致產量的增加，工人的社會情況才是提高產量的主要因素。該研究奠定人際關係運動的理論基礎，於是在處理組織事務時，人際因素漸被重視，今天一些組織的新觀念，例如士氣、團體動力學、民主視導、人事關係和動機的行為概念，已普遍應用在實際工作情境中。

三、行為科學理論

行為科學家認為古典組織學者的理性─經濟模式（rational-economic model）與人際關係學者的社會模式，均無法對於工作場所的人員給予完整的敘述，因此行為科學家試著統整科學管理和人際關係學說，而提出新的行政理論。巴納德（Barnard）是新澤西州貝爾電話公司的副總裁，1938 年出版《行政管理人員的功能》一書，書中指出二點看法：(1) 行政組織的研究，若完全偏重於正式的、官方的和結構的因素，則係一種錯誤的看法；(2) 有效的行政管理，除須一方面兼顧工人的需要與願望外，另一方面則亦要能兼顧組織的需要與目的。賽蒙（Simon）於 1947 年出版《行政行為》一書，他企圖解釋人類行為在「作決定」（decision-making）的行政過程中的重要性，賽蒙因「作決定」行政行為概念的揭櫫與闡揚，而獲頒 1979 年諾貝爾經濟獎。

四、組織理論的最新發展

1975 年以來，教育行政組織思想研究又呈現了一些新的展望，系統理論時期的行政理論強調整合性及交互作用的影響，Z 理論認為行政管理要兼顧制度與人這二個層面。領導管理方面，費德勒（Fiedler）倡導權變理論，認為有效領導型態要根據組織情境而調整；混沌理論（chaos theory）認為自然與社會系統都是動態複雜而混沌的，可能出現非線性情況，「蝴蝶效應」提醒領導者要見微知著及從小事著手。新興的理論包括批判理論、後現代理論，都強調知識並無通則，解決問題無唯一最佳途徑，應視情境脈絡之不同而採取權變的作法。

貳. 教育行政的歷程

教育行政的歷程包括計畫、組織、溝通、領導及評鑑等步驟；教育行政行為主要包括計畫與決定、組織與用人、領導與激勵、溝通與公關、視導與評鑑等歷程（鄭新輝，2004）。以下僅就教育行政歷程的意義與相關學理基礎加以介紹（周甘逢等，2003；林新發，2003；謝文全，2012；

鄭新輝，2004）：

一、計畫

　　計畫是以審慎的態度和方法，預先籌謀並決定作何事及如何作，以求有效而經濟地達成預定目標。擬訂計畫時，要注意行動性及可行性，要為行動而計畫，為施行而計畫，為教育而計畫。所以教育行政人員在辦理活動或解決教育問題時，必須依照五項步驟來擬定計畫：(1) 確認計畫目標與範圍；(2) 蒐集資料以進行問題分析；(3) 擬定各種可行方案；(4) 廣徵意見與選擇最佳的行動方案；(5) 付諸行動並進行追蹤評鑑。因為計畫是一連串決定的組合，有學者以「作決定」（decision making）一詞代替計畫。當面臨問題時，研擬及選擇各種可行的解決方案，以解決問題並順利達成預定目標的歷程即是「作決定」。要作出合理的決定，行政人員須有足夠的時間、閱讀充足而適用的資料、與相關人員集思廣益，最後再作好可能成效的評估。

二、組織

　　教育行政組織是指建立正式的權威結構，以便經由此一結構來進行工作配置、界定與協調，並使計畫付諸實施。為了能使組織發揮最大的效能，組織設計必須掌握好幾項策略：(1) 組織目標要為組織成員所周知；(2) 部門的劃分宜專業分工；(3) 層級的劃分宜統整與靈活；(4) 兼顧組織的動態、心態與生態層面。有關組織理論，最著名的是韋伯提出的科層體制，組織若能具備以下特質，即可達到最佳的效率：依法行事、專業分工、用人唯才、保障任期、建立升遷制度、非人情化、層級節制、建立書面檔案。聖吉（Senge, 1990）提出學習型組織（learning organization）的理論，目的是建立一個能夠持續不斷學習的組織，透過學習不斷增強成員與組織的知識經驗，改變整個組織行為，強化組織變革和創新的能力。學習型組織的內涵有五項：(1) 系統思考（system thinking）；(2) 自我精進（personal mastery）；(3) 改善心智模式（improving mental models）；

(4) 建立共同願景（building shared vision）；(5) 團隊學習（team learning）。

三、溝通

　　教育行政溝通是交換訊息、表達情感的歷程，其目的在獲得雙方的了解、促進教育組織的問題解決能力，並達成預定的教育目標。例如建立共識、協調統合行動、維持組織運作、謀求集思廣益、滿足成員的需求等是溝通所要達成的任務。著名的管理學者賽蒙（Simon）說：「沒有溝通，就沒有組織。」國內教育學者黃昆輝把組織的溝通比喻為人體的血液，血液不通，人體會癱瘓，組織缺乏溝通，則運作會陷入停頓狀態。教育行政人員要妥善運用各種正式及非正式的溝通管道，例如會議、通訊軟體、聊天等，以有效發揮溝通成效。

四、領導

　　教育行政的領導是教育行政人員指引組織方向目標，發揮其影響力，以糾合成員意志，利用團體智慧，以及激發並導引成員的心力，從而達成組織目標的行政行為。領導者要透過團體的力量來達成目標，但團體中的成員又人各有志，看法不盡相同，故領導是一件困難的事，教育行政人員需要熟悉及靈活運用領導理論。除前文提到的權變理論外，伯恩斯（Burns）提出新的領導理論：互易與轉型領導，他將行政人員的領導風格劃分為二種類型，一種稱為互易領導（transactional leadership），另一種稱為轉型領導（transformational leadership）。互易領導以部屬外在需求與動機（酬賞）作為其影響的機制，所訴求的是成員低層次的動機；轉型領導則以部屬的內在需求與動機作為其影響的機制，這種領導能力與風格建立在三個基礎之上，分別是洞察力、親和力與持續力（毅力）。轉型領導係指組織領導人應用其過人的影響力，轉化組織成員的觀念與態度，使其齊心一致，願意為組織的最大利益付出心力，進而促進追求組織的轉型與革新。

　　組織領導者亦要善用激勵策略，以引發成員高昂的士氣與動機，因此對於激勵理論應有所了解。有關激勵內容的理論如馬斯洛（Maslow）

的需求層次理論、赫茲伯格（Herzberg）的激勵保健理論等，還有公平理論、期望理論等強調激勵過程的理論。

五、評鑑

評鑑（evaluation）一詞含有評價之意，是正確而有效的價值判斷。各項教育行政工作經計畫執行之後，必須依據既定的目標、實施的進度及表現的品質水準進行客觀的評鑑。評鑑應用到教育工作即稱之為教育評鑑，其所包含的範圍極廣，舉凡教師教學情況、教學計畫、教學成果、考試制度、課程教材、教育計畫、教育目標，以及學生所有的學習活動，都可加以評鑑。為何要實施教育評鑑？評鑑的主要目的有三：(1) 對於學校教育的現況加以了解，並診斷其缺失；(2) 根據所發現的缺失，督促學校加以改進；(3) 提高學校教育的水準與行政的效能。有關評鑑的模式相當多，其中簡而易行的模式為「PDCA 評鑑」，PDCA 最初應用於品質管理，目前已列為國內評鑑校務的主要內涵。PDCA 評鑑就是由 P 計畫（Plan）、D 執行（Do）、C 查核（Check）及 A 處置（Action）四大步驟過程所構成的一連串追求改善的行動，亦有人稱為「戴明循環」（Deming Cycle）。當計畫開始執行，要建立檢核機制，了解執行的結果及品質的變異情況，如果發現問題要採取緊急補救措施，分析問題根源，防止問題再度發生。在執行計畫過程中，建立回饋機制是相當重要的一環，以便在運作過程不斷自我反省、時時檢討改進。

第三節　教育政策

所謂教育政策是指政府機關為解決某項教育問題，或滿足某項公眾的教育需求，決定作為及如何作為的教育行動，以及該政策行動所產生的結果及其對公眾的影響（吳政達，2007）。教育政策須貼近社會脈動，連結社會環境與教育制度，並且肩負維繫社會結構或促進社會演變的任務（張

建成，1998）。

壹. 教育政策制定模式

　　從提案到成爲政策的制定過程包括五個主要階段，首先是問題形成，再來是政策形成、政策採納、政策執行及政策評估（吳政達，2007）。林新發（2003）認爲我國教育行政部門在制定教育政策時，通常要經過以下步驟：(1) 教育問題的提出；(2) 教育問題委託研究或研商座談；(3) 教育政策的研擬；(4) 教育法規的審議；(5) 立法審議；(6) 公布施行。分析政策制定過程的不同階段，通常將焦點放在進出政府的利益團體，了解參與利益團體之價值觀、立場、資源等。從教育政策制定過程中可以了解政府做了什麼事，以及政治在過程中所扮演的角色（吳政達，2007）。通常教育政策的制定可以分爲以下二種模式（王麗雲、甄曉蘭，2009；吳政達，2007；劉國兆，2013）：

一、國家控制模式

　　國家控制（state-control）模式主要從國家的立場，按照上述的步驟制定教育政策，這種模式至今仍居主導地位。這種模式偏重經濟學分析，是從鉅觀決策的角度，以理性的計算爲工具，但忽視了教育政策制定和實施過程中充斥的混亂、無序和斷裂的複雜性，以此來研究教育政策，顯然是不完整的。每項教育政策的推出，在本質上都創造出一個特殊的社會場域，在這個場域中，充滿了行動、鬥爭。國家制定的教育政策涵義常常在不同的行動者（例如地方教育局處、家長和學校）中發生偏離，因而常常導致與政策制定者意圖相悖的社會行爲。以「教師專業發展評鑑政策」爲例，國家藉由政治人物、媒體、權威的專家學者、家長團體等媒介，理所當然地認爲評鑑可以幫助教師專業發展，但忽略了深植於政策底層諸多問題的處理，以致造成教師的抗拒與反彈，最後以失敗收場。

二、教育政策社會學模式

社會學分析的意義有二：一是指採取特定社會學理論觀點，對社會現象進行分析或解釋，例如以批判理論的觀點對教科書進行分析。因爲探究事物的角度不同，所問的問題與提出的解釋也就不同。社會學分析另一項意義則是指利用社會學研究方法進行分析，常見的社會學分析方法包括量化分析與質性分析。1997 年布萊爾領導的新工黨入主英國政府後，在政策制定上出現新名詞：以證據爲基礎的政策，此觀點意識到政策的務實性。2002 年美國小布希總統簽署《別讓孩子落後法案》，開始展開強調證據基礎的教育政策研究，自此以後，以證據爲基礎的政策研究便開始蓬勃發展。教育政策社會學模式雖然拓寬了教育政策研究的範圍，但尚未建構出一套較爲完善的政策制定模式。

貳. 民主國家的教育政策

教育是培育人力資本的關鍵途徑，而且人力資本是強化國家競爭力的要素，此種全球經濟體系、國家角色與教育的關聯性愈來愈密切（姜添輝，2012）。教育政策已成爲政治訴求的重要工具，民主國家每到選舉期間，各政黨都要提出教育政策供選民檢視，教育方面的政見成爲選民是否支持某一政黨執政的重要參考資訊。以英國爲例，1997 年起新工黨取得政權，工黨黨綱、工黨的教育文件、競選宣言等政見，即成爲制定教育政策的重要依據。執政黨將這些資料改寫成綠皮書（green paper）、白皮書（white paper），最後再轉化成教育法案送交國會審議，通過後便是教育法（姜添輝，2012）。民主國家的教育政策，表現最爲醒目的，一是重視機會均等、公平參與的民權運動，另一是重視資本累積、自由競爭的市場經濟。前者接近弱勢階層或社會主義的價值觀念，後者反映優勢階層或個人主義的意識型態（張建成，1998）。以下分別說明這二方面的教育政策（張建成，1998；姜添輝，2012；周新富，2018）：

一、社會公平的教育政策

自 1950 年代以來，教育機會的均等與否受到普遍關注，最初關注社會階級，隨後加入種族因素，再逐漸注意到性別及其他因素。許多國家紛紛制定促進社會公平的教育政策，像是補償教育計畫、保障入學名額、廢止種族隔離施教、實施雙語教育計畫、推動多元文化教育等方案。教育政策最顯著的轉變是改採積極肯定的正向政策，以取代過去消極補救的負面作法。所謂積極肯定的政策，係指破除偏見、化解歧視，承認不同群體的文化及語言，促進所有學生的交流與合作。但不是每項政策都能成功地達成預期的目標，有時反而加深了原來想要克服的不平等。

二、市場經濟的教育政策

1980 年代以來，民主國家復辟了古典的市場競爭規律，學者通常稱為新右派，立場偏左的自由派人士，或傾向社會主義的學者，對此多半不表苟同。例如英國 1986 年的《教育法案》（Education Act）及 1988 年的《教育改革法案》（Education Reform Act），堪稱是英國自 1944 年以來最大的變革，政府創造了一個必須同時接受中央控制及市場節制的教育系統，也就是跳過地方教育當局，推出「國定課程」，提高學科標準，增加國家考試次數等政策；而所謂市場節制，則是指學校依自己的品牌及資源調整學費、家長教育選擇權等政策，一切遵照市場供需法則自由競爭。美國從雷根總統開始推動自由選擇學校、教育券、公立學校私有化、國家標準、統一考試、強調基本學科、鼓勵學校競爭等教育改革，這些政策具體表現在《別讓孩子落後法案》之中。市場化的政策過度強調績效與效能，容易產生教育商品化的危機，因而忽略國家的公共服務職能，以及落實社會正義的理想，導致受壓抑的弱勢族群更加邊緣化，而且造成社會原本就存在的階級、族群、文化認同等衝突進一步惡化，導致教育的更加不平等。

參. 我國重要的教育政策

　　近幾年來的教育改革包括學校評鑑、教師評鑑、幼托整合、實驗教育、十二年國民基本教育，以及十二年國教課程綱要，其中針對中小學教師所規劃的「教師專業發展評鑑」，已自106學年度起轉型為教師專業發展支持系統，宣告中止試辦。以下僅就十二年國教、十二年國教課綱及補救教學作一探討：

一、十二年國民基本教育

　　教育部於2014年開始全面實施十二年國民基本教育，這項政策的推動是基於五大理念：(1) 有教無類；(2) 因材施教；(3) 適性揚才；(4) 多元進路；(5) 優質銜接。其總體目標共有七項：培養現代公民素養、厚植國家競爭力、促進教育機會均等、均衡區域與城鄉教育發展、引導多元適性升學或就業、舒緩過度升學壓力、確保國中學生基本素質。其中的三、四項是與促進教育機會均等有關的目標（教育部，2017）。十二年國民基本教育分二階段，前九年為國民教育，對象為6至15歲學齡之國民，其性質為普及、義務、強迫入學、免學費、以政府辦理為原則、劃分學區免試入學、單一類型學校及施以普通教育。後三年為高級中等教育，對象為15歲以上之國民，其性質為普及、自願非強迫入學、免學費、公私立學校並行、免試入學為主、學校類型多元及普通與職業教育兼顧。但所謂免學費只有高職生全面免繳納學費，只需繳納雜費，高中生則須符合條件才能免學費。這裡的免試是以免入學測驗方式升入高級中等學校或五專，但學生需要參加「教育會考」，依考試成績及超額比序項目進入高中（教育部，2017）。

二、十二年國民基本教育課程綱要

　　《十二年國民基本教育課程綱要總綱》於2019年8月正式上路，因此又稱為「108課綱」。該課綱以10年的籌備時間，將12年國民教育的課程加以連貫。108課綱以「成就每一個孩子：適性揚才、終身學習」為

願景，以學生為學習的主體，為落實課綱的理念與願景，訂定「啟發生命潛能」、「陶養生活知能」、「促進生涯發展」、「涵育公民責任」等四項總體課程目標。108 課綱以「核心素養」作為課程發展的主軸，以落實課綱的理念與目標，「核心素養」是指一個人為了適應現在生活及面對未來挑戰，所應具備的知識、能力與態度。核心素養強調培養以人為本的「終身學習者」，回應基本理念（自發、互動、共好），因此分為三大面向：自主行動、溝通互動、社會參與，此三大面向再細分為九大項目，並強調素養是與生活情境有緊密連結與互動的關係。108 課綱課程類型區分為二大類：「部定課程」與「校訂課程」，將課程分為語文、數學、社會、自然科學、藝術、綜合活動、健康與體育、科技等八大領域（教育部，2014）。課綱的特色如下：(1) 普通高中自然科學領域課綱增加「自然科學探究與實作」4 學分必修課程；(2) 高中階段增加「學習歷程檔案」取代學測所需的「備審資料」；(3) 為改善九年一貫課程的缺失，國中階段的「生活科技」抽離自然領域，與「資訊科技」合為「科技領域」；(4) 強調素養導向的教學與評量。

三、補救教學

　　十二年國教實施後，國中學生將可免經升學考試，直接進入高中職或五專就讀，因此，建構把關基本學力之檢核機制，並落實補救教學，提供多元適性的學習機會，以達成「確保學生學力品質」、「成就每一個孩子」的目標，便成為十二年國教的核心課題之一，亟需藉由擬訂補救教學實施方案予以具體實踐。補救教學（remedial instruction）政策可視為補償教育的一環，期望經由該方案弭平低成就學生的學習落差。要接受補救教學的國小及國中學生包含二類，一是學業低成就學生，一是學習障礙學生，而以低成就學生為主。所謂低成就學生（under achievers），其界定為智力正常，但實際學業表現卻明顯低於其能力水準者。具體而言，未通過國語文、數學或英語科篩選測驗之學生，依未通過科目分科參加補救教學。至於補救教學的時間，我國主要採用課中補救教學模式，即於正式

課程時間採抽離式補救教學，學校也可利用課餘時間或寒暑假實施。對於補救教學的師資，除現職教師之外，退休教師、儲備教師、大專生等人皆可擔任，但現職教師須取得教育部規劃之 8 小時研習證明，而現職教師以外之教學人員則須完整取得 18 小時之研習證明，始得擔任補救教學師資（周新富，2019）。

問題討論

1. 教育計畫是學校一切活動之本，近年來，不少學校以 PDCA 作為推動校務評鑑的自我評核流程。試問 PDCA 四個字母各代表何種意義？並說明其實施步驟。（103 教檢）

2. 試簡述轉型領導（transformational leadership）的二項行為層面。（101 教檢）

3. 試列舉「學習型組織」內涵中的五項重點。（102 教檢）

4. 試依序寫出教育政策制訂的決策過程，並說明過程中各階段的重點。（108-2 教檢）

5. 教育部於 2014 年 11 月公布我國《十二年國民基本教育課程綱要總綱》，本課程綱要的願景為何？其總體課程目標為何？試述之。（105 教檢）

6. 試說明我國《十二年國民基本教育實施計畫》採取的五大理念及其意涵。（108-1 教檢）

第 **12** 章

教育制度與教育法令

　　學校教育所包含的層面相當廣泛，就橫剖面來看，包含教育目的、學制系統、教育政策、教育法令、學校行政、學校組織、班級活動、教師角色與地位、教師專業、學生次文化、學生關係、班級經營、師生關係、課程內容、教學方法、考試評量等，其中教育制度所涉及的面向包括學制系統、學校組織、教育政策、學校行政、教育法令，比較偏向國家層級所建構好的框架，讓學校內部人員依循這些規範來運作。以往討論學校制度，大多只描述各級各類學校的上下銜接，對於學校內部的運作未多加著墨。本章包含教育制度與教育法令二部分，教育制度在介紹本國與外國的學制，著重在中等教育的部分；另一部分即在透過教育法令的條文，來了解學校行政體系、教師與學生動態關係。

第一節　我國與主要國家的教育制度

　　教育制度主要是在探討學校教育的制度，一般將教育制度分為學前教育、初等教育、中等教育及高等教育四個階段，各國均對入學年齡、入學方式、修業年限等項目有所規定，本節主要在探討我國與主要國家的教育制度，藉由他國的經驗提供我國辦學的參考。

壹. 教育制度的意義

　　教育制度與學校制度經常混用，有人認為教育制度所包含的範圍較廣，擴及全部教育事業，例如教育行政，但有人將二者互為使用，均指某一社會中各種類型的學校（蔡清華，2003）。本書將教育制度視為學校制度，二者可相互使用。

　　學校制度簡稱為「學制」，是一個國家規定各級各類學校上下銜接、左右聯繫的相互關係，以構成國家完整的教育體系。學制一詞即包括二項涵義：(1) 各種類型的學校，須共同通行於一國之內，而為國家法律所規定或承認；(2) 各級學校教育，必須要能上下銜接、左右連貫，使受教育者完成每階段的學業後，能繼續升入更高一級的學校就讀。在學校制度中，對於學校的性質、任務、入學限制、學習年限及學校之間的銜接關係，均有明白的規定，以供人民遵循（周甘逢等，2003）。學校教育的發展，可能受到歷史傳統文化、經濟環境狀況、政治背景和體制、國際發展和教育理念的影響，而產生不同的學制。然而，在定學制時，仍有一些原則可資遵循：顧及學生身心發展、適合社會發展需要、促進教育機會均等、符合終身教育理念、便於銜接和連繫（吳清山，2004）。

貳. 我國的學校制度

　　我國自清末光緒 28 年（1902）頒布《欽定學堂章程》之後，開始有正式明文規定的學制，其後的修改演變大多是移植外國的學制，所以弊端

頗多。1922 年依照美國的 6-3-3-4 學制之後，即延用至今。1968 年實施九年國民教育後，義務教育修業年限延長爲 9 年，且屬於強迫入學。國中之後開始實施分流（tracking），就讀普通高級中學者，畢業後進入四年制綜合大學；就讀技術高中者，畢業後進入四年制或二年制科技大學就讀。科技大學另設五專學制，前三年屬高中，後二年屬二專。大學畢業後再進入研究碩士班就讀，取得碩士學位後再進入博士班就讀。幼兒教育不屬義務教育，由家長視其意願自行選擇是否就讀。高中以後即屬選擇性教育，都採用考試入學方式。2014 年開始實施「十二年國民基本教育」，雖是「免試」入學，但要考「會考」，高中階段尚不屬義務教育。

中等教育（secondary education）階段，學校教育分成前後二段，前段稱爲初級中學（junior high school），我國稱爲國民中學，與國民小學合稱「國民教育」；後段稱爲高級中學（senior high school），這個階段的教育類型比較多元，以下分別說明（周甘逢等，2003；秦夢群，2017）：

一、普通型高級中等學校

高級中學是介於國民教育與高等教育之間的普通教育，其教育的主旨依《高級中學法》第 1 條所述，以發展青年身心，並爲研究高深學術及學習專門知能作準備。高級中學修業年限爲 3 年，學生在學年齡以 15 至 18 歲爲原則。高級中學亦有公、私立之分，公立者原先由省（市）設立爲主，國立只有少數實驗性質學校，精省之後，省立高中改爲國立或市立，縣（市）政府若財源許可也可設立高中，私立高級中學則由私人依《私立學校法》設立。爲適應特殊地區的需要，高級中學亦可附設國民中學或職業類科，但附設的職業類科以三科爲限。

二、技術型高級中等學校

技術型高級中等學校以提供專業及實習學科爲主要課程，包括實用技能及建教合作，爲強化學生專門技術及職業能力之學校。技術型高級中等

學校以分類設立為原則，必要時得合類設立，例如商業類及家事類合併為「家商」；其應依類分群，並於群下設科，經主管機關核定，得設普通科、綜合高中學程。

三、綜合型高級中等學校

綜合高中提供包括基本學科、專業及實習學科課程，以輔導學生選修適性課程之學校。綜合高中的課程融合普通科目與職業科目，學生入學不分科別，由學生適性選讀學術導向或職業導向課程，透過學生選修制度，以達成「高一試探」、「高二分化」之目標，畢業後可選擇就讀綜合大學或科技大學。

四、單科型高級中等學校

單科型高級中等學校採取特定學科領域為核心課程，例如科學、藝術、語文、體育等，提供學習性向明顯之學生繼續發展潛能的學校。單科型高中仍以基礎教育、繼續升學為前提，但校方可選擇加強學生特定領域的知識技能。目前的單科型高中有國立臺東大學附屬體育高級中學、國立新港藝術高中等校。單科型高級中等學校兼具「普通型」或「技術型」特質，但偏「普通型」特質才能稱為單科型高中，高雄市私立中華高級藝術職業學校雖以專業藝術群科為核心課程，但被歸為「技術型」學校。

五、完全中學

教育部為舒緩國民中學學生升學高中的壓力，並均衡城鄉高中教育發展，自 85 學年度起試辦完全中學，完全中學的設立可節省設立高中的龐大設校經費，又能滿足國中學生就讀高中的需求。但目前的完全中學不能稱為「六年一貫制」，只能稱為高中附設國中部，因國中學生不能直升高中部，在課程的規劃也是各行其是，尚無法達到課程統整化、連貫化的地步。

除正式學制之外，尚有特殊教育、補習教育與空中教育等非正式學制。臺灣的成人教育在 1980 年代後有顯著的進展，除了各校設立國民

補習教育、進修補習教育外，樂齡大學及國立空中大學實施成人進修教育，空中大學修業期滿並授予學位。

參. 主要國家教育制度

學校制度因國家政治思潮或文化因素的差異，導致學校制度的發展呈現多元化，各國學制設計的主要類型不外單軌制與多軌制，前者指國家教育系統為連續不斷的直線系統，學生只要願意讀書，即能由小學、中學而大學，這類的國家以美國為代表。多軌制的國家則是數種學校制度並存，彼此平行與分別提供特定教育服務，例如英國貴族與平民學校制度並行（秦夢群，2017）。以下分別就美、英、法、德、日、芬蘭六國的學校制度作一敘述（丁志權，2016；楊思偉，2008；楊深坑、李奉儒，2009；秦夢群，2017）：

一、美國學校制度

美國是實施單軌制學制的代表國家，在中等教育階段並不實施分流，而採綜合中學的形式。美國各州、各地方學區有各種不同的學制，例如 6-3-3 制、4-4-4 制、6-6 制、7-5 制、5-3-4 制，大致上就學年齡介於 6-18 歲之間，各州多提供 12 年的義務教育，但也有少數的州只有 9-11 年。

在學前教育方面，幼兒園及保育學校是主要機構，幼兒園招收 3-5 歲幼兒，保育學校則以 2 歲半至 4 歲幼兒為主。在小學方面，有 6 年制、8 年制、5 年制、4 年制的學制，8 年制小學大多設在鄉村，銜接 4 年制中學；6 年制為大部分州所採用；5 年制、4 年制小學分別銜接 3 年制或 4 年制的中間學校（middle school），中間學校取代初中，招生 10-14 歲青少年。中等教育的型態頗為複雜，有六年一貫制、3-3 制、2-4 制、4-4 制，3-4 制等。美國高中可分為綜合高中、專門型高中（藝術、體育）、職業型高中，以綜合高中最多，約占 90%。在高等教育方面有傳統四年制的綜合大學、文理學院，以及二年制或四年制的社區學院。

二、英國學校制度

英國學制屬於雙軌制，共分爲五個階段，分別是學前教育、小學、中等教育、擴充教育（further education）及高等教育。學前教育機構招收 2-5 歲幼兒，義務教育從 5 歲開始，小學方面修業年限 6 年，又可分二個階段，5-7 歲爲 1-2 年級，稱幼兒學校，7-11 歲共四個年級稱爲初級學校，另外也有招收 8-12 歲的中間學校。依據 1944 年的《教育法》，英國中學分爲文法中學（11-18 歲）、技術中學（11-18 歲）、現代中學（11-16 歲）三種，1960 年以後綜合中學（11-16 歲）逐漸發展爲主流，90% 的學生均就讀於各類綜合中學，三分制幾乎已不存在。英國中等教育階段，自 1996 年後逐漸劃分爲前 3 年後 4 年共有 7 年，後 4 年（14-18 歲）又可分爲前段 2 年、後段 2 年（屬於擴充教育）。2000 年以後進行中等教育制度改革，先後推出三種類型學校：學科重點中學、公辦民營學校、自由學校，後二類爲政府委託民間團體辦理，享有自主權。16 歲後進入擴充教育階段，所謂擴充教育，是指義務教育期滿（16 歲）以後，大學以外的全時或部分時間的教育，其學校主要四種：(1) 中六級學院；(2) 一般的擴充教育學院；(3) 農園藝學校；(4) 藝術與設計學校。中六級學院又稱「第六級學院」，介於中學畢業進入大學之間，以升學爲主，其他學院主要在提供 16-18 歲青年職業與普通教育，以及成人的休閒與藝能課程。2015 年開始，英國將義務教育延長至 18 歲，由 5-18 歲共 14 年。英國的高等教育機構分爲大學、其他高等教育機構與擴充教育機構。

英國除了公立中小學，還有歷史悠久的獨立學校系統，從私立的幼兒園開始（3-8 歲），接著爲預備學校（9-12 歲），部分或全部寄宿，課程偏學術性，畢業升入公學（13-18 歲），收費相當昂貴，畢業生多半進入牛津、劍橋大學就讀。全英國有九所最有名的公學，例如溫徹斯特公學、伊頓公學等。

三、德國學校制度

德國的學制一般稱爲多軌制，因爲採行地方分權的教育制度，各邦的

學制多有不同。德國幼兒園招收 3-6 歲幼兒，初等教育稱為基礎學校，每天上課只有半天，修業年限 4-6 年，畢業後進入中等教育。德國前期中等教育機構分為五種：主幹中學、實科中學、文理中學、綜合中學、多元進路學校。一般學生進入主幹中學，其主要特色是重視技術課程；中等智能進入實科中學，其特色在注重實用科學，例如數學、物理等；才賦優異者進入文理中學，其特色是注重學術訓練，學生入學目的為升入大學。三種類型的學校相互之間可以轉學。綜合中學在結合上述三種學校於一體，基礎學校畢業後都可進入，但校內依能力分組接受不同種類課程。多元進路學校為將主幹學校與實科中學加以整合，以提供學生不同層級的課程。學生完成 9 年或 10 年的普通義務教育後，進入後期中等教育，這些機構可分為普通教育的學校（文理中學高級部）、全日制的職業學校、二元制的職業訓練三類。文理中學跨越中等教育的前後期，類似我國的完全中學，也提供其他類型畢業生轉銜就讀，以準備升大學為主要任務，畢業後要參加會考。德國高等教育的特色是大學採用申請制，且公立大學免學費。

四、法國學校制度

　　法國學校制度屬於單軌制，義務教育為 10 年（6-16 歲），中小學制採「3-5-4-3 制」。學前教育稱為幼兒學校，2-5 歲入學，免費但非義務。小學修業 5 年，招收 6-11 歲兒童，將幼兒學校 4 年（2-5 歲）與小學 5 年整體規劃為三個學習期：初學期（3 年）、基礎學習期（3 年）、加深學習期（3 年），法國小學有留級制，但最多留級 1 年，大約 20% 的小學畢業生曾經留級過。法國中等教育基本上分為二個階段，初級中學 4 年（11-15 歲），高級中學 3 年（15-18 歲），初中前二年為觀察階段，觀察兒童的性向與能力，後二年為輔導期（定向階段），指導選課取向與畢業後的出路。高級中學根據升學或就業導向而分為普通和技術高中（或稱綜合高中）、職業高中、2 年制學徒訓練中心。普通和技術高中必須參加中學畢業會考，通過者取得中學畢業文憑及取得進入高教體系的入學許

可。法國高等教育機構有二大類，一是長期教育的大學及專門學院，另一類是短期教育機構，例如大學附設的技術學院。法國大學的學費採用低學費政策，留學生與本國生學費相同。

五、日本學校制度

日本學制偏向單軌制的設計，學制架構採 6-3-3-4 制，義務教育為 9 年（6 至 15 歲），除義務教育免學費外，2010 年起，高中也免學費。學前教育以私立園所為主，招收 3-5 歲幼兒。小學 6 年（6-12 歲），絕大多數為公立學校。中等教育前期稱為「中學校」，後期稱為「高等學校」，初中為義務教育一部分，私立學校比例甚低。中學校畢業後，可進入三種類型的高等學校就讀：(1) 以普通教育為主的學科（普通學科）；(2) 以專門教育為主的學科（專門學科）；(3) 以普通教育及專門教育為宗旨的總合性教育學科（綜合學科）。日本高等教育包括大學（4 年）、短期大學（2-3 年）、高等專門學校（5 年）、大學院（研究生學院，3-5 年），國立大學採用「法人化」的制度。

六、芬蘭學校制度

自 2000 年開始，OECD 每 3 年舉辦 15 歲學生能力評估測驗「國際學生能力評量計畫」（PISA），芬蘭青少年連續二屆在「閱讀能力」與「科學能力」二項評比摘冠，「解決問題」和「數學」則位居第二。美國、韓國、日本、英國、南非等各國教育領導人，莫不遠到芬蘭取經，為的就是汲取「芬蘭第一」的經驗。芬蘭的學前教育包括日間托育系統以及一年的幼兒園（供 6 歲兒童就讀），7 到 15 歲接受為期 9 年的國民義務教育。芬蘭的國民教育，在教育改革前採能力分流雙軌制，教改後採單軌制的綜合性學校（comprehensive school），一至六年級為「低階」（lower stage），相當於我國的國小，七至九年級為「高階」（upper stage），相當於我國的國中。16 歲以後的後期中等教育則分為「普通高中」及「職業學校」，1970 年代亦曾引進綜合高中，但學生大多數進入高中或高職

就讀（約 90%），其中有些人（約 2.5%）會繼續就讀「後義務教育課程」，就是十年級的學生，雖然這些學生中輟率很高，但芬蘭的教育政策認為讓學生有機會接受更多教育是值得的。高中修業 3 年，畢業前要參加會考，以取得四年制大學入學資格；職業學校修業 3 年，畢業後就讀技術學院，培養勞動市場高階的人力（林淑華、張芬芬，2015；國立教育資料館，2000）。

肆、我國現行學制的檢討與改進

我國自 1922 年頒訂「新學制」以來，已歷時百餘年，期間有關學制之批評雖時有所聞，歷次「全國教育會議」亦有改革學制之呼籲，但大都缺乏深入而有系統的分析與檢討。我國現行學制確有不少值得改進之處，此等學制上的缺陷，如不能及時變革，不但會繼續產生種種不良後果，其他方面的教改努力也勢必難以發揮應有的功效。有關學制改革的建議如下（王家通，1995；吳清山，2004；周甘逢等，2003）：

一、實施普及且逐步免費之幼兒教育

各國為進一步促進教育機會均等，除了普設幼教機構，讓每個幼兒都有機會入學，還要特別注意幼兒入學前的能力是否會因家庭環境不好而受到剝奪，並應以提早入學的方式加以彌補。在普設的公私立幼教機構中，政府應否劃分階段逐步實施免費的 5 歲幼兒教育，實有認真檢討的必要。例如採逐步免費的做法，在第一階段中，享受免費優待者可以來自低收入家庭的 5 歲幼兒為主，此類幼兒在公立幼教機構中可享受免費優待，在私立幼教機構中則應享受合理的補助，逐步落實將 5 歲的幼兒納入義務教育。

二、檢討中小學教育階段各種學制的可行性

「6-3-3」制是 20 世紀初期美國流行的學制，為配合學生身心發展的實際狀況，可將國小 6 年縮減為 5 年，中小學教育階段可改為「5-3-4」

制，或「5-4-3」制。另一種可能性是仍採「6-3-3」制，但國小入學年齡自 6 歲降至 5 歲。教育部實應邀集學者專家從長計議，仔細分析檢討各學制的優點與缺點，以為取捨之依據。但任何學制的實施皆宜保持彈性，部分學生應可提前或延後畢業。

三、發展以綜合高中為主、他類高中並存的制度

改進中等教育學制的一個根本問題是何時分流，學制上若要因應學生的不同性向與需求，則應設置不同類型的學校，並須延長性向試探的年限。其中性向明確的學生，可選擇學術導向的普通高中或技藝實務導向的技藝高中；性向尚未確定的學生，則可進入綜合高中（或就讀技藝高中的普通班），透過修習課程的試探，再決定未來的發展方向，以發揮因材施教的功能。

四、學制的彈性化並與終身教育理念相結合

學校制度化的結果必然帶來僵化的現象，未按照既定的規則，即無法進入學校系統裡面。彈性化的措施則如專科生同等學歷報考研究所、未經正式學校教育可通過學歷鑑定取得資格等，還要思考入學考試及選修課程上的鬆綁，讓有意進修的成年人得以進入高等教育就讀。為適應終身學習的需要，學校制度必須保持彈性化，同時也要作好把關機制，不讓學校淪為「學店」。

第二節　教育法規

所謂法規是法律加上命令，法律須經立法院通過，總統公布，例如《公務人員任用法》、《教育人員任用條例》；命令則由各機關所發布，依其性質稱為規程、規則、細則、辦法、綱要、標準或準則等。廣義的法規尚包括「行政規則」，其名稱有「要點」、「注意事項」、「規定」、「規約」、「基準」、「須知」、「程序」等。這些法規構成位階體系，

其關係如下：憲法＞法律＞命令＞行政規則（任晟蓀，2007）。所謂「教育法規」是指國家為促進教育正常發展，達成教育目標，經由一定的制定程序後，制定出規範教育運作與活動的準則。教育行政人員最重要的辦事原則是依法行事，避免侵害到人民各種權益。學校師生活動要運作順暢，也需要有一些適當的準則作為遵循，因此教育法規具有以下二項特性：保障學生受教權、規範教育人員作為。為使教育法規具有增進教育事業發展的功能，政府相關部門會依社會的變遷或環境的需要，訂定及修訂各種法規，作為教育施政之依據，這也造成學校教育法規的變動相當大（吳清山，2010）。

壹. 有關教育權的法規

「教育權」是全人類共同關注的議題，這種教育的權利涉及二大面向，一是個體接受教育的權利，一是決定教育發展的權利，因此教育權可說是人權的一部分，不能任意受到侵害或剝奪。教育權的類型又可分為四大類：兒童受教權、家長教育權、國家教育權、教師教育權（吳清山，2010）。有關教育權的相關法規主要規定於《憲法》及《教育基本法》，以下分別說明之：

一、《憲法》

1947年公布的《憲法》對於教育文化相當重視，於第十三章基本國策列教育文化專節，第158條更明訂教育文化的目標：「教育文化，應發展國民之民族精神、自治精神、國民道德、健全體格、科學及生活智能。」《憲法》對於教育權的規定如下：

第21條：人民有受國民教育之權利與義務。

第159條：國民受教育之機會，一律平等。

第160條：6歲至12歲之學齡兒童，一律受基本教育，免納學費。其貧苦者，由政府供給書籍。已逾學齡未受基本教育之國民，一律受補習教育，免納學費，其書籍亦由政府供給。

第 161 條：各級政府應廣設獎學金名額，以扶助學行俱優無力升學之
　　　　　 學生。

二、《教育基本法》

　　《教育基本法》為教育改革主要的訴求之一，可以視為教育的根本大
法，其效力僅次於憲法，對於整個國家教育方針有明確的規範（吳清山，
2010）。有關教育權的規定如下：

第 2 條：人民為教育權之主體。教育之目的以培養人民健全人格、民
　　　　　 主素養、法治觀念、人文涵養、愛國教育、鄉土關懷、資訊
　　　　　 知能、強健體魄及思考、判斷與創造能力，並促進其對基本
　　　　　 人權之尊重、生態環境之保護及對不同國家、族群、性別、
　　　　　 宗教、文化之了解與關懷，使其成為具有國家意識與國際視
　　　　　 野之現代化國民。為實現前項教育目的，國家、教育機構、
　　　　　 教師、父母應負協助之責任。

第 4 條：人民無分性別、年齡、能力、地域、族群、宗教信仰、政治
　　　　　 理念、社經地位及其他條件，接受教育之機會一律平等。對
　　　　　 於原住民、身心障礙者及其他弱勢族群之教育，應考慮其自
　　　　　 主性及特殊性，依法令予以特別保障，並扶助其發展。

　　此外，《教育基本法》第 8 條規定：「教師之專業自主應予尊重；學
生之學習權、受教育權、身體自主權及人格發展權，國家應予保障，並使
學生不受任何體罰及霸凌行為，造成身心之侵害。」上述規定對於教育權
的行使更加明確。第 11 條規定：「國民基本教育應視社會發展需要延長
其年限；其實施另以法律定之。」則是我國十二年國民基本教育實施的法
源依據。

貳. 有關學校行政組織法規

　　《國民教育法》適用於國民小學及國民中學，國民教育的目的為：養
成德、智、體、群、美五育均衡發展之健全國民。有關國小及國中學校行

政組織設置，在此法有詳細規定，茲說明如下：

一、校長

國民小學及國民中學各置校長一人，綜理校務，應為專任，並採任期制，任期一任為 4 年……在同一學校得連任一次（第 9 條）。

二、行政處室與會議

第 10 條規定國民小學與國民中學設校務會議，議決校務重大事項，由校長召集主持。視規模大小，酌設教務處、學生事務處、總務處或教導處、總務處，各置主任一人及職員若干人。……國民小學及國民中學應設輔導室或輔導教師。輔導室置主任一人及輔導教師若干人，由校長遴選具有教育熱忱與專業知能教師任之（第 10 條）。《國民教育法施行細則》第 14 條對學校行政組織補充規定如下：(1) 各處（室）之下得設組；(2) 每班置導師一人；(3) 成立課程發展委員會，下設各學習領域課程小組；其規模較小學校得合併設置跨領域課程小組；(4) 實驗國民小學及實驗國民中學得視需要增設研究處，置主任一人，並得設組。

對於各室之業務規範如下：

1. 教務處：課程發展、課程編排、教學實施、學籍管理、成績評量、教學設備、資訊與網路設備、教具圖書資料供應、教學研究、教學評鑑，並與輔導單位配合實施教育輔導等事項。
2. 學生事務處：公民教育、道德教育、生活教育、體育衛生保健、學生團體活動及生活管理，並與輔導單位配合實施生活輔導等事項。
3. 總務處：學校文書、事務、出納等事項。
4. 輔導室（輔導教師）：學生資料蒐集與分析、學生智力、性向、人格等測驗之實施，學生興趣成就與志願之調查、輔導及諮商之進行，並辦理特殊教育及親職教育等事項。
5. 人事單位：人事管理事項。
6. 主計單位：歲計、會計及統計等事項。

如果學校班級數太少，則將教務處及學生事務處業務合併成「教導處」。《國民教育法》第 18 條亦規定學校要成立「考核委員會」，辦理教師成績考核。

依據其他法令，學校尚須成立以下的委員會：(1) 教師評審委員會，依《教師法》規定設立，辦理教師的聘任與評議事項；(2) 教師申訴評議委員會，依《教師法》規定設立，處理教師申訴問題；(3) 性別平等委員會，依《性別平等教育法》規定設立，處理學校師生性侵害、性騷擾的問題；(4) 學生家長會，依《國民教育法》及《國民教育階段家長參與學校教育事務辦法》設立，讓家長參與校務取得得法源。

2016 年爲辦理十二年國民基本教育，新制訂《高級中等教育法》，規範各種類型高中行政組織與員額編制。其中第 18 條規範行政組織如下：「高級中等學校爲辦理教務、學生事務、總務、實習、資訊、研究發展、繼續進修教育、特殊教育、建教合作、技術交流等事務，得視學校規模及業務需要設處（室）一級單位，並得分組（科、學程）爲二級單位辦事。」高級中等學校的編制高於國中小，限於篇幅未能詳細說明。

參. 有關教育人員的法規

此部分所要探討的是學校人事制度，在學校內工作的人員一般統稱爲教職員，亦稱爲「教育人員」，依《教育人員任用條例》規定，教育人員爲公立各級學校校長、教師、職員、運動教練、社會教育機構專業人員及各級主管教育行政機關所屬學術研究機構（以下簡稱學術研究機構）研究人員（第 2 條）。該條例明定上述人員的任用資格、任用程序與甄選過程等。以下僅就教師編制、權利與義務、懲戒與救濟說明之：

一、學校人員編制

依據 2018 年修訂的《國民小學與國民中學班級編制及教職員員額編制準則》規定，國民小學每班學生人數以 29 人爲原則，國民中學每班學生人數以 30 人爲原則。國民小學教職員員額編制之中，每班至少置教師

1.65 人；全校未達 9 班者，另增置教師 1 人。班級數 24 班以下者，置專任輔導教師 1 人；25 班至 48 班者，置 2 人；49 班以上者以此類推。國民中學教職員員額編制規定每班至少置教師 2.2 人，每 9 班得增置教師 1 人。班級數 15 班以下者，置專任輔導教師 1 人；16 班至 30 班者，置 2 人；31 班以上者以此類推。教師以外的職員包括：幹事、助理員、管理員、書記、圖書館專業人員、營養師、護理師（護士）、住宿生輔導員、運動教練、人事及主計人員等。國民小學得視需要，在不超過全校教師員額編制數 8% 範圍內，將專任員額控留，改聘代理教師、兼任、代課教師等人員。

二、教師權利與義務

《教師法》第五章明定教師之權利與義務，第 31 條規定教師接受聘任後，依有關法令及學校章則之規定，享有下列權利：

1. 對學校教學及行政事項提供興革意見。
2. 享有待遇、福利、退休、撫卹、資遣、保險等權益及保障。
3. 參加在職進修、研究及學術交流活動。
4. 參加教師組織，並參與其他依法令規定所舉辦之活動。
5. 對主管機關或學校有關其個人之措施，認為違法或不當致損害其權益者，得依法提出申訴。
6. 教師之教學及對學生之輔導依法令及學校章則享有專業自主。
7. 除法令另有規定者外，教師得拒絕參與主管機關或學校所指派與教學無關之工作或活動。
8. 教師依法執行職務涉訟時，其服務學校應輔助其延聘律師為其辯護及提供法律上之協助。
9. 其他依本法或其他法律應享有之權利。

而第 32 條則對教師的義務規範如下：

1. 遵守聘約規定，維護校譽。
2. 積極維護學生受教之權益。

3. 依有關法令及學校安排之課程，實施適性教學活動。

4. 輔導或管教學生，導引其適性發展，並培養其健全人格。

5. 從事與教學有關之研究、進修。

6. 嚴守職分，本於良知，發揚師道及專業精神。

7. 依有關法令參與學校學術、行政工作及社會教育活動。

8. 非依法律規定不得洩漏學生個人或其家庭資料。

9. 擔任導師。

10. 其他依本法或其他法律規定應盡之義務。

三、教師授課節數

依 2016 年修訂的《國民中小學教師授課節數訂定基準》，國民中小學專任教師之授課節數，依授課領域、科目及學校需求，每週安排 16 節至 20 節為原則，且不得超過 20 節之上限。專任教師兼任導師者，其授課節數與專任教師之差距以 4 節至 6 節為原則。專任教師兼任行政職務，可減授課節數。

四、教師懲戒

教師任職期間，應善盡義務和責任，當處理業務或進行工作時，如有違法失職之情事，應受教育相關法令之懲處。2019 年修改後的《教師法》，對教師的解聘、不續聘、停聘的條文變多了，第 14 條的法規如下：「教師有下列各款情形之一者，應予解聘，且終身不得聘任為教師：

一、動員戡亂時期終止後，犯內亂、外患罪，經有罪判決確定。

二、服公務，因貪汙行為經有罪判決確定。

三、犯性侵害犯罪防治法第二條第一項所定之罪，經有罪判決確定。

四、經學校性別平等教育委員會或依法組成之相關委員會調查確認有性侵害行為屬實。

五、經學校性別平等教育委員會或依法組成之相關委員會調查確認有性騷擾或性霸凌行為，有解聘及終身不得聘任為教師之必要。

六、受兒童及少年性剝削防制條例規定處罰，或受性騷擾防治法第二十條或第二十五條規定處罰，經學校性別平等教育委員會確認，有解聘及終身不得聘任為教師之必要。

七、經各級社政主管機關依兒童及少年福利與權益保障法第九十七條規定處罰，並經學校教師評審委員會確認，有解聘及終身不得聘任為教師之必要。

八、知悉服務學校發生疑似校園性侵害事件，未依性別平等教育法規定通報，致再度發生校園性侵害事件；或偽造、變造、湮滅或隱匿他人所犯校園性侵害事件之證據，經學校或有關機關查證屬實。

九、偽造、變造或湮滅他人所犯校園毒品危害事件之證據，經學校或有關機關查證屬實。

十、體罰或霸凌學生，造成其身心嚴重侵害。

十一、行為違反相關法規，經學校或有關機關查證屬實，有解聘及終身不得聘任為教師之必要。」

第 16 條是針對「不適任教師」的處理方式，也就是符合「教學不力或不能勝任工作有具體事實」或「違反聘約情節重大」之行為。教育局（處）成立「教師專業審查會」審議不適任教師案件，若確定屬實則先予以輔導，一段期間後觀察教學是否改善，如果輔導無效則移送校內教評會審議。

對於教師之違法行為尚未構成解聘、停聘、不續聘之條件，則依《公立高級中等以下學校教師成績考核辦法》予以懲處，懲處分申誡、記過、記大過三種。例如「違法處罰學生或不當管教學生，造成學生身心傷害」記過一次；至於「違法處罰學生，情節重大」則是大過一次；教師「在外補習、違法兼職，或藉職務之便從事私人商業行為」記過一次。

五、教師懲戒後的救濟

教師對於學校或主管教育行政機關所進行的懲戒處分，認為違法或不

當，致損及其權益者，可依法提出救濟，其救濟方式可依行政途徑或司法途徑辦理（吳清山，2010）。教師可依《教師申訴評議委員會組織及評議準則》提出申訴與再申訴，若維持原議，可依《訴願法》提出訴願，這二種方式是行政途徑。不服行政救濟結果，可以採取司法途徑謀求救濟，其方式有行政訴訟及民事訴訟。

肆. 有關教育經費法規

「教育財政系統」將教育資源從籌措到分配作整體調度與使用，教育財政的來源有二，一是來自政府（公部門）的資源，二是來自民間與私人團體（私部門）的資源（陳麗珠，2014）。這些公、私部門的資源就形成教育經費。政府為維護教育健全發展之需要，提升教育經費運用績效，依據《教育基本法》第 5 條之規定，制定《教育經費編列與管理法》，條文中對「教育經費」所下的定義為：指中央及地方主管教育行政機關與所屬教育機構、公立學校，由政府編列預算，用於教育之經費。

為讓各級學校教育能夠順利運作，有必要對教育經費的支出加以規範。《中華民國憲法》第 164 條規定：「教育、科學、文化之經費，在中央不得少於其預算總額百分之十五，在省不得少於其預算總額百分之二十五，在市縣不得少於其預算總額百分之三十五，其依法設置教育文化基金及產業，應予以保障。」此條文確立我國教育經費法律保障依據，但由於財政學者對此保障有異議，加上政府財源有限，1997 年修憲後的《中華民國憲法增修條文》第 10 條規定：「教育、科學、文化之經費，尤其國民教育之經費應優先編列，不受憲法第一百六十四條規定之限制。」將憲法對教育經費的保障取消，但取消之後教育事業的發展立即面臨嚴苛的挑戰（陳麗珠，2014）。經過學者的奔走，2000 年立法通過《教育經費編列與管理法》，其中的第 3 條規定：「中央及直轄市、縣（市）政府（以下簡稱各級政府）應於國家財政能力範圍內，充實、保障並致力推動全國教育經費之穩定成長。各級政府教育經費預算合計應不低於該年度預算籌

編時之前三年度決算歲入淨額平均值之百分之二十三。」我國教育經費的法律保障總算再次確立。《國民教育法》第 16 條亦宣示「優先籌措辦理國民教育所需經費」及「中央政府應視國民教育經費之實際需要補助之」二大原則。

伍. 有關學生及家長的法規

　　除了《兒童及少年福利與權益保障法》專門在保障兒童及少年權益的法規外，有關學生的教育法規散見於各項法案之中，與學生關係比較密切的法規如下：

　　《性別平等教育法》第 25 條：「校園性侵害、性騷擾或性霸凌事件經學校或主管機關調查屬實後，應依相關法律或法規規定自行或將行為人移送其他權責機關，予以申誡、記過、解聘、停聘、不續聘、免職、終止契約關係、終止運用關係或其他適當之懲處。學校、主管機關或其他權責機關為性騷擾或性霸凌事件之懲處時，應命行為人接受心理輔導之處置，並得命其為下列一款或數款之處置：一、經被害人或其法定代理人之同意，向被害人道歉。二、接受八小時之性別平等教育相關課程。三、其他符合教育目的之措施。」

　　為落實《教育基本法》規定，積極維護學生之學習權、受教育權、身體自主權及人格發展權，且維護校園安全與教學秩序，教育部訂定《學校訂定教師輔導與管教學生辦法注意事項》，該法規明訂學務處及教師合理管教學生的方式，當學生不服學校的懲戒，學生可提出申訴，學校應告知學生救濟的途徑，學生之申訴經評議有理由時，對尚未執行完畢之管教措施不得繼續執行，已執行之處分應撤銷。管教措施不能撤銷者，學校或教師應斟酌情形，對申訴人施以致歉、回復名譽或課業輔導等補救措施，並負起相關法律責任。

　　6 至 15 歲國民應接受國民教育，對於未入學者依《強迫入學條例》之規定懲處，其中第 8-1 條規定：「學生有未經請假或不明原因未到校上

課達三天以上，或轉學生未向轉入學校報到者，應通報主管教育行政機關，並輔導其復學。」第 9 條規定：「凡應入學而未入學、已入學而中途輟學或長期缺課之適齡國民，學校應報請鄉（鎮、市、區）強迫入學委員會派員作家庭訪問，勸告入學、復學……，其父母或監護人經勸告後仍不送入學、復學者，應由學校報請鄉（鎮、市、區）強迫入學委員會予以書面警告，並限期入學、復學。經警告並限期入學、復學，仍不遵行者，由鄉（鎮、市、區）公所處一百元以下罰鍰，並限期入學、復學；如未遵限入學、復學，得繼續處罰至入學、復學為止。」

問題討論

1. 單軌制與多軌制的學校制度有何差異？試各舉一個國家為例說明之。
2. 請略述芬蘭的學校教育制度，並比較與我國學校制度有何異同？
3. 學校行政組織除了教務、學務、總務、輔導等處室外，尚須成立哪些委員會？請略述各委員會之功能為何？
4. 請就我國教育法令之中，敘述教師有何權利與義務？當教師未盡職責或違犯法令規範，會受到何種懲戒？
5. 當學生不服學校的懲戒時，如何尋求有效的救濟途徑？

第 13 章

學校組織與文化

章伯是最早對現代社會組織的興起作出系統解釋的社會學家，他提出科層
體制的理論，往後的學者紛紛針對社會組織提出不少理論，來分析其內在
結構與功能。學校屬於社會組織的一種，其運作方式當然不能脫離科層體
制的特徵，但是學校大部分是由教育專業人員所組成，是一種教育專業組
織，其運作方式不同於科層化組織，以致學校存在著科層化與專業化的衝
突，如何解決二者的紛爭？這考驗著學校領導人的智慧。藉由現代組織理
論對學校組織的分析，吾人可以了解學校的特質，進而促進其運作之效能
（周新富，2018）。本章首先探討學校組織的特性，再就學校組織變革的
策略作一敘述，最後就學校文化的內涵與功能作一探討。

第一節　學校組織的特性

在組織社會學的理論或研究中，教育組織被視爲是一種正式組織（formal organization）或專業組織來探究，教育組織功能與一般社會組織不同，帕森斯（T. Parsons）稱之爲「模式維持的組織」（maintenance organization），係指組織的目的在使組織完成「社會化和具有擔任其他社會組織角色的能力」。史考特（W. G. Scott）稱之爲服務性的組織（service organization），其特徵在於提供當事人專業的服務，而非在於獲利（林綺雲，2002）。陳奎憙（2003）認爲學校組織具有以下特質(1) 學校爲一種「教育性」組織；(2) 學校負起社會根本的教育功能；(3) 學校組織目標抽象不易具體實現；(4) 學校關係全民福祉，易遭批評；(5) 學校爲一受養護性的組織；(6) 學校教育以服務爲宗旨，不以營利爲目的。這六項特質可以說是對學校組織社會功能的詮釋，本節則針對學校組織結構上的特性作一分析。

壹。學校具有科層體制的特徵

韋伯最早對現代組織的興起提出系統性解釋，建立著名的科層體制（bureaucracy）理論。根據韋伯的觀點，所有大規模的組織經常具有科層體制的性質，是組織典型的正式結構，其目的在於追求組織的效率與合理性。韋伯的科層體制是一種理念類型（ideal type），在現實世界中或許根本沒有這種組織結構，但它卻也相當重視實際組織的基本趨向。韋伯相信一個組織愈接近科層體制的理想形式，愈能有效地完成所設立的目標。綜合學者的研究，學校具有下列五種科層特性：(1) 系統集權化（權威層級體制）；(2) 學校集權化（決策權集中在校長、主任手中）；(3) 專門化（人員專司其職）；(4) 標準化（以客觀標準執行任務）；(5) 形式化（因循苟且，不事革新）（張慶勳，2004）。遵循這樣的體制，可以達到效率高、可預測、公正無私、速度快等功能（林生傳，2005）。但吳清山

（1992）則認為科層體制也可能產生一些反功能的問題，例如厭煩、士氣低落、溝通障礙，僵化、目標置換、成就與年資衝突等。以下分別說明學校組織所具有科層體制的特性（蔡榮貴，2005；秦夢群，2012；Weber, 1947）：

一、權威層級節制

學校組織中權力結構層級分明，上下階層關係極為明確，校長必須領導學校，因此在其下的各處室主任及教職員都必須向其負責。

二、專職分工

學校行政人員與教師扮演不同的角色，基於協調功能的需要，學校分處、分組，學校組織人員的任用、考核以專業知識為依據，教師依專業技能擔任不同學科教學。

三、非人情化

組織成員依一定程序與步驟行事，限制教職員自作主張，去除不必要個人或私人因素。校長在處理校務時，雖不能完全擺脫人情關說，但因法令逐漸完備，大部分都能依法行事。

四、職責權限明確劃分

學校所有職位皆有明確權責及權限，同時訂有詳細規則及施行程序。例如各校在教務、訓導、總務、輔導、主計及人事上，都有完整的法令規定。

五、紀錄檔案的建立

學校各處室中有人事紀錄、開會紀錄，乃至師生的請假、出缺席紀錄都已建立檔案，以備隨時參考。

貳. 學校組織兼具科層化與專業化特徵

　　然而科層體制並不完全適用於學校組織，其理由如下：第一，學校組織不像一般的營利組織或行政組織，具有明確一致的目標，學校目標具有多元性與模糊性，因而難以客觀的進行評鑑；第二，學校組織中的主要角色是教師，而非科層體制中的行政人員，無法要求全體教師完全照章行事；第三，學校教育目標是以人的改變爲標誌，涉及知、情、意、行等各方面，此與科層體制所要求的非人情化的特徵迥然不同，教師情感的涉入是使教學有效的必要條件；第四，科層化體制適用在都市規模較大的學校，小規模學校較沒有出現科層體制的主要特徵，非正式的溝通與互動反而較爲明顯；第五，過度的科層化必然會增加教師的困擾、抗拒與不滿，降低學校組織的教育效果（林生傳，2005；鄭世仁，2007；孫志麟，2005）。

　　學校的教師雖是受僱者，但表現了專業人員的特徵，因此學校組織同時存在著科層化和專業化的特徵。科層人員的行爲是否正當要視是否與法令規章一致而定，專業人員則以專業學識自訂準則自行管理，強調同行導向及自主決定權，在這種情況下，科層取向和專業取向之間就存在衝突的可能性（張慶勳，2004）。因學校組織中教學專業人員占絕大多數，形成學校組織的扁平化，校長、教師之間的層級簡單化，所以學者林明地（2002）就認爲學校組織應該是一種專業科層組織或是教學專業組織。但畢竟學校組織並非是一個專業組織，同時還存在著科層化的行政單位，所以我們可以說學校組織並存著科層化與專業化特徵。

參. 學校是鬆散連結的系統

　　學者魏克（Weick）於 1976 年提出學校組織結構是一種「鬆散連結系統」（loosely coupled system），即明白指出學校組織運作主要有二個主要的單位，一是以行政人員所主導的行政系統，背後隱含著科層體制的運作型態，講求法理規章的行政作爲與階層關係；另一則是以教師人員爲

要角的教學專業系統，背後彰顯著教學專業自主權的維護，講求教學擁有自主決定權限。魏克指出學校組織雖由多部門所結合，但是各自卻擁有各自的自主性（引自陳幸仁，2007）。

歐文斯（Owens, 1991）提出「雙重系統理論」（dual system theory），可視為對魏克的理論加以詮釋，他認為學校組織同時具有「科層體制」與「連結鬆散」二種特性，學校組織在教學系統方面具有連結鬆散的特性，而在行政事務的非教學系統方面，則是具有緊密結合的特性。上述這二種組織結構的特性，是可以在學校組織中同時存在。例如行政系統只負責經手預算與配合、人事聘任與否、整體學校運作及公共關係事宜，而教師則是負責每天的教學工作，校長或主任不可能每天視導教師的教學（蔡榮貴，2005）。

肆、學校組織的運作

學校組織是由許多成員、部門所組成的，這些團體或個人的互動就形成組織行為。學校組織內部的次級系統有：行政部門、教師會、教評會、各項委員會、學生組織、非正式組織（教師社團）等，彼此交織成綿密的關係網絡。近來學校行政的新興研究領域──微觀政治學，批判以往學校行政研究採取實證論的缺失，將學校組織運作過度化約，忽略人性的複雜性，而透過微觀政治學的研究，發現學校組織內成員間的權力關係是衝突的、緊張的、充滿利益糾葛的（陳幸仁，2007）。本小節引用微觀政治學的研究成果，探討學校內外組織的互動。校長的角色在微觀政治學上是研究核心，在學校組織的運作體系中，校長一方面是組織的管理者，必須承接來自學校組織之外的各種壓力與要求，以維持組織的運作並達成組織的目標；另一方面，校長又是組織的領導者，必須體察來自學校結構內部的各種利益主張，以滿足成員的需求，引導組織發展與變革（蔡璧煌，2008）。

一、校長的領導

　　在任何組織之中最重要、最具影響力的人物當然是領導者。因為領導者居於組織的頂端地位，負責引導全體成員協調合作以完成組織目標。學校的領導者是校長，校長對全校一切事務負指揮督導之責，他負責分配學校中的職務，確定各種職位的權限。校長在學校組織中必須同時扮演二種角色：第一是工具角色（instrumental role），必須樹立目標，並領導師生共同努力實現目標；第二是情意角色（expressive role），必須滿足全體成員的個人需求。前者在於達成目標，後者在於維護團體（林郡雯譯，2007）。組織領導者為了影響部屬，就需要擁有權力或權威，所以權威是達成組織目標的手段，校長具有法定職權（legitimate power）、獎賞權（reward power）、強制權（coercive power）等權威（張慶勳，2004）。

　　教育行政學者提出相當多的領導理論，費德勒（Fielder）的權變理論比較受到關注，強調不同情境採取不同領導方式。但是在採用權變領導時，是否可以為達目的而不擇手段？不管領導形式怎麼變，仍應以尊重成員的人性為前提，不宜為達目的而不擇手段（謝文全，2005）。最近的領導理論重視整合取向，其中「轉型領導」（transformational leadership）被認為比較適合運用在學校組織。轉型領導是指組織領導人應用其過人的影響力，轉化組織成員的觀念與態度，使其願意為組織的最大利益付出心力，進而促進追求組織的轉型與革新。其內涵是藉著個人魅力、建立願景和個別關懷，運用各種激勵策略，塑造優質組織文化，以提升成員高層次需求、工作意願、態度和能力，進而促使組織不斷地變革與創新（謝文全等，2008）。

二、學校組織與利益團體的因應

　　利益團體（interest group）係指具有合法性、有組織的集會結社，從事定型的組織化行動，代表會員利益，進而影響政府的決策與施政的一種組織，例如工會、商會、教師會、文化團體、家長團體等（林天佑，2004）。若從狹義的觀點來看，只要是某一團體或有組織的群體，它具

有利益的概念並要維護其利益，因而採取壓力行動和製造影響力，這些團體皆可稱之為利益團體（華力進，1986）。組織內部也會形成各種特殊的利益團體，且每一利益團體皆在追求自己的目標，因為沒有一個團體有足夠的力量足以強迫其他團體符合其目的，因此便與其他團體結合以謀取他們的目的（張慶勳，2004）。

學校是一個「鬥爭的競技場」（arena of struggle），在其中不可避免的會有不同的意識型態、相異的野心、不同的追求目標及期望的個人或團體存在（Ball, 1987）。當學校組織面臨著行動者的利益、組織控制及政策等方面的衝突時，組織的領導人就要有一套因應策略，常見的因應策略有抗爭（domination）、逃避（avoidance，不處理）、忍讓（accommodation）、妥協（compromise）、合作（collaboration）等五種（林曜聖，2003）。這些策略的使用，領導者要視當時的情境及事情的輕重來作決定。例如面對複雜的問題時，宜採用合作手段；雙方權力相當時，則以妥協最為適合。有時情境之變化，往往必須採用一種以上的手段。是否能及時化解衝突，往往也考驗著行政者的智慧（秦夢群，2012）。

第二節　學校組織的變革

變革（change）一詞，具有改變、變化、興革、革新等涵義，與再造、發展的概念相近似，所以組織發展亦是另一種型態的組織變革。組織變革是組織受到組織內外在因素影響之後，採取有計畫或非計畫性，以及整體或局部調整的過程。其目的在延續或加強組織的競爭力或更新組織文化，以促進組織持續的生存與發展（謝文全等，2008）。教育組織包含教育行政組織及學校組織，本節僅針對學校組織變革加以討論。

壹. 學校組織變革的原因

學校組織變革的原因，大致可分為外在原因及內在原因，外在原因包

括政治的改變、政權的更迭、經濟的改變、科技的改變、教育法令的改變、教育市場的改變及教育事件等。內在原因則包括學校人員結構、內部壓力、領導者的領導風格、學校文化、學校目標及課程與教學的改變等（謝文全等，2008）。宏觀的社會政治因素對學校組織的衝擊是全面性的，但這種革新常只是形成一股運動，運動一停止，一切革新便被淡忘，終至煙消雲散，例如臺灣在 1996 年以來所推動的教育改革。

學校變革可能由不同層面的教育機構發起，例如中央的、地方的、學校的，因此依變革發動者可區分為自上而下策略、自下而上策略二種類型（周新富，2017）：

一、自上而下策略

宏觀社會政治的學校變革，通常是要透過行政的階層體制，在設計上常有中央集權傾向，所採用的方式是自上而下策略（top-down strategies），主張學校變革由國家或地方層級的教育機構發起，通過行政命令的方式自上而下推行改革。

二、自下而上策略

自下而上策略（bottom-up strategies）主張學校變革由校長或教師為主要發起者，透過教師探索學校中存在的問題來進行改革，又稱為草根式變革，這種實施策略比較常見到的形式是課程與教學方面的變革，例如全校實施精熟學習模式，依學生數學能力實施分班授課。

貳、學校組織變革的策略

教育組織變革的策略是受到組織變革理論的影響，例如組織再造運動要達到組織革新的目標；學習型組織要促使組織能夠不斷學習，以強化個人知識和經驗，進一步增進組織的適應及革新能力（謝文全等，2008）。歐美國家的教育改革，強調教育績效責任、家長教育選擇權，落實在學校組織變革的策略為學校本位管理。我國為加速學校組織的變革，亦推動實

驗教育，間接促成家長教育選擇權的落實。以下分別探討學校本位管理及
實驗教育之內涵：

一、學校本位管理

學校本位管理（school-based management）起源於國外，且近年來成
爲歐美國家的主要改革趨勢之一。我國也在行政院教育改革審議委員會的
推動下，於 1996 年引進學校本位管理的觀念，逐漸成爲新世紀教育的基
調。許多教育法令與政策都與這個基調相呼應，例如賦予學校選派代表參
加校長的遴選、設置校務會議議決校務重大事項、賦予家長參與校務之機
會、規定學校成立課程發展委員會負責學校總體課程之規劃、課程與教學
之評鑑等。其目的都在解除過去教育行政組織集權的傳統，賦予學校更大
的自主與專業空間，以提供更適性的教育給學生（謝文全，2002）。此種
模式有二項主要特徵：其一爲「賦權增能」，即賦予學校更大的自主權，
減少政府法令的限制，將決策權力下放給學校組織相關人員，並賦予學校
績效責任的要求；其二爲「分享決策」，即由學校校長、行政人員、教
師、家長、社區人士和學生共同參與校務決策，分享作決定的權利（孫志
麟，2001）。此一管理策略之要旨，主要有下列四點（陳俊生、林新發，
2003；謝文全，2002）：

（一）決策權力分權下放

就上級教育行政機關與學校間的權力結構關係而言，教育行政機關集
權化之行政決策權，分權下放給各學校，而學校層級本身之權力，亦由校
長或行政人員分權給學校教職員、家長、社區人士，甚或學生之代表，使
其有充分機會參與校務之決定。

（二）決策過程參與分享

不但以學校作爲決策的主要單位，且其過程係校長、教職員、社區人
士，甚或學生之代表，一起透過管理（諮議或審議）委員會參與分享決策
的過程。

(三) 授權學校核心事項

授權決定的範圍通常包括與學校層級發展息息相關的核心事務，諸如經費資源、人事、課程、教學，乃至組織目標、結構及評鑑等事項。

(四) 學校承擔績效責任

上級主管教育機關賦予學校更多斟酌自主的空間，學校成為教育事務決策之主要單位，相對地，其亦應負起辦學成敗及績效責任。這就是所謂教育績效責任（educational accountability），由教育機構及其相關人員（教育行政機關、教育政策制定人員、學校、學校行政人員、教師和家長）負起學生學習成敗的責任。以英國為例，學校如果被評鑑為「有失敗危險的」和「有嚴重缺失的」學校，輕則必須另外接受四位官派的董事會成員，重則被要求關門（吳清山、蔡菁芝，2006）。

二、實驗教育

美國的公立學校由政府稅收支持，實行就近免費入學，私立學校多由教會支持，收費昂貴，因公立學校辦學績效不彰，所以近幾十年來在眾多教育改革措施中，選擇學校愈來愈受到人們的關注，而且呼聲愈來愈高，美國各個州相繼採用。所謂「家長教育選擇權」（educational choice of parents）是指家長擁有為其子女的教育，自由選擇符合其性向、興趣及需要的學區、學校及教育內容的權利。此種權利，有別於傳統上由政府的力量，強制將學生依其居住所在分配至學區內的公立學校入學，並接受一致性教育內容的教育方式（鄭新輝，1997）。廣義的選擇學校泛指公立學校與私立學校之間的選擇，以及各種類型之間的選擇，現今所謂的教育選擇是一種狹義的界定，是指公立學校間的選擇。家長選擇送孩子上公立學校還是私立學校一直存在著，但公立學校間的選擇則長期被禁止，各國普遍採取「劃分學區，就近入學」，西方國家在義務教育階段所推動的家長教育選擇權，就是要打破學區、公私立之間的限制，提供家長自由選擇的權利。

（一）實驗教育三法

　　我國為鼓勵教育創新與實驗，同時保障學生於體制外的學習權及家長教育選擇權，教育部於 2014 年 11 月制定了《高級中等以下教育階段非學校型態實驗教育實施條例》、《學校型態實驗教育實施條例》及《公立國民小學及國民中學委託私人辦理條例》，2017 年修訂實驗教育三法。第一項法令為在家自行教育、機構設校法源，包含個人、機構（三人以上）、團體三種類型，除允許學生個人在家庭或其他場所實施教育外，補習學校亦可轉化成團體在家教育。第二項法令允許公私立學校辦理實驗教育，即所謂「公辦公營」，可以不完全受限於現行教育法規，在辦學上更具彈性空間，例如開放學校聘僱外師從事教學工作、放寬校長任用資格。第三項法令為「公辦民營」取得法源，可排除《國民教育法》中有關學區劃分、課程、教職人員進用、員額編制、編班原則與教學評量等規定。制度的僵化是我國教育問題之一，經由實驗教育的推展，期盼能提供更多元、完善的教育環境，以落實家長的教育選擇權（行政院，2018；溫子欣，2018）。然而在廣設實驗教育的同時，教育當局也要落實監督，防止孩子的受教權受到剝奪或是藉機斂財的情況發生。

（二）實驗教育實例

　　位於高雄市杉林區的巴楠花部落中小學，即屬公辦公營形式的民族實驗學校，學校希望透過布農族課程為主的實驗方式，鼓勵教師了解學生行為所顯示的文化意涵，去實踐「文化回應」，避免運用主流文化的標準評斷學生，而改以學生的母文化為中介，除了重視文化差異之外，更強調學習者的文化認同。在八八風災之後重生的巴楠花部落中小學，全年配合四祭上課，因此課程稱為「四祭四學力」。四祭包含每年 2-4 月春季的小米播種祭，5-7 月夏季的布農射耳祭，8-10 月秋季的進倉祭，11-1 月冬季的年終祭。每一學年配合四祭，分為四個學期上課。巴楠花部落中小學的四學力包含文化力（小米文化共學能力，包含族語的讀寫、小米的生態與議題）、升學力（向上流動學習能力，包含融入文化的基本學科）、科學力

（主題探索學習能力，藉由實察培養學生自學能力）與美學力（美學服務學習能力，包含歌謠樂器與圖騰藝術的學習），其課程包含：歷史踏查、生態探索、飲食律動、專題閱讀、影像記錄、圖騰藝術、歌謠樂器、布農文化、族語、國語、數學及英語共 12 種課程，並且聘請部落代表參與學校課程發展委員會（劉世閔，2019）。

第三節 學校文化

學校組織的文化簡稱為學校文化，所謂學校文化是指學校在與環境調適、互動及本身內部統整的過程中，長期累積發展而成的產物，例如信念、價值、規範、態度、期望、儀式、符號、故事和行為等，學校成員共同分享這些產物的意義後，以自然而然的方式表現於日常生活之中，形成學校獨特的風貌，以有別於其他學校（黃素惠，1997）。學校為一種教育性組織，必須形成一種積極性的學校文化，才有利於教育目標之達成；學校又是一種專業的組織，欲發揮其專業的功能，必須重視其文化環境的安排，才有利於其專業目的之實現（陳木金、吳春助，2011）。以下分別從學校文化的性質、組成要素、功能等方面，探討學校文化的重要性。

壹. 學校文化的內涵

「校園文化」、「學校環境」、「潛在課程」等名詞是與「學校文化」意涵相近的概念，但這些概念是不等同的。校園文化等名詞特指物理空間限制下的特殊行為，特別突顯「圍牆」所區隔出來的物理空間，其意義比較狹隘；學校文化則比較不受空間的限制，學校圍牆之外也同樣存在著學校文化，學校文化所代表的是象徵系統中的「教育符號」，其所包含的範圍比較廣泛（周宗偉，2006）。

一、學校文化的基本要素

就文化的基本內涵而言，學校文化亦包含一些基本要素。歐文斯和史坦霍夫（Owens & Steinhoff, 1989）認為，學校文化的要素包括價值和信念、傳統和儀式、歷史、故事和迷思、英雄人物、行為規範等六大部分。譚光鼎（2011）認為學校文化的基本要素以「共同價值觀與信念」為核心，這些價值與信念透過各事物而呈現，例如學校願景、校訓、校長治校理念、學校教育目標、學校教育哲學等，而行之於外的六項要素分別為：(1) 行為規則，指成員所依循的行為指引、禮儀、獎懲；(2) 典章儀式，指日常生活中的例行程序，例如慶典、集會、各項會議等；(3) 溝通網路，指學校傳遞訊息的管道；(4) 英雄人物，指組織中的重要人物，包括表現優異學生、傑出校友、優良教師等；(5) 故事傳奇，指學校成員的英勇事蹟或傳說故事，有助於塑造組織認同感；(6) 物質環境，即校園內眼睛可見的環境。總而言之，學校文化以價值和信念為核心，具體表現於學校行政制度、課堂教學方式、學校研究活動、師生互動方式、學校建築、學校傳統、故事、儀式、慶祝活動、典禮等方面，是學校群體成員秉持的價值取向和行為動機的統一體。

二、學校文化的層面

學校文化的形成是多元的，受到校園內、外各種環境因素的影響，因此學校文化所包含的層面亦相當廣泛，一般歸納為教師文化、行政文化、學生文化、社區文化、物質文化、精神文化等層面。每一所學校所受的影響程度不一，加上領導者不同的領導重點，即使是在相同的地區、環境與條件，所展現出來的學校文化仍有其不同的特色與風格（陳怡君，2005）。以下分別介紹學校文化的六種層面（周新富，2018；謝維和，2002）：

(一) 教師文化

教師是學校社會體系中的領導者，教師因社會背景不同，對於教育專業倫理的定義、專業信念的認知、對學校教育目標的認同與投入、教學經

營的分享與創新、教育新知的接受與批判、與同儕間的相處，以及與學生、家長的互動皆因人而異，形成教師文化的重要成分。教師文化的形成不僅是教師社會化的關鍵力量，對整體學校文化而言更是重要支柱。依據哈格里夫斯和馬克米蘭（Hargreaves & Macmillan, 1995）的研究，英國中學教師普遍存在著一種「巴爾幹文化」（Balkanized culture），同一個學校中的次級團體，例如級任教師、專任教師、行政人員及各學年之間，各有其信念系統、價值趨向與認同對象。平時，各個次級團體之間表面相安無事、各行其是、「井水不犯河水」，實則是充滿緊張、對立，乃至因為權力、資源、利益分配而爆發衝突的鬆散系統。在巴爾幹文化中，教師對特定團體具有忠誠與認同，但次級團體各自分立的狀態卻導致教師之間溝通不良、各行其是，於是不同學科的教師對學生進步狀況的監督失去協調，在教學空間、時間、資源分配上經常有不同看法而起衝突。

（二）行政文化

校園裡行政人員包括校長、兼行政職務的教師、專任職員、人事、會計、軍訓護理、工友等，由於教育背景的差異、工作任務的不同，人際互動或溝通的模式有別，價值觀念和行為表現各異，自然形成不同的次文化。不同行政人員次級團體的合作與競爭關係，和諧或衝突的交互影響，與本位或寬容的協調過程等，對整體的學校文化有相當的影響。其中最具影響力的人物是校長，學校文化的形成常決定於校長的角色觀念與角色行為。

（三）學生文化

在校園裡，學生文化和社會的流行趨勢與脈動有密切關係，學生文化依不同類型的學生在學習態度、價值觀念、服飾穿著、語言形式、社團參與、人際關係和未來展望等將有所差異。學生文化對於學校教育功能的達成、學生人格成長、社會價值觀的內化，可能形成助力，也可能是阻力，學校必須善加引導與運用，才能有助於教學目標的實現。

(四) 社區文化

學校是社區中的一個單位，更是社區共同生活體的一分子。學校所在的社區，其大小、都會型態或鄉村型態、工商社區或文教社區、封閉保守或進步開放的社區，對於學校目標、課程內容、教師教學、學生價值觀念、抱負水準和學業成就等，都有密切的關係。學生來自社區，將受社區影響而形成的價值觀與行爲帶入校園中，加上家長對學生及學校的期待，終將影響整體的學校文化。

(五) 物質文化

學校組織的物質文化指的是學校中實體的部分，例如學校的建築物、操場、綠化美化情形、教室和硬體設備、庭園規劃與空間設計等，都是學校物質文化的重要成分。其他諸如藏書的質量、照明情形、視聽器材、學生制服或書包的型式等，亦都是學校物質文化的表現。一個舒適的環境，不僅有助於學生學習，對於學校文化也有潛移默化的影響效果。

(六) 精神文化

精神文化包含制度文化及觀念文化，學校校園除了有形的物質文化之外，更講求精神文化的塑造。精神文化的範圍包括有象徵意義的傳統、習俗、故事、儀式、規章和制度，有些是學校正式課程的一部分，有些是非正式課程，有些則爲潛在課程。例如學校各種規章制度、行爲規範、辦學過程中逐漸形成的傳統和風氣，以及對違規學生的處理和對教師的特殊要求等，即稱之爲傳統。觀念文化包括組織中的特定思想意識、價值觀念等，學校的校風和學風是一個十分重要的標誌，反映學校在一定問題上的基本看法。

貳. 學校文化的功能

林清江（1982）將學校文化的性質歸納爲五項：

1. 學校文化是一種次級文化：學校文化一方面反映大社會的文化，另一方面則又有其獨特性。

2. 學校文化是一種綜合性文化：它一方面包括世代之間的文化，另一方面則又包括校內、校外的文化。

3. 學校文化是一種對立與統整互見的文化：師生之間的價值與行為可能並不一致，在交互作用中，乃經常出現對立與統整的現象。

4. 學校文化是一種兼具積極與消極功能的文化：有益教育工作進行，則具有積極功能；無益或不利教育目的實現，則具消極功能，而教師主要職責乃在盡力抑制消極功能，而促進積極功能。

5. 學校文化是一種可刻意安排或引導發展方向的文化：學校文化有些是自然天成，有些是人為安排的，二者不一定完全符合教育的需要；無論學校的物質文化、制度文化或心理文化，都可改變或引導其發展方向。

上述的性質說明學校文化的功能兼具積極與消極，以及學校文化是可以引導及改變，經由重塑學校文化來促使組織變革。以下僅就學校文化的功能作一探討：

一、積極功能

學校文化對於學校的表現與革新均具影響力，亦是決定學校變革能否成功的關鍵因素。迪爾和彼德森（Deal & Peterson）認為適宜的文化具有下列功能：助長學校效能與生產力、改善同僚與同心協力的活動、助長較佳的溝通與實際問題解決、助長成功的改變與革新努力、塑造師生與行政人員的承諾與認同感、擴展學校師生與社區的能量、提升日常行為的焦點（引自林明地，2001）。歸納相關文獻，學校文化的功能有以下幾項（吳俊憲，2004；周新富，2018；謝維和，2002）：

（一）學校文化可以增進成員的認同感

學校成員在學校中藉由社會化的歷程，習得組織的行為規範、價值觀念，了解何者可為，何者不可為，使個人與學校產生一體的感覺，久而久之便對學校產生認同感。因此，學校文化可增進學校成員的認同感，產生成員與學校休戚與共的使命感，這種使命感可驅使成員對工作投注心

力、提高對組織的承諾，同時減少個人遭遇內部統整或外部適應時對組織的焦慮感。透過學校文化的塑造，可用來提升教師對學校的承諾感及工作上的滿意感。

(二) 學校文化可提升成員的工作效能

學校文化除影響整體發揮外，亦影響個別員工的行為表現，不僅可使學校成員對學校的認同感提高，並可改善生產力及提高員工的工作效能。例如郭建志等人（2002）的研究發現，學校若具有強勢之文化，其教師之組識承諾與工作滿意度則較高；而學校之文化較薄弱時，其教師之組識承諾與工作滿意度則較低，顯示學校文化與教師效能之間，確實存在著顯著的關聯性。

(三) 成為控制成員的機制

歐特（Ott）1998 年的研究指出，組織文化是組織做事的一套假設、方法、價值或信念，這些文化的內涵，可作為導引與塑造成員行為的手段。由於學校文化提供成員言行和思想的規準，成員也接受學校賦予的角色期望，合於規範者則留存在組織，違反規範者則可能遭到排斥。

(四) 構成影響學生學習的潛在課程

潛在課程指的是學生在學校及班級裡，有意或無意中經由團體活動或社會關係，習得正式課程所未包含，或是不同，甚至相反的知識、規範、價值或態度。學校文化實際上構成了學校教育活動中十分重要的潛在課程，這種課程會對學生的學習產生潛移默化的影響，例如透過校園的主題布置進行品德教育或情意方面的陶冶。

二、消極功能

學校文化除可發揮上述正向功能外，有時也會產生負向功能，或稱反功能，常見的反功能有以下幾項：

1. 孤立、懼變的教師文化：即教師習於孤立、保守、懼變的習慣，抗拒學校的變革。

2. 反智、反學習的學生文化：學生次級文化產生追求安逸享樂的價值取向、瘋狂盲目的偶像崇拜、膚淺曲意的語言表達方式、藥物濫用與偏差的問題行爲等，這些行爲表現出對學習的抗拒。

3. 科層、保守的學校文化：學校校長與行政人員的獨大心態，或缺乏民主領導的風範，或未能與教師、家長、學生成爲改革的夥伴關係，加上舊有的行政組織體系缺乏彈性，在此種情形之下，學校改革勢必無法成功。

4. 干預、抗拒的社區文化：社區對學校教育專業價值的貶損和運作的干擾，例如社區民眾社經地位低落、家長對學校干預嚴重。

問題討論

1. 請說明韋伯（Max Weber）的科層組織理論，並解釋學校是否完全具備科層組織的特徵。

2. 學校的辦學效能不彰，經常受到社會大眾所詬病。若要提升學校效能，該如何進行學校組織的變革？

3. 請簡要寫出學校文化的定義及類別，並就各類別列舉一則實例。（95 教檢）

4. 請說明學校文化具有哪些特質？並說明學校文化是由哪些要素所組成？

5. 試列舉二項形成中小學學校文化的內涵，並針對此二項說明如何因應，以形成優質學校文化、發揮教育功能。（103 教檢）

6. 何謂「學校本位管理」？試敘述之，並請說明其核心精神及內涵。

第 **14** 章

班級與教學社會學

班級教學為現代最具代表性的一種教育型態，一個班級通常是由一位教師或幾位學科教師和一群學生共同組成一個小型的社會體系（a social system），經由師生交互影響的過程實現某些功能，以達到教育目標（Parsons, 1959）。為了達成教育目標，在師生交互作用的情境裡，教室的領導者藉著本身所擁有的權威，逐行知識的傳授，並促使學生遵守既定的規則。教育活動乃是建立於師生之間面對面的關係（a face-to-face relation），教師的重要職責約有下列幾項：教學、訓育、評鑑與選擇、輔導與諮商等。由於教師是成人社會的代表者，他是班級中具有權威的人物，因此通常由他訂定教室活動的規則，然後要求學生遵守。教師的一舉一動、一言一行，均須由學生的適當反應來配合，如此才構成教室社會體系要件（陳奎憙，2009）。與班級社會學密切相關的主題是教學社會學（sociology of teaching），這是對教學活動進行客觀而有系統研究的科學，分析教學過程中師生或學生之間的生活互動關係。在教學過程中，影響教學品質的社會因素是多樣的，其中主要有師生關係、學生間互動、班級氣氛等因素。本章第一節先就班級社會體系的理論作一探討，其次分析班級社會體系的功能；第二節針對教學過程的師生互動加以探討，重點在探討教師的教學管理策略。

第一節　班級社會學

　　班級是社會初級團體或是社會組織？社會學家爲此一問題爭論不休。帕森斯從社會功能的角度界定班級爲一種社會體系，這說明班級具有社會組織的特性，因爲班級達到一定的規模，而且訂有行爲規範及各種制度。將班級視爲社會初級團體者，則認爲班級在結構上比較鬆散，領導者的形成也是一個自發的過程，學生的互動是以情感交流爲主（謝維和，2002）。由以上的分析可以得知，班級不像家庭、朋友純粹以情感交流爲主，可以說是一個比較特殊的初級團體，因爲師生與同學的互動雖帶有情感的成分，但規範與制度的建立則帶有理性的成分。

壹. 班級社會體系的理論

　　對於社會體系的分析，帕森斯（Parsons, 1951）認爲，凡是一種行爲，牽涉到自我與別人之交互關係者，便屬於社會行動，社會體系是由這些單位行動所組成。帕森斯指出社會體系包括下述特性：(1) 二個人或二個以上人群的交互作用；(2) 一個行動者與其他的行動者處在一個「社會情境」中；(3) 行動者之間有某種互相依存的一致行爲表現，此種表現是由於彼此具有共同的目標導向（或共同價值觀念），以及彼此在規範與認知期望上的和諧。社會體系涉及人際之間的關係，這種社會關係是爲實現某種重要功能的方式，例如形成各種制度（institutions），一般社會學者多以「角色」及「角色期望」的觀念來分析一個制度的特性（陳奎憙，2009）。由以上的界定，可知班級這個社會體系，在班級的教學過程中，人際的交互作用主要表現爲「師生互動」、「學生同儕互動」、「親師互動」，他們處於同一教學的「社會情境」之中，有著目標一致的行動導向或共同價值觀。

一、班級社會體系理論模式

　　社會體系是人類活動的一個觀念上的架構，它可用來分析各種社會團

體中的結構與過程，以及人群之間相互關係的法則。有關社會體系與社會
行為之間所涉及的各種因素的探討，比較受重視的是蓋哲爾（Getzels）
的理論模式。他將系統理論應用在團體或組織，認為人類在社會體系中表
現的社會行為，通常受到二方面因素的影響：一是制度方面，制度是由若
干角色構成，而角色被賦予角色期望，制度、角色及期望構成「規範層
面」（nomothetic dimension）；二是個人方面，個人具有人格，而人格
則由需要傾向（need-dispositions）所產生，個人、人格及需要傾向三者
構成「個人情意層面」（idiographic dimension），用來運作團體（陳奎
憙等，1999；Aquino, 2000）。

　　蓋哲爾的影響社會行為二層面因素理論被認為過於簡略，後來加入古
柏（Getzels & Guba, 1957）及謝倫（Thelen）的修正與擴充，成為蓋哲爾—
古柏—謝倫模式，用來分析單一教室、整體學校或社區等社會體系中的影
響行為因素（Aquino, 2000）。1960 年蓋哲爾和謝倫運用這一理論模式，
分析班級社會體系中教師行為的二個問題：教學情境中的角色衝突與教師
領導方式，並於 1972 年將之擴充、調整，如圖 14-1 所示。以下說明該模
式之內涵：

（一）團體規範面與個人情意面

　　蓋哲爾和謝倫（Getzels & Thelen, 1972）認為在社會體系中所表現的
社會行為，通常受到制度與個人二個方面的影響。就制度方面而言，班
級中存在著各種比較嚴格的規章制度，包括出勤、作業、考試、班規等一
系列的制度，這些制度無法擺脫社會文化的影響，制度中的角色期望必
須符合於社會的一般思潮、習俗或文化價值。例如我國文化特質是尊師
重道，在教育制度中，自然就期望學生尊敬教師。就個人方面而言，身
與心的發展具有密切的連繫，要了解一個人的人格特質與需求傾向，必
須考慮個體的生理因素。因此，個人有機體結構、體質及潛能對個人的
人格（包括感情、意志）具有重大影響。就班級社會體系而言，在制度
與個人之間，蓋、謝二氏認為應該加一個團體（group）的因素，團體生

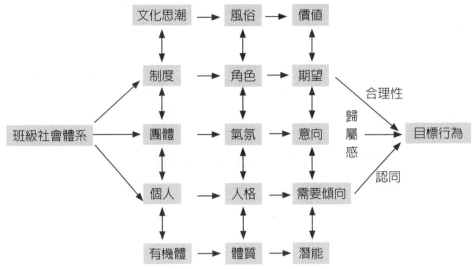

圖 14-1　班級社會體系影響學生行為的因素
資料來源：陳奎憙（2003，頁 174）

活可形成一種氣氛（climate），這種氣氛會影響團體中每一分子的意向（intentions）。團體的氣氛及其成員的意向，具有協調角色期望及個人需要的功能（陳奎憙，2003）。視班級為「團體」的學者，認為在班級的互動中存在著「非正式群體」，例如小圈圈、死黨，這是青少年學生為滿足各種需求而自然形成的，緩解學生在班級和學校的各種規章制度下的心理壓力，以增進班級的凝聚力。這種非正式群體對班級的教學活動，可以具有積極的意義，也可能產負面的影響（謝維和，2002）。

（二）角色與人格

以班級社會體系而言，每一個體基於生理因素，發展出獨特的人格及需要傾向。個人需要傾向所代表的是一股發自內心的動機力量，這股力量配合著行動，目的在完成他人對其扮演角色的期待，基本上是屬於目標導向的，依照情境不同而有差異，亦即個人的需要傾向並非一成不變，而是處於動態的狀況。而個人在社會體系中的行為，是由其所扮演角色與其人格之交互影響來決定。當角色扮演與個人的需要傾向完全吻合的時候，就

會產生對於組織的滿足感，高度的滿足感可以造成團體的高昂士氣，可以使個人因此相信其可以做得更好，而歸屬感（belongingness）、合理性（rationality）、認同感三個變數可以決定團體的士氣。歸屬感是指個人在團體中的角色期望可以符合個人的人格需要，個人在團體中如有歸屬感，則會樂於工作。合理性則是個人認爲所接受之角色期待是合理的，是應該的，制度的要求具合理性則較易爲個人接受。認同感則是團體的目標與個人的目標相符合，所產生的一種認同傾向的感覺（蔡文杰、陳木金，2004；Getzels & Guba, 1957）。

二、教師的領導方式

此模式運用在班級教學，即將教學活動視爲介於角色與人格之間的一種動態交互作用，師生要達成教學目標，必須了解班級團體的氣氛、教學過程中個人與制度等方面的資源與限制，也就是從社會體系中的各種因素探討，以掌握教學的成效。蓋哲爾和謝倫提出「人格社會化」（socialization of personality）和「角色人格化」（personalization of roles）的概念，作爲行爲改變的途徑，前者是指約束個人情意的傾向，適應團體規範的要求；後者指調整制度中的角色期望，以適應個人人格的需求。這二種途徑之間如何取捨或平衡，則決定於教師的領導方式。蓋、謝二人歸納出三種教師領導方式（陳奎憙，2003；Getzels & Thelen, 1972）：

1. 注重團體規範的方式：即強調行爲的規範因素，注重學校制度中的角色任務及角色期望，更甚於滿足個人人格上的需要。
2. 注重個人情意的方式：即強調行爲的個人因素，教師重視滿足人格上的需求，例如顧及個人意願、引起學生動機和興趣。
3. 強調動態權衡的方式：介於上述二者之間，教師應該充分了解教室的情境，能夠依據實際需要權衡輕重，靈活運用不同的教學及管教方法，例如以個人的需求與班級的功能來執行班規。

三、教師的角色衝突

　　班級社會體系理論模式具有三個顯著特點：(1) 學生有獨特的人格需要，但個人可以認同制度上的目標，將目標當作他個人的需要；(2) 強調制度上的要求應具有合理性，才有實現的可能；(3) 學生在良好的氣氛中產生強烈的歸屬感，因此願意努力工作，以達成團體目標的實現。這三項特點，對於班級教學中的師生關係，具有非常重大的意義。如果教師的領導傾向於約束個人情意，以適應班級規範的要求，就會偏向於專制型的控制；如果傾向於適應個人人格的需要，就會偏向於民主型的控制，這二種領導方式難免會因各方期望與要求不能一致，而產生教師角色衝突（role conflict）的現象（陳奎憙等，1999）。

　　教師在班級社會體系中可能會面臨以下角色衝突：(1) 班級內部、外部價值觀念的衝突，即社會習俗要求與學校制度本身對教師的期望不符；(2) 制度中角色期望與個人的人格需要之間的衝突，即職業要求與個人能力不符；(3) 不同的人對教師角色有不同的期望，例如校長、家長、學生對教師的期望並不完全一致；(4) 擔任二個或二個以上角色時產生的衝突；(5) 教師個人內在的人格衝突，即個人潛能與需要不符（周新富，2018）。當教師面臨角色衝突時，必須妥善因應及處理。

貳. 班級社會體系功能

　　由班級社會體系理論的分析，可知為達成班級的目標，教師的領導方式可由制度層面或情意層面來進行教學活動，視班級為初級團體的教師會重視情感因素的重要性，然而視班級為社會組織者，會重視理性因素及知識的傳遞，然而班級的活動及師生的互動是多面向的，因此班級的功能也是多方面的。社會學者對於班級功能提出各種看法，我們應從多功能的觀點來看待現今的班級。茲歸納學者對班級功能的看法如下（林生傳，2005；陳奎憙，2009；周新富，2018）：

一、社會化和選擇

帕森斯（Parsons, 1959）認為班級體系有二種主要的功能：「社會化」與「選擇」，透過這二種功能，學校可以為社會培養具有共同價值與信念，以及適當工作能力的人才，進而促成社會的統整與發展。所謂社會化即傳授知識及技能的認知社會化功能，和形成社會所期待的價值觀，以及行為模式的道德社會化功能。個人由此而接受社會上各種知識、技能、行為模式與價值觀念，從而參與社會生活，克盡社會職責。功能論學者德里本（R. Dreeben）對社會化的功能加以補充，認為兒童在班級體系中可學到成人社會角色所必備的四種特質：獨立（independence）、成就（achievement）、普遍性（universalism）、專門性（specificity）。在班級中，學生必須學習自己負責自己的工作，對自己的行為負責，也要靠自己的努力爭取好的表現。在班級社會體系中，教師對學生一視同仁，師生互動比親子互動較少情緒性，較具普遍性。而專門性是指教師與學生在班級體系偏重在特定的方面，隨年級的提高，互動關係可能僅限於某一學科。而選擇功能係就學生的成就表現特質與高低，依社會的職業結構分配人力資源，也就是將不同的學生按學校學術標準篩選出來，培訓成社會的精英階層，而未被選擇的學生分流到職業技術學校或直接進入工廠，成為勞工階級。

二、文化和社會再製

對中產階級的學生而言，教育具有「文化和社會再製」的功能，也就是教育選擇的標準和分配的原則有利於中產階級的學生，而不利於勞工階級。教室中的活動是被主流文化所主宰，勞工階級的文化被排斥到邊陲，舉凡教室中的圖像、文字、儀式，無一不是中產階級熟悉的文化，來自於缺乏文化資本家庭的學生，在教育上很難成功。教育系統如何破除「再製」的魔咒？目前各國政府還沒有想到更好的對策，僅能靠「補償教育」、「繁星計畫」、「獎學金」等制度，對弱勢團體提供協助。

三、監護與照顧

　　華勒（Waller）認為班級從本質和功能上來看，是一個服務機構，是為社會提供服務的，正如精神病院或監獄一樣。教師代表成人社會教育兒童，以維護社會秩序，教師按照社會需要教導學生，學生卻希望能隨心所欲，展示其個性。他認為，班級社會體系是一種制度化的主從形式，教師具有控制監管學生的權威，學校班級如同堡壘，為維護社會秩序而存在，其功能在於監護學生。在班級教學中，教師可能扮演警察到父母的代理人等一系列的不同角色，角色的變化可依學生的年齡、性別等因素而決定。所以除了監護的功能外，有關學生福利、身心發展的保護與照顧亦是不容忽視的。

四、儀式

　　傑克遜（Jackson）提出班級生活是儀式（classroom life is ritual）的看法，他長期致力於觀察小學班級活動，發現只有在班級中，一個學生才有機會與幾十個人每天相聚數小時。如何控制這樣一批群眾，就要確立明確的權威階層，以及規定群體遵守的儀式規矩。每日班級活動都循著制度化的程序、儀式進行，班級教學活動是機械的、缺少變化的。這種班級活動是按固定的時間以預先規定好的內容進行的，學生學到的是如何耐心等待、逆來順受。

五、取得法定資格

　　韋伯認為學校是一個正式的組織，它反映社會的政治、經濟、階層和結構關係，並為之服務。班級即是學校為完成這種使命所進行的選擇人才，使其認同現存社會，並獲得現存社會法定資格的必經過程。新韋伯主義的柯林斯（Collins, 1979）提出了文憑主義（credentialism），說明學生接受教育的主要目的在獲得文憑，也就是韋伯所說的取得法定資格。柯林斯認為現代教育的擴張並非是因為社會發展的需求所致，而是因為身分團體間的競爭所導致，對於愈來愈高的文憑需求，是因為優勢團體企圖維

持其本身與後代在職業及社會結構的優勢地位，而非勞力市場對技能提升的真正需求。

第二節　教學社會學

　　教學社會學的理論在第 8 章提到伯恩斯坦的符碼理論及有關顯性、隱性教學的部分，其教學實踐的內涵包含三種規則：師生之間的階層化權力關係、教學傳遞順序的控制和評量規準的次序，以此則區分出二種教學形式（Bernstein, 1977）。教師和學生是班級內的二大行動主體，在教學的過程中，教師與學生行為彼此間環環相扣、相互影響。其中，教師代表著學校，站在制度或成人的立場負責管教學生，引領他們達成組織的目標；但是，學生亦擁有自身的價值與需求，並不會一成不變地全然接受教師的所有安排，教師與學生二大團體常處於衝突對立的情境，師生在班級之中存有各自立場與情境，雙方為了維持最大化的利益狀態，不可避免將會採取各式各樣的行動策略，試圖控制班級的運作過程（許殷宏、武佳瀅，2011）。教學的歷程就是師生互動的歷程，以下僅就教學社會學實務的部分，分別探討教學策略、教師權威、管理策略等主題。

壹、教學所用的策略

　　師生在班級之中，為了保護或增進自己的利益，往往會運用各種策略，以控制班級的歷程，使之維持在最有利於自己的狀態（張建成，2002）。以下分別說明教學過程中之師生的互動策略（周新富，2018；吳瓊洳，2005）：

一、常用的策略

　　教師在課堂中最常用的策略就是不斷地「說話」，當教師初次接觸學生時，會花時間與學生交談，這不是在浪費時間，而是藉著與學生的對話

加以評估學生。在教室裡的時間，有三分之二是用在說話，而其中又有三分之二的話是老師講的。當教師在課堂上不斷地說話時，學生為了迎合教師，選擇當一個安靜的聽眾，所以學生在課堂上說話的時間十分有限。

二、共識的策略（the consensual strategies）

教師在教學過程中，為了達成教學目標，必須設法維持學生的專注力及秩序。因此，每一種活動教師都會訂定活動規則，學生必須了解這些規則並遵守之。例如上課時發問請學生回答、討論時不能打斷他人的發言等。因此，師生雙方必須達成工作共識，當教師發問問題時，學生就必須回答問題，師生間因工作達成共識而呈現穩定、和諧的狀態。

三、例行性的協商策略

教師的操控策略即屬於例行性的妥協策略（routine negotiated strategies），其目的在促使學生達到教師的要求。例如教師為了解學生是否達成學習目標，會規定回家功課；為激勵學生達成學習目標，則訂定獎懲的標準，因此如果學生欲適應學校生活，就必須接受教師的評價。當學生不願意照章行事，踰越了工作共識時，會採取迴避退縮的策略，以擺脫教師的掌控，例如學生沒寫回家功課時，告訴教師回家功課放在家裡沒帶。

四、片面的策略（unilateral strategies）

師生雙方直接對立，超乎工作共識的常軌，這是師生針鋒相對，最後不得已才使用的策略。教師通常會使用威脅或命令的口氣要求學生，例如教師會對學生說回家功課沒寫的下課留在教室寫。

五、反應性策略

學生的反抗策略都屬於反應性策略，都是因應教師的策略來的，他們並不會無緣無故採取權力來對抗教師。學生在面對教師的權力行使時，也並非完全「逆來順受」。學生也會在班級裡運用一些顯性或隱性的策略，

影響學生的改變，甚至於會因爲權力行使過當，引起師生之間的對立與衝突。

貳. 教師的權威

教師在使用片面的策略時一定要具有權力，沒有權力無法約束學生的行爲。權力係指某 A 能夠影響某 B，引導或促使他做出原本不願意去做的事情之一種潛在能力。在教室情境裡，教師要發揮其領導者的領導效能，必須具有某些權力來影響其學生，這種權力稱之爲「教師權威」。所謂教師權威是指在教學過程中，教師施加影響力的合法化、制度化的權力，透過權威，教師可引導或影響學生思想、觀念、信仰及行爲，進而達成所預定的目標（Waller, 1961）。

一、教師權威的內涵

教師都是權威的化身，他們爲社會執行教育工作，並在學校工作中維繫社會控制，應該被賦予一些權威。對於權威的來源或內涵，韋伯提出傳統的權威（traditional authority）、精神感召的權威（charismatic authority）、法理權威（legal authority）等三種。依此分類推論到我國教師權威的來源有（陳奎憙，1990、2003）：

1. 傳統權威：依據「天、地、君、親、師」與「一日爲師，終身爲父」等傳統觀念所建立的傳統權威。

2. 魅力權威：來自於教師個人的人格與智慧等特質所建立的「卡理斯瑪」權威，有些教師修養很好，品格端正，又有很高的智慧爲學生解決生活與課業難題，這樣的老師就是富有魅力的老師。

3. 法理權威：教師的法理權威可分爲制度權威（institutional authority）和專業權威（professional authority），只要身爲學校教師，依法就擁有制度權威，這是依據學校制度與教育法令等力量所建立的權威；專業權威（或稱專家權威）則是依據教師個人的專業與教學能力等條件所建立的權威。教師擁有專業知識、專業

技能與專業態度，而且用心備課與認真教學，所以教師擁有專業權威。

二、教師權威的行使

三種權威之中，傳統的權威已不值得依賴，教師仍須講究教育專業的知識和技能，從實際的教學表現獲得教師的權威（張建成，2002）。而教師被僱請傳承社會文化時，他也必須是該文化的某一領域的權威者；社會也期待教師在兒童的行為與發展，以及在教導學生的教學方法方面，最好是位權威的專家。教師的工作非常複雜，在很多方面，維持秩序是確保成果的必要條件，傳統上是把教師視為禁止者，他藉著嚴格命令與高壓手段使學生臣服。但這種方式運用在學習上已備受質疑，它不一定有效，也違反人的尊嚴。作為一種社會控制的形式，我們並不需要全盤去推翻權威，而是必須使權威的運作更理性化（簡成熙譯，2017）。

參、教師的管理策略

傑克遜（Jackson）經過多年觀察班級教室生活，於 1968 年出版《教室生活》（*Life in Classrooms*）一書，該書中特別論及教室生活猶如「群眾」（crowd）一樣，教師要控制一群學生（群眾），必須訂定明確的規範，並運用其權威發揮影響力，使學生心無旁鶩，能夠專心學習，學生在此環境下生活，自然而然學到了規範和應付權威，構築了學校教學的社會化功能。華勒（Waller, 1961）提到在衝突的師生關係中，教師制度化的領導，勢必採取某些策略以支配學生的行為，最常見的策略是訂定規則讓學生服從規範。教師會對學生的失序行為、不服管束行為進行約束與糾正，這些手段稱之為「教育控制」，這是社會控制的一種方式，在積極面是要學生順從社會規範，消極面是要透過懲罰使學生心生畏懼（馬和民，2002）。隨著兒童年齡的增長，外在控制的需求會減少，自我約束會逐漸取代外在加諸的紀律，進而產生內在約束。以下分別說明教師採用的班級管理技術（方德隆，2005；簡成熙譯，2017；Waller, 1961）：

一、命令

　　教師採用命令（command）單向溝通的方式指向學生，令其服從，但必須達到約束行為的功能，下達命令代表真正的、正式的、個人的權威，沒有權威的命令充其量只是「勸說」。命令的發布不應是地位導向，而應是以任務為依歸，即明確的指導方針與禁止某些行為是絕對必要的，命令若用在學生身上，也要考慮到該任務的可接受性。

二、懲罰

　　為執行命令所實施的制裁即為懲罰，懲罰係由代表權威的一方施予屈服權威的另一方，使其造成痛苦及不便。在班級情境中，教師將違規者施以懲罰，並將其排除於群體之外，以免其他學生群起效尤。

三、管束

　　這是一種控制學生行為的方法，可稱為管理、管教或約束，可避免師生間直接的衝突，而使教師對情境的界定清楚，貫徹教師之意志。教師常用間接的暗示，以說故事或真實地表達對某些行為的態度。有效的管束技術是使學生與其社會關係相「隔離」，教師忽視或削弱違規學生，或暗示學生本人不屬於班級團體的一員，切斷與其他同儕的關係。此方法是否有效，端視教師掌握班級成員的能力，而且要考慮其負面影響。

四、生氣

　　教師可藉發脾氣來控制學生，但是這樣的舉動擴大了師生間的社會距離。藉著生氣來管制學生的行為，常會與懲罰相混淆，而且會抵消懲罰的效果。教師生氣的主要功能似乎也在傳達某些禁令，確定某些事是不被允許的，例如性問題、誠實、禮儀、整潔或公正，以此方式可有效地表達。

五、懇求

　　針對輕微的違規行為，或是為了改變學生的態度，教師通常採用懇求（appeal）或要求（request）的方式，使學生表現符合教師期望的行為。

這是一種較有禮貌的命令形式，也是以道德或謹慎的方式（moral and prudential appeals）表達，直接的懇求等於是勸說，間接的懇求則可用反面的言語來要求學生。懇求多半訴諸某些理念，像是公正、誠實、義氣或自尊，例如以道德勸說方式說明不能抽菸的理由，當道德勸說無效時，權威方式也就會加以運作。

六、其他方式

教師管理策略還有高壓、威脅、賄賂和其他外在誘因的方式，這些社會控制的方式產生的副作用比較大，教師儘量避免使用。教師在運用權威時要能夠理性化，並且以任務為依歸，否則年輕人一定會對於傳統地位的種種非理性表現方式加以對抗。

肆. 教師的印象管理技巧

印象管理（impression management），起源自提出戲劇理論的社會學家高夫曼（E. Goffman）關於日常生活的社會學分析，教學活動也是一門表演的藝術，教師在課堂教學中也同樣存在著高夫曼所要剖析的問題，例如教師如何控制學生對他的印象？教師如何維持和控制課堂秩序？在提到如何防止互動中因偶發事件導致的「表演崩潰」時，他提出表演者必備的品性及採取的措施，這些原則同樣可以用來處理上課的問題（周新富，2018）：

一、維持教師集體的高度團結

教師集體的內部團結相當於「後臺」，教師之間的內部矛盾與意見不應呈現在學生面前，這樣教師就能維持一種「劇場印象」。

二、教師應學會自我控制

課堂是一種特殊的人際環境，教師在課堂中的一舉一動都會對學生產生影響，學生對老師的印象在很大程度上也是在課堂上形成的。教師應該牢記自己在課堂中的角色，應學會「自我控制」和「自我管理」，特別是

控制面部表情和說話態度。

三、密切觀察學生的暗示，調整自己的行為

在課堂情境中，當教師表現出令學生非期望、不可接受和不滿意的言行時，學生會利用某些行為向教師發出暗示。如果教師對這些行為或者加以忽略，或者視為破壞，不是著眼於修正自己的行為，而且將焦點放在責備、懲罰這些學生上面，那麼最終往往會導致課堂秩序的混亂。

四、反思自己的教學表現

可以提出一些涉及到自己的個性和教學行為的敏感問題。例如面對學生時，你是否面帶微笑？當你站在講臺上時，都能做到將班上的情況盡收眼底？你能否做到與學生進行充分的眼神交流，以使他們集中注意力認真聽講？你能否避免使用過多的手勢和肢體動作？你是否很呆板、毫無幽默感？

五、儘量做到後臺與前臺行為的一致

當學生發現教師在後臺的行為與前臺不一致時，會傾向於相信後臺的真實性，而這會導致教師在前臺的所有努力都為學生所否定。因此教師千萬不可回到後臺就粗話連篇，更不要在後臺與其他教師大肆談論學生的種種不足，或對工作諸多抱怨。

六、做好消極印象的修復

在教學中，教師的過錯行為是在所難免的，如果處理不當就會貶損自己已有的良好印象。當教師主觀上認為給學生留下了非期望的印象時，就需要及時採取積極措施來修復學生對自己的印象，包括道歉、說明和補償性自我呈現等。

伍. 教師的倦怠感與生存策略

倦怠（burnout）是一種在專業工作上缺乏效能，以及價值減損的現

象，這種感受是由「無意義」和「無力感」所組成。根據調查研究顯示，教師普遍存在對工作的倦怠感，大量的工作壓力、校園暴力事件、學生違規犯過行為、學業成績下降等問題，都造成教師的疏離與疲憊。社會支持有助於減緩教師心理壓力，「校長支持」及「教師同儕支持」皆有助於減低教師倦怠感，當校長表現支持態度，給予教師積極正面的回饋，更能降低教師的工作壓力與倦怠感的連續性（譚光鼎，2011）。與倦怠感有關的是教師的生存策略，在師生互動的過程中，教師面對教學環境中各種挑戰及來自各方的壓力時，通常會發展一套「生存策略」（survival strategies），讓自己能夠適應教學環境。根據伍德斯（Woods）於 1990 年的研究，教師的生存及適應策略可歸納為以下八項（周新富，2018；張建成，2002）：

一、社會化

社會化（socialization）策略即教導學生正確的事物，其目的在於透過壓制學生、控制活動與服從教師的要求，使學生接受並適應他們本身的角色。因此教師會訂定班級常規要求學生遵守，並指導學生正確的行為，例如舉手發言、做人處事、尊師重道等，並獎勵優良的行為。

二、宰制

宰制（domination）係指教師以命令、懲罰、對人際關係的操控，以及言詞的責罵加以支配學生。教師通常較學生為強壯或聰明，並有法定權威來管教學生，因此支配策略不僅可以使學生服從，而且肢體上的處罰或操練亦可達到發洩學生體力的目的。

三、協商

協商（negotiation）是教師運用利益交換的技巧，來回報學生對其他事物的遵從，例如道歉、哄騙、誇獎、承諾、賄賂、威脅及交換等。教師通常會以讓學生看影片或參觀等較輕鬆的上課方式，來換取學生守秩序以及認真工作。此外，協商策略也是教師執法的折衷之道，因此教師會選擇

忽略並合法化學生的某些問題行為，藉此策略之運用將學生納入學校主流文化，允許學生次級適應，例如抄襲或仿作。

四、稱兄道弟

稱兄道弟又稱為合流（fraternization），教師為了與學生建立良好的關係，會嘗試加入學生團體，認同學生的流行語言及穿著風格，並藉由電視節目、廣告與運動，搭起師生間友誼的橋梁。所以，年輕的教師因為他們的外表、穿著、言行舉止、興趣與學生較相似，因此比較容易得到學生的認同。

五、缺席或調動

當教師在面對教學過程中所遭遇到的衝突與壓力時，態度平和者會選擇遲到、早退、請假（absence），或轉介棘手個案；態度激烈者則選擇調動（removal），或提早退休的方式。同樣的，教師也會像學生一樣，透過「精神上的缺席」（be absent in spirit），例如打瞌睡、發呆、忽略問題，甚至是浪費時間等方法，加以迴避現實中面臨的衝突。

六、照章辦事

照章辦事（ritual and routine）是指教師選擇強調形式、程序、社會秩序、維持傳統與現狀的策略，以避免窮於應付獨特、未預期及未標準化的事件。

七、職能治療

職能治療（occupational therapy）策略的原則就是儘量使學生非常忙碌，或教師使自己感覺遲鈍些，其目的在於鈍化厭倦與怒氣，以防止事件發生。當學生開始對課程之進行感到無聊、疲憊時，教師會請學生做一些工作，例如擦黑板、實物操作。但是教師也可能會讓自己非常忙碌，拼命講課，也不管學生的反應，或者會採「消磨時間」的方式，例如遲到、早退、與學生聊天、在課堂中才準備教材等。

八、激勵士氣

激勵士氣（morale-boosting）係指教師設計策略，以重新界定他們正在做的事情，包括使用笑話與修辭的技巧，藉此激發學生的熱誠與團體認同，不僅改善彼此間的關係，亦可抗拒來自外界或內部的分離力量。

陸. 學生的應付策略

學生的應付（coping）策略是非正式體系的重要層面，爲因應學校的權力結構，學生自低年級即開始學習應付學校與班級的各種策略，所謂上有政策，下有對策，學生應付教師的策略，亦隨教師所採取策略而有不同（方德隆，1998a）。學生的應付策略包含三種：(1) 打混策略，例如凝視窗外、不注意聽課、傳紙條等；(2) 迴避策略，例如謊報筆遺失而無法寫作業、要求上廁所而故意拖延、不繳交作業等；(3) 反叛策略，例如做一些表面功夫（Pollard & Tann, 1993）。伍德斯（P. Woods）於 1980 年以英國公立寄宿學校男生爲對象，依據學校目標與方法爲分類架構，歸納學生應付的五種策略（周新富，2018；許殷宏，1999）：

一、殖民化

殖民化（colonization）結合了對目標的冷漠疏離，與對手段的矛盾心理。學校系統的各部門是他們所接受的，但他們有時會以非法手段去應付學校，例如抄襲作業或考試作弊。

二、完全投入

完全投入（indulgence）是對學校目標與手段強力的正向回應，研究指出，中學生希望教師覺得他是「循規蹈矩」的，最常表現出「乖巧盡責」、「認眞向上」。

三、順從

順從（conformity）策略是指學生會接受教師的情境定義，並藉由形象整飾做好表面工夫，或者透過各種策略進行協商，以形成工作共

識，使師生能夠順利演出。順從策略可細分為服從（compliance）、逢迎（ingratiation）及機會主義（opportunism）三項。服從是學生感到目標及手段間的可結合性及關聯性；逢迎是學生想要藉由獲得有權力者的支持，最大化自己的利益；機會主義是學生表現出不專心於工作，以及對其他方式一時興起的學習，他們在決定一個目標之前，會逐一的嘗試，這會造成行為上的波動。

四、冥頑抗拒

當學生一切均依照教師的規定去做，卻無法從教師身上獲得他想要的利益時，則冥頑抗拒（intransigence）行為很可能成為主要的策略，例如學生經常運用「搗蛋」策略來探測教師的容忍度與底線，以及教師是否能有效控制秩序。他們所運用的搗蛋策略可分成以下幾種方式：(1) 形成小團體，這個小團體會給予學生力量；(2) 戲謔與巧妙的反駁；(3) 挑戰性的言詞，問無聊的問題與頂嘴；(4) 非言詞的挑戰，玩弄筆或尺。學生選擇此種策略是對學校目標的漠視，也拒絕學校藉由規定、慣例、規範的手段達成其目標。他們可能會干擾上課、對教職員暴力相向，或者破壞公物，由頭髮、衣著、鞋子等外觀可能可以區別這個類型的學生，他們是讓學校感到頭痛的人物。

五、起義

起義（rebellion）是指學生拒絕接受學校的目標與手段，但他們會代之以其他目的。起義行為在學校生涯的後期是常見的現象，此種目標的替換使這類型的學生較無「冥頑抗拒者」那樣高的威脅性。

這五種策略可以分為三類，一是接受者，即接受學校的價值觀，認真讀書，追求好的成績；二是協商者，他們可能認為學校教育無聊透頂，但還是會盡力讀書、遵守校規，只是會投機取巧，尋求最好的交易；三是抗拒者，不服從校規，表現出讓教師無法容忍的行為，甚至出現翹課、輟學的情形（林郡雯譯，2007）。

問題討論

1. 班級是學校教育教學的基本單位和形式，請問社會學家認為班級具有哪些功能？

2. 「權威」是社會中控制他人行為的正式權利或權力，師生關係中一定會涉及教師權威。試舉三種教師權威並解釋之。（108-2 教檢）

3. 在師生互動的過程中，教師面對來自各方面的壓力，通常會發展一套「生存策略」（survival strategies），請問教師的生存策略有哪些？

4. 依據伍德斯（P. Woods）於 1980 年對英國公立寄宿學校男生的分析，學生會使用哪些策略來應付學校生活？

5. 何謂印象管理？教師如何運用哪些印象管理技巧來處理上課所遭遇到的問題？

第 **15** 章

教育研究的性質與方法

教育是百年樹人的大業，教育的成敗對個人、社會及國家的發展影響至為深遠，因此各先進國家均相當重視教育工作。教育事務包羅萬象，涉及的範圍相當廣泛，例如教育行政、教育制度、課程教學、教育經費等方面的問題，不是靠一個人的經驗或學識就有辦法加以解決，唯有藉著正確的研究方法，才能探索教育問題癥結所在，然後對這些問題提出具體有效的改進策略（葉重新，2017）。教育研究的對象是以人為主，人類的行為極為複雜，所涉及的因素相當多，不像自然科學現象的單純和易於控制，因此教育的研究仍未達到自然科學的客觀與精確的地步（郭生玉，1997）。儘管如此，教育工作人員如果有了教育研究方法的知識基礎，可以運用科學的方法解決周遭的問題，對其專業能力的提升有很大的幫助。本章分別從教育研究的意義和目的、教育研究的類型、教育研究的基本歷程三方面，對教育研究的基本概念作一探討。

第一節　教育研究的意義、目的與範圍

本節分別針對教育研究的意義、目的與範圍進行探討，以對教育研究的基本概念有所認識。

壹. 教育研究的意義

本小節主要在解釋教育研究的意義，首先針對研究的定義作一說明，然後再說明教育研究的特性與目的。

一、研究的定義

何謂研究（research）？幾乎每個人都把「研究」二字掛在嘴上，例如讓我們針對這個問題研究研究、這件事要再研究等等，這裡的研究似乎等同於「思考」、「考慮」，在未作決定之前，再去廣泛蒐集資料，等疑慮消除後才作成決定。

《韋氏辭典》（引自王文科、王智弘，2018）對「研究」下了一個比較嚴謹的定義：「細心的、有系統的、耐心的執行探查或探究某知識領域，以發現或建立事實或原理。」研究在這裡的定義強調以科學的方法來獲得知識，獲得知識或資訊的方法很多，可以詢問專家、閱讀文獻資料、詢問有相關經驗的人士、根據個人的感官經驗、透過邏輯推理方式等，這些方式都有助於資訊或知識的取得。但是所得到的答案可能不是全部都是可靠的，專家可能受到誤導、資料的來源可能沒有參考價值、周遭的人士可能沒有相關經驗、個人的經驗或直覺可能不恰當或容易造成誤導，所以最有價值的方法是科學（黃光雄譯，2005）。科學方法不一定就是要在實驗室裡面作實驗，而是一種獲得知識的歷程，可以讓我們獲得正確而可靠的資訊，通常包括以下五個步驟：(1) 選擇與界定問題；(2) 閱覽文獻及陳述研究問題與假設；(3) 演繹推理與執行研究程序；(4) 蒐集並分析資料；(5) 詮釋發現與敘述結論（王文科、王智弘，2018）。

二、教育研究的意義

什麼是教育研究？吳明清（2004）認為教育研究是一種以教育為對象、以教育為範圍及以教育為目的的一種問題解決的歷程，而教育研究本身即具備了科學研究與哲學研究的雙重性質。王文科（2000）則認為教育研究是採用科學方法探討教育領域的問題，基於研究重點的不同，分成理論的研究和實際的研究。

由以上學者的定義，可知教育研究與所有科學研究一樣，同時由三個基本要素組成，就是客觀事實、科學理論和方法技術，只不過是研究對象的特性不同。教育研究是以發現或發展科學知識體系為導向，透過對教育現象的解釋、預測和控制，以促進一般性原理原則的建立與發展。所以我們可以對教育研究下這樣的定義：教育研究是以科學的方法，有組織、有計畫、有系統地進行教育現象的研究，以獲得教育科學的原理原則和理論（周新富，2016）。

三、教育研究的特性

教育研究是一種活動或一個過程，儘管研究的方法相當多元化，但是某些基本的特性是不變的，一般而言，教育研究具有以下的特性（葉重新，2017；周新富，2016）：

(一) 以人作為研究的主要對象

學校的主要成員為教師與學生，學校教育是人教人的活動歷程。教育研究的每一個領域都脫離不了人，由於每一個人都具有獨特性，人與人之間都存有個別差異，因此教育研究所涉及的變數眾多，教育研究的複雜性不亞於自然科學。

(二) 有特殊的目的與價值

研究的目的在於探索教育的規律，以建立教育理論與解決實踐問題為導向。故教育研究不是簡單的資料蒐集或言論的羅列，必須作出理論的說明和進行邏輯的論證。簡言之，教育研究有預期的目的和預設的價值。

(三) 具有科學性

教育研究採用科學方法來進行，因此要有科學假設和對研究問題的陳述，研究的問題要明確並且可供驗證。在研究設計上，要以有系統的方式蒐集可靠的資料數據，分析之後形成結論。至於研究方法則要運用科學的方法，遵循科學研究程序，所得到的結果可應用到實踐中加以驗證。

(四) 具有複雜性、多變性與創造性

教育研究不但錯綜複雜，而且需要考慮很多可能的變數，因此教育研究具複雜性和多變性。由於教育內容的許多變項是相互影響的，因此在探討某一教育現象時，無法像自然科學那麼容易控制無關變項。例如影響教育成效的因素繁多，舉凡教育制度、學校組織文化、行政管理、教學方法、師資與設備等，都是重要變項。教育研究另一個重要的特性是創造性，研究者對原有理論體系的思維方式及研究方法，要以創造性來突破傳統思維。

貳. 教育研究的目的

我們在進行研究時，常常會具有不同的目的，可能是為了完成一項老師交付的作業，可能是為了完成學位，也可能僅僅只因為興趣而進行研究。為何要進行教育研究？其目的不外是要解決教育問題，但除實用價值之外，教育研究還有一些較為抽象的目的，例如建立理論。歸納學者的看法，教育研究具有以下的目的（林重新，2001；葉重新，2017；唐盛明，2003）：

一、探索

以探索（exploration）為目的的研究一般是初步階段的研究，當一個比較新的事物或社會現象出現時，我們基本上對它們處於一種無知的狀態，這時我們有必要對它們先作一些探索性的研究，以便在隨後的階段展開較深層次的研究。例如當新型冠狀肺炎正在傳染時期，學校要如何啟動危機處理，以避免學生受到感染，但這方面的文獻極為欠缺，因此有必要

進行探索性研究。探索性的研究很少給予明確的答案，它的最主要功能是使我們對新的事物或社會現象有一些初步的了解，因此我們在進行這類研究時，不一定要有預先設計的研究計畫，即使有一些初步的研究構想，還是要依據情況不斷地變更。

二、描述

　　將研究過程中所蒐集的資料，利用語言或文字客觀地加以描述（description），只說明研究發現的客觀事實，不探究問題發生的原因，這樣有助於一般人對教育現象的了解。例如視力保健的調查發現小學生的近視率達五分之二，由這個結果可以知道近視率人口的多寡。

三、解釋

　　教育研究者有時需要對受試者的行為作進一步的分析，以便探求該行為的可能原因，同時找尋理由來解釋（explanation）研究所得到的資料。解釋並不僅限於可觀察到的資料，有時候教育學者對學生內在的心理歷程進行推論，藉以詮釋該心理歷程的涵義。例如某研究者發現焦慮程度愈高的學生，考試所得分數愈低，該研究者可能解釋為焦慮使人分散注意，因而使考試分數降低。

四、預測

　　有些研究或理論的目的是用來作為預測（prediction）之用。所謂預測，是根據現有的資料，推估某一事件將來發生的可能性。教育學者依據以往問題發生之後所產生的因果關係資料，以科學方法來預測受試者發生同類行為的可能性，結果通常相當準確可靠。例如依據高中成績，可以預測將來大學入學考試的得分。

五、控制

　　教育研究者經由科學研究，就能操縱影響某一事件的因素，以使該事件產生預期的變化。對許多教育學者來說，控制（control）教育情境比預

測更爲重要，因爲對教育情境的掌握，往往可以避免不良後果的發生，或使可能發生問題的嚴重性減到最低程度。例如學校加強交通安全教育，有助於減少交通事故的發生。

綜合言之，教育研究的目的在理論方面有助於建立教育理論、充實學術內涵及啓迪教育知識，因爲許多的教育理論是透過教育研究而發展的，例如皮亞傑的認知發展理論、維果茨基（Lev Vygatsky）的建構理論等。在實務方面，教育研究可以提升教育品質，教育學者的研究對教育政策的制定，可以作爲革新本國教育制度的參考；學校行政人員及教師從事教育研究，則有助於改進教學活動、協助行政決策、培育優良師資及提升專業地位（吳明清，2004；高義展，2004）。

參. 教育研究的範圍

基本上，教育研究的問題可以分爲理論上的問題與實務上的問題，但這種分類的缺點是過於籠統。教育研究問題的另一種分類是分成對教育現象的認識及改善教育的技術二大取向，一個是探討教育現象的問題，一個是探討實際應用的問題，以下分別說明之：

一、教育現象的問題

教育現象的研究主題包含的範圍相當廣泛，主要在探討教育理論及教育活動的運作，其內容有以下幾項（王文科、王智弘，2018；林重新，2001）：

(一) 教育目的或本質的問題

這類的問題多是從哲學、心理學與社會學的層面來加以探討，例如教育的目的爲何？是培養具獨立思考的個人或者具共同生活價值觀、善盡公民義務的個人？人性的本質是善、是惡，還是都有？教育是激發人的本性，或是抑制、導正人的惡性？

㈡ 教育內容問題

即什麼材料是最有價值的問題，例如學校應該要教些什麼課程？目前國小的課程中除了一般國語、數學、社會等科目之外，尚有鄉土教學、母語教學、資訊教育與英語教育等。目前社會充滿了怪力亂神，我們是否應該教宗教教育？如果是的話，宗教教育該如何教？教些什麼？

㈢ 教育方法問題

即什麼教育方法是最有效的問題，教育方法種類繁多，包括教學與訓輔，如何根據教材需要，採用適當的方法指引學生。例如建構教學是否優於傳統教學？如何以建構教學來培養學生問題解決的能力？如何輔導青少年學生擺脫手機的依賴？

㈣ 教育方式問題

教育方式多半是指學制的問題，像正規教育與非正規教育的問題、綜合高中與多元入學的問題即屬此類。此外，像常態編班是否優於能力編班？小班小校是否可以提升教學的品質？皆屬此類問題。

㈤ 教育組織的研究

教育組織包括教育行政、學校行政、教師會或學校內部教評會、性平會的運作與功能等。

㈥ 教師與學生特質的研究

針對學生與教師的身心理狀態所進行的研究，例如教師心理衛生、學生個別差異的探討、資優生與特殊兒童的心理研究等。

二、實際應用的問題

教育研究另一種類型為實際應用的問題取向，主要在研究教師如何運用教育理論到自己的教學工作之中，以提升教學的成效，這類型研究亦可稱之為行動研究。有關教學方法的實際問題如能獲得解決，有助於教師作實際決策時的參考。這類的問題如下：

1. 教師如何實施多元評量？
2. 如何使用行為學派的代幣制來從事班級經營？
3. 教師自我預言如何影響師生間的互動？
4. 對資優生或偏差行為的學童如何輔導？

第二節　教育研究的類型

教育研究的分類可以有好多種的分法，本節介紹三種分類方式，第一種類型是基於研究的目的所作的區分，第二種方式是就蒐集與分析資料的技術所作的分類，第三種分類是依據研究的方法。

壹. 依研究的目的區分

依據研究的目的，可以將教育研究區分為基礎研究和應用研究二大類，其中應用研究所包含的範圍較廣，像評鑑研究、研究與發展、行動研究等皆可歸屬為應用研究。以下分別說明各種類型研究的內涵（王文科、王智弘，2018；葉重新，2017；周新富，2016; Gay, Mills, & Airasian, 2006）：

一、基礎研究和應用研究

以教育研究的一般分類而言，可分為理論研究和實務研究，但這二類又很難作明確的區分。理論研究又稱之為基礎研究（basic research），或稱為基本研究，這種研究以探索教育學術理論為主要目的，以提出新學說、新觀點和新方法，但不涉及實際教育問題的理解，也不提出解決或改進教育問題的建議。例如自我肯定訓練、學生行為改變技術，都是由基礎研究所發現的理論應用到教育上的實例。教育學者從事基礎研究的人數不多，這方面仍有極大的發展空間。應用研究（applied research）是基礎研究成果在教育實務中的延伸，它是運用基礎研究成果對具體教育問題進行

理論分析，以解決現實中存在的某些問題。例如小學轉學生生活適應、青少年休閒生活、教師教學方法等研究，均屬應用研究。對於中小學教師而言，他們關注的焦點往往是實際問題的解決，因此在研究上所關注的重點不在理論研究或基礎研究，而在於應用研究，這些研究的結果可以直接應用到教育實踐之中，用來改善自己的教學環境。

　　然而，人們對於使用「基礎」和「應用」研究這二個術語產生了誤解，許多人覺得基礎研究很複雜，而應用研究則較簡單；另一種誤解是認為應用研究是由那些非專業的實務工作者做的，而基礎研究則是由善於抽象思考的思想家所進行的；還有一種誤解是認為應用研究是粗糙的、無計畫的，但是有實用價值，而基礎研究則是精細的、準確的，但缺乏實用價值。之所以要區分成這二類，主要是基於研究目的的不同，而不在它們的複雜程度或價值。

二、應用研究細分

　　應用研究所包含的範圍極廣，除前文所提到的部分之外，以下三種類型的研究亦可歸屬於應用研究：

(一) 評鑑研究

　　評鑑是有系統地蒐集和分析資料的過程，其目的在作決定，通常評鑑與以下的問題有關：(1) 這個特殊的方案是否值得實行？(2) 新的閱讀課程是否優於舊課程？(3) 某位學生是否可以安置到資優班？評鑑研究（evaluation research）即是透過蒐集和分析資料，對教育組織中的政策、計畫或方案進行評量與鑑定的一種研究方式，研究結果提供作為擬訂政策及決策的參考。然而有部分學者認為教育評鑑不是教育研究的形式，其爭議在於教育評鑑是否依據研究設計來進行團體的比較。

(二) 研究與發展

　　研究與發展（research and development, R & D）的主要目的在發展可應用到學校的產品，以滿足特別的需求，這些產品包括教師訓練教材、學生學習材料、教學媒體、一組行為目標、管理系統等。當產品完成後，還

要進行實地測試和修改，直到符合先前預期的成效。

(三) 行動研究

行動研究（action research）是一種新的研究趨勢，這種研究可視為應用研究的一種，它是教師或行政人員用來解決工作上所存在問題的一種研究方法，強調的是日常問題的解決，所以行動研究的主要功能為改進實際教學工作，解決教育實踐中的問題。行動研究因為研究的樣本不必太多、過程不必過於嚴謹、不太關心研究結果是否對教育情境具有普遍適用性，所以廣受中小學教師的歡迎。例如理化教師想要使用新的教學方法，於是以自己任教班級的學生為對象，經過一段時間後，比較哪一種教學方法的成效較佳。

貳. 依蒐集與分析資料的技術區分

教育研究依據蒐集與分析資料的技術，可以區分為量的研究（quantitative research）和質的研究（qualitative research）二大類。

一、量的研究

量的研究或稱為量化研究，採用自然科學的研究模式，運用數學工具蒐集、處理研究資料，例如問卷施測、統計分析，它是進行教育研究活動的重要研究方法之一。量化研究可以在短時間之內蒐集一大群受試者的反應資料，所蒐集的資料為數字，所分析的資料為數字，因此量化研究是以統計分析的方法來處理數字，其家族成員包括調查研究、實驗研究（experimental research）、相關研究（correlational research）、事後回溯研究（ex post facto research）等。

二、質的研究

質的研究或稱為質性研究，也有人稱為質化研究，它是根據人種學、現象學、解釋學等的研究思想方法形成的一種社會學研究方法，這種研究提供歷程性、描述性、脈絡性的資料，只要懂文字的人，大概都能讀懂

質性研究的報告，比起量的研究更能吸引更多的讀者。這種研究通常採用觀察、晤談、文件分析等方法來蒐集資料，再對這些資料加以整理、分析，主要以文字來說明研究發現的事實。俗民誌研究（ethnography research，又稱爲人種誌）、田野研究、個案研究等皆屬於質的研究。

三、量的研究與質的研究之差異

質性研究與量化研究這二種研究的典範（paradigm）雖有差異，但二者又不是截然分開的，而是相互依存、相互滲透、相互補充的。事實上，質的研究也包含實證研究的因素。然而二者在基本假設和預設立場方面有很大的差異，最簡單的區別方式如下：質的研究是指使用文字而不使用數字來描述現象的研究；量的研究則是相反，也就是使用數字和測量，而不使用語言文字來描述教育現象。量的研究與質的研究尚包括以下幾方面的差異：

(一) 與情境的關係

量的研究是與具體情境相分離，而質的研究是把自然情境作爲資料的直接源泉。在質的研究中，研究者需要花費相當多時間深入到學校、家庭和社會去了解有關問題，離開具體情境就不能理解教育活動的實際內涵及意義。量的研究是不要求研究者直接參與到教育活動中去，而是追求研究資料、研究結論的精確性。

(二) 對象範圍

量的研究比較適合於宏觀層面的大規模的調查與預測，而質的研究比較適合在微觀層面對個別事物進行細緻、動態的描述和分析。

(三) 研究問題的角度

量的研究注重研究對象、研究問題的普遍性、代表性及其普遍指導意義；質的研究則注重研究對象、研究問題的個別性、特殊性，以此發現問題或提出發現問題的新角度。

(四) 研究的動態性與靜態性

量的研究是一種靜態研究，它將研究對象可以量化的部分，在某一時間範圍內固定起來後進行數量上的計算；而質的研究具有動態性，它是對研究對象發生、發展的過程進行研究，並且可以隨時修訂研究計畫，變更研究內容。

(五) 研究的假設

量的研究要有一定的理論假設，從假設出發，並通過分析數據來驗證假設；質的研究不一定需要事先設定假設，而是在研究過程中逐步形成理論假設。

(六) 研究者與研究對象的關係

量的研究基本上排除了研究者本人對研究對象的影響，儘量保持價值中立；質的研究則存在著研究者對研究過程和研究結果的影響，要求研究者對自己的行為及自己與研究對象之間的關係進行反思。

參． 依研究方法區分

依據研究方法來區分教育研究的類型，亦是一種常用的方式，其用意在使人了解教育研究是以何種方法來蒐集資料，通常可以將教育研究分為歷史研究、調查研究、實驗研究及俗民誌研究四大類，以下分別敘述之：

一、歷史研究

歷史研究（historical research）的歷程係將過去發生的事件進行研究、記載、分析或解釋，以求得新的發現，如此不但有助於對過去的了解，而且可以了解現在。例如蔡元培教育思想、杜威教育思想、日據時代的臺灣大學教育等研究主題均屬之。但歷史研究在教育研究中所受到的重視不如調查研究、實驗研究及人種誌研究，其主要原因可能是：(1) 往者已逝，很少研究者能夠真正了解它，且現在或未來的問題也未必適巧與往昔所發生者相同；(2) 歷史研究要花費相當長的時日，是一種速度緩慢的

研究工作；(3) 尋找和問題有關的史料常遭遇到相當的困難；(4) 研究者缺乏歷史研究法的訓練。

二、調查研究

　　一般而言，調查研究（survey research）在於發現教育的、心理的和社會的變項之影響、分布及關係，這些變項是存在於自然情境，不像實驗研究中的變項是人為的，有些調查研究只侷限於現況，有些則試圖探討變項之間的關係和影響。許多的研究工作都可以放置在調查研究的名稱之下，例如相關研究、事後回溯研究。相關研究主要目的在決定二個或多個可量化變項之間是否有關係存在，或進而依據此等相關作預測之用，例如要探討學習動機與學業成就的關係；而事後回溯研究是在探索變項之間可能的因果關係，例如想要探討就讀幼稚園對國小三年級學業成就是否有影響。

三、實驗研究

　　實驗研究法是研究者在精密控制的情境下，操縱一個或多個自變項，並觀察依變項隨自變項的變化而發生的變化情形，只有實驗研究才能確定現象的因果關係，但是研究的結果較難適用於自然的教育情境中。故教育方面的實驗研究通常是採用準實驗研究（quasi-experimental research），其與實驗研究最主要的差別是研究樣本未被隨機分配，而遷就現有的「班級」。例如要實驗直接教學與傳統教學在教學成效上的優劣，就要運用準實驗研究來進行，研究者以一個班級進行直接教學法的實驗教學，通常稱這組為實驗組，另一個班級以傳統的教學方法進行教學，這組稱為控制組，實驗一段期間後再作成就測驗，比較二組的分數是否有顯著差異。

四、人種誌研究

　　人種誌或稱俗民誌，是在廣義的文化概念下，對特定的文化情境作深入、解釋性的描述。就教育的情況來說，人種誌的研究是對特定情況下的教育制度、過程和現象的科學描述過程。在執行人種誌研究時，通常要在

自然的場所進行，使用觀察、訪談和記錄的方式來蒐集資料，而且不需要強而有力的理論基礎，也不必提出研究假設。例如要探討國中科學教學的實施情況，研究者需要在科學教室中執行長時間的觀察，而且要與教師和學生進行晤談，研究者還要撰寫大量的田野札記，才可以對這所學校的科學教學提出準確的描述與詮釋。

　　其他的分類方式有以研究性質、研究時間區分者。依研究性質可分為試探性研究（exploratory research）、驗證性研究（confirmatory research），前者是指在研究時因為對研究問題所知有限，加上文獻不多，因此不能提出研究假設，只能對研究問題作初步的探討，例如想要研究國中公辦民營的相關問題。後者是指研究者對研究問題具有理論依據，文獻資料豐富，能提出研究假設，且知道如何考驗假設。而依研究時間的分類可以分為縱貫研究（longitudinal research）及橫斷研究（cross-sectional research），前者是對相同的一群受試者，經由長期蒐集資料，觀察其前後變化情形，例如追蹤一群人國中到高中畢業的各項學習表現。後者是指研究者在同一時間內蒐集不同年齡受試者資料，進而分析比較不同年齡組之差異情形，例如同時對國中一至三年級學生施測，比較不同年級學生在某一變項的差異（葉重新，2017）。

第三節　教育研究的基本歷程

　　研究可視為一個歷程或是一個完整的活動體系，其活動型態可以區分出七件事：定向聚焦、文獻探討、研究設計、實施計畫、分析討論、提出結論及成果寫作。研究論文通常包括五章，這五章分別是第一章緒論（定向聚焦），經由文獻探討形成研究問題、研究目的，第二章文獻探討，第三章研究設計，第四章分析討論，第五章結論。研究七件事是相互影響的，其中由始至終存在的包括文獻探討、成果寫作及實作流程（實施計畫）（楊龍立，2016）。教育研究的過程包括了一連串連續性、有

系統、嚴謹的活動，以下說明進行一項教育研究須包含的步驟（林生傳，2003；周新富，2016；楊龍立，2016）。

壹. 形成研究問題

　　形成研究問題是研究過程中第一個也是最重要的一個步驟。確定問題的重要性及焦點所在，才能作為研究的主題，並明白確立研究的目標與方向，以及確定研究範圍。故研究問題愈明確、愈清楚，對研究便愈有利，研究過程便可依此而順利進行，包括研究設計、測量過程、抽樣過程、抽樣策略、分析架構、研究報告撰寫的形式等等，都受到所形成之研究問題很大的影響。另外，評估研究問題所需研究的財務資源、所需花費的研究時間、研究者本身及研究指導者的專長，與在此研究領域所需擁有的知識等，也都非常重要。相同的，確認本身對相關學科知識的短缺，例如統計學，也須仔細考量。

貳. 檢視相關文獻與尋求學理基礎

　　研究歷程始於文獻探討，研究者在尚未形成研究問題之前，可以先閱讀相關文獻，等到研究問題確定之後，可以聚焦在特定主題詳細閱讀，以了解有關此一問題已經累積了哪些知識，有什麼相關的理論可以作為進一步研究的基礎，避免重複探求早已知道的知識。因此檢視相關文獻與尋求已知的學理基礎，才能提出可行的方法與途徑去解決問題、獲得新知。

參. 擬定研究設計

　　研究涉及系統的、控制的、有效的及嚴謹的建立各種相關及因果，使得研究者可在各種條件下對結果作出正確的預測。並且確認知識現況的差距，澄清何者是已知的，以及證實過去的錯誤與限制。研究設計主要的功能便是解釋對於所要研究的問題將使用何種方法來找到答案。研究設計又可稱為研究計畫，一項研究設計應該包含：研究假設、研究的各個步驟、

所將進行事項的邏輯性安排、測量的程序、抽樣的策略，以及資料分析的架構與時間。對於任何一項研究而言，選擇適當的研究設計對於得到有效的發現、比較及結構是非常重要的；而且研究者需要了解這項研究設計的長處、短處及限制，一項錯誤的設計將誤導研究發現，並且浪費人力及財力資源。

肆。建構資料蒐集的工具

任何成為研究資料蒐集方法的事物都稱之為「研究工具」，例如觀察表、訪談大綱、問卷等。建構研究工具是研究進行時第一個「實務」的步驟，研究者必須決定如何蒐集所想進行研究的資料，然後建構一項研究資料蒐集的工具。工具編製完成之後，要進行工具的預試，這也是建構研究工具的重要部分。

伍。選擇樣本

研究推論的正確性與研究所選擇的樣本有極大的關係。任何抽樣設計的基本目標乃是盡可能節省預算，以及減少樣本與母群體間明顯的差異。抽樣的基本前提是：如果以科學方法抽出較少量的被研究對象，它便可提供所被抽取的母群體其真實情況的資訊。因此抽樣理論基本上立基於二項原則：(1) 抽樣時避免偏誤；(2) 以有限的資源達成最大的成就。

陸。撰寫研究計畫

研究者在此階段要將所有研究的相關事項，以一種可以呈現完整資訊的方式組合在一起，使研究的督導及其他相關的人了解你所要進行的研究，此便稱為研究計畫。這個完整的計畫告訴讀者你所想研究的問題，以及計畫如何去調查。

柒．蒐集資料

在此階段便須確實的依據研究計畫蒐集資料，有很多方法可以蒐集所需要的資訊，例如使用人種誌的研究方法，研究者是通過訪談、觀察等方法蒐集資料，研究者要規劃觀察或訪談的細節，並事前與觀察或訪談對象互動，以取得信任，在進行觀察及訪談時，以錄影、錄音方式取得資料。如果正在進行一項實驗，實驗的處理或實施之前後要蒐集哪些資料，研究者必須清楚了解。如果使用調查研究，則須編製問卷來蒐集資料，並對問卷進行編碼，為分析資料做好準備。

捌．分析資料

這個階段是對所蒐集到的資料進行分析，資料的分析方式不外質性與量化二種，假如你的研究是以描述為目的，則可以田野紀錄為基礎來撰寫論文或報告，或使用電腦軟體來分析紀錄的內容。假如想要以量化的形式來分析，便需要決定統計分析的方式為何，例如次數分配、列聯表、迴歸分析、因素分析、變異數分析或其他的統計分析，並且要決定如何呈現分析的結果。在分析當中也有可能修訂，或發現有必要再擬定新的假設，並有必要進行進一步的資料蒐集，甚至在進行資料蒐集與分析的同時，可能有新的疑問，因此再重新進行另一波的文獻探討或理論建構，所以研究過程並非直線進行，亦非既定不變。

玖．撰寫研究報告

分析資料後即得到研究結果及結論，接著就是撰寫研究報告，這是研究的最後一個步驟，也是研究過程中最困難的一個步驟，通常研究生會視撰寫學位論文或論文的結論部分為一項困難的工作。研究報告說明了你所做的一切，包括了你的發現及根據發現所作的結論，在撰寫研究報告時，研究者針對結果必須詳細加以解釋，研究的結論也必須明白提出，這些重要內容不可遺漏。除此之外，在撰寫研究報告時，必須力求用字真

確、表達清楚，在結構方面須求嚴謹，使讀者易於發現邏輯關係而把握重點。在撰寫報告時，應先詳細將綱要列出，然後依綱要撰寫各部分的內容。待初稿撰寫完畢後，再審閱全文，加以潤飾，並力求全文前後連貫，各部分具有邏輯的關係。

　　上述研究的基本歷程偏向量化研究模式，當在實施行動研究時，其步驟會有所差異，其研究流程略述如下：(1) 問題陳述；(2) 資料蒐集；(3) 分析與回饋；(4) 計畫行動；(5) 採取行動；(6) 評估與事後檢討。茲以教師面臨班級學生紀律問題想要加以改善為例，說明行動研究歷程：(1) 教師初步分析紀律情境；(2) 記錄違反紀律發生的情況；(3) 將所蒐集到的資料加以分析，以確認原因；(4) 確認紀律問題的型態後，開始列出解決紀律問題的方法；(5) 依據紀律問題的型態採取相對應的行動策略；(6) 評估行動後的結果，決定是否需要修正行動策略（林素卿，2012）。

第四節　教育學術的研究倫理

　　研究倫理係指進行研究時必須遵守的行為規範，是目前國內教育研究比較不受重視的一環。但隨著人權意識的高漲，以及教育研究的普及，研究者應確切了解研究倫理，以避免與研究對象及相關人員發生衝突，並提升教育研究的品質。教育研究經常牽涉到觀察或測量人的行為或特質，藉以了解教育的現象，因此教育研究者應特別注重以人作為研究對象時應遵守的規範（林天佑，2005；吳明清，2004）。

壹. 尊重個人的意願

　　從事以人為對象的研究，對於研究對象的正常作息會造成某種程度的干擾，基於保障個人的基本人權，任何被選為研究對象的個人都有拒絕接受的權利。換言之，未經徵得當事人或其家長（監護人）的同意，研究者不得逕行對其進行研究，即使徵得同意，當事人亦可隨時終止參與。

貳. 確保個人隱私

　　為保障同意接受研究者的私人興趣及特質，進行教育研究時要遵守匿名（anonymity）及私密性（confidentiality）原則，前一項原則是指研究者無法從所蒐集到的資料判斷出提供此資料的個人身分，後一項原則是指外界無法探悉某一特定對象所提供的資料。

參. 不危害研究對象的身心

　　研究者有責任及義務確保每一研究對象在研究進行過程中，不會受到生理或心理上的傷害，包括造成身體受傷、長期心理上的不愉快或恐懼等。除非有充分的理由支持研究的結果對於教育將會有重大的貢獻，任何可能造成這類傷害的研究是不容許的。

肆. 遵守誠信原則

　　在採取實驗的方法時，有時必須以善意欺騙研究對象來進行，例如隱瞞自己的身分、研究的目的、研究的程序等。誠信原則的遵守規範有三項：(1) 儘量選擇不必隱瞞研究對象的方法來進行研究；(2) 如果確實沒有其他可行的方法，必須有充分的科學、教育或其他重要的研究理由，才可以使用隱瞞的途徑；(3) 如果不可避免使用隱瞞的途徑，事後應盡速向研究對象說明原委，避免讓對方留下「受騙」的不愉快感覺。

伍. 客觀分析及報導

　　教育研究者對於如何確保讀者的相關權益，也有一定的規範，這方面的規範主要包括研究結果的分析與報導二項。在結果分析方面，研究者應將所獲得的資料進行客觀分析，不可刻意排除負面的及非預期的研究資料，使讀者能完整的掌握研究的結果。在結果報導方面，研究者有義務將研究設計的缺失及限制詳細條列，使讀者了解研究的可信程度。

問題討論

1. 請依據以下問題，說明要用何種研究類型進行研究？

   (1) 教師對教師會的態度　　　　(2) 社經地位對自我概念的影響

   (3) 班級大小對學業成就影響之研究 (4) 學生上課共用電腦的互動情況

   (5) 晏陽初的教育思想　　　　　(6) 教師效能對學生成就的影響

2. 依蒐集與分析資料的技術來區分，教育研究可分為哪幾類？

3. 何謂量的研究？何謂質的研究？二者有何差異？

4. 依方法的不同，教育研究可分為哪些類型？

5. 請簡述教育研究的基本歷程。

6. 從事教育研究工作，應該遵守哪些研究倫理？

參考文獻

中文部分

丁志權（2016）。**六國教育制度分析：美德英日法中**。高雄市：麗文。

方永泉（2005）。從次文化研究到後次文化研究：談西方次文化研究的演變及其在教育上的啓示。**中等教育，56**（5），24-47。

方德隆（1998a）。班級教學的社會學分析。載於沈慶揚等（主編），**師資培育與教育研究**（頁215-252）。高雄市：復文。

方德隆（1998b）。國民中小學多元文化教育之課程設計模式。**高雄師大學報，9**，187-205。

方德隆（2002）。國民小學教科書性別意識型態的檢視。載於謝臥龍（主編），**性別平等教育探究與實踐**（頁115-150）。臺北市：五南。

方德隆（2005）。教學。載於臺灣教育社會學學會（主編），**教育社會學**（頁257-306）。臺北市：巨流。

方德隆譯（2004）。A. C. Ornstein & F. P. Hunkins著（2004）。**課程基礎理論**。臺北市：高等教育。

毛禮銳、邵鶴亭、瞿菊農（1989）。**中國教育史**。臺北市：五南。

王文科、王智弘（2018）。**教育研究法**（第18版）。臺北市：五南。

王文科（2000）。質的研究的問題與趨勢。載於中正大學教育研究所（主編），**質的研究方法**（頁1-24）。高雄市：麗文。

王怡靜（2000）。赫爾巴特教育思想之探究及其對我國國小道德教育之啓示。**教育研究，8**，239-250。

王俊豪（2000）。梁漱溟重建主義思想對臺灣鄉村文化發展之啓迪。**農業推廣文彙，45**，223-234。

王柄照等（1994）。**簡明中國教育史**。北京市：北京師範大學。

王家通（1995）。學校制度。載於黃光雄（主編），**教育概論**（頁299-338）。臺北市：師大書苑。

王振寰、瞿海源主編（2003）。**社會學與臺灣社會**。臺北市：巨流。

王連生（1990）。**新西洋教育史**。臺北市：南宏。

王雅玄、陳幸仁（2007）。離島教師的偏遠論述——教師社會學分析。**高雄師大學報，23**，67-90。

王雅玄（2007）。伯恩斯坦《邁向教育傳遞理論》評述。**中等教育，58**（5），152-166。

王瑞賢（2018）。Basil Bernstein 的教育論述及其實踐：教育機制的分析。**臺灣教育社會學研究，18**（1），1-39。

王瑞賢譯（2006）。Basil Bernstein 著（1990）。**教育論述之結構化**。臺北市：巨流。

王鳳喈（2018）。**中國教育史**。臺北市：五南。

王麗雲、甄曉蘭（2009）。社會學取向的教科書政策分析。**教科書研究，2**（1），1-28。

王麗雲（2005）。學校教育的社會功能。載於臺灣教育社會學會（主編），**教育社會學**（頁 27-56）。臺北市：巨流。

王麗雲（2006）。T. Parsons：和諧理論的代表人物。載於王麗雲、譚光鼎（主編），**教育社會學：人物與思想**（頁 111-135）。臺北市：高等教育。

任晟蓀（2007）。**教育法規導讀**。臺北市：五南。

伍振鷟、林逢祺、黃坤錦、蘇永明（2012）。**教育哲學**。臺北市：五南。

全國教師會（2000）。**全國教師自律公約**。臺北市：全國教師會。

朱啓華（2006）。論愛心或耐心作為教師的基本態度。**教育科學期刊，6**（1），1-16。

行政院（2018）。**《實驗教育法》三法修正——讓臺灣教育創新更具動能**。2019 年 12 月 6 日檢索自 https://www.ey.gov.tw/Page/5A8A0CB5B41DA11E/d0f42a96-289c-4bb2-8c1a-87575a998a50

行政院原住民族委員會（2019）。**108 年第一季原住民就業狀況調查報告**。原住民族委員會。

但昭偉（2003）。分析哲學與分析的教育哲學。載於邱兆偉（主編），**當代教育哲學**（頁 35-60）。臺北市：師大書苑。

吳正龍（2011）。明鄭時期陳永華興學設教事蹟初探。**教育資料與研究，104**，125-148。

吳明清（2004）。**教育研究：基本觀念與方法分析**。臺北市：五南。

吳明隆、陳明珠、方朝郁（2019）。**教育概論：教育理念與實務初探**。臺北市：

五南。

吳明隆（2018）。**班級經營：理論與實務**。臺北市：五南。

吳俊升（1998）。**教育哲學大綱**。臺北市：臺灣商務。

吳俊憲（2004）。課程改革與學校文化之探討。**課程與教學季刊，7**（4），77-90。

吳政達（2007）。**教育政策分析新論**。臺北市：高等教育。

吳洪成、李兵（2003）。洋務運動時期西學科學與科技知識的引入及相關教科書的編譯。**亞太科學教育論壇，4**（2）。2020 年 2 月 25 日檢索自 https://www.eduhk.hk/apfslt/v4_issue2/libing/index.htm#abs

吳根明譯（1988）。**批判理論與教育**。臺北市：師大書苑。

吳康寧（1998）。**教育社會學**。高雄市：復文。

吳清山、王令宜（2016）。美國基礎教育改革：從「別讓孩子落後」到「每個學生都成功」。**教育行政研究，6**（1），1-26。

吳清山、蔡菁芝（2006）。英美兩國教育績效責任之比較分析及其啟示。**師大學報（教育類），51**（1），1-21。

吳清山（1992）。**學校效能研究**。臺北市：五南。

吳清山（1998）。建立教師專業權威之探索——談專業知能、專業自主與專業倫理。**初等教育學刊，6**，41-58。

吳清山（2001）。**教育發展研究**。臺北市：元照。

吳清山（2004）。**教育概論**。臺北市：五南。

吳清山（2010）。**教育法規理論與實務**。臺北市：心理。

吳清山（2016）。每個學生都成功法。**教育研究月刊，268**，118-119。

吳清基（1995）。教育的目的、目標與功能。載於黃光雄（主編），**教育概論**（頁31-62）。臺北市：師大書苑。

吳瓊洳（1997）。**國中學生次級文化之研究**。國立高雄師範大學教育研究所碩士論文，未出版，高雄市。

吳瓊洳（2005）。國民中學教室情境中的學生權力分析：社會學的觀點。**市立師範學院學報，36**（1），249-272。

宋明娟（2007）。D. Tanner、L. Tanner 與 H. Kliebard 的課程史研究觀點解析。**教育研究集刊，53**（4），1-32。

巫有鎰、黃毅志（2009）。山地原住民的成績比平地原住民差嗎？可能影響臺東

縣原住民各族與漢人國小學生學業成績差異的因素機制。**臺灣教育社會學研究，9**（1），41-69。

巫有鎰（2003）。新右教改潮流對教育機會均等的衝擊。**屏東師院學報，18**，437-458。

巫有鎰（2007）。學校與非學校因素對臺東縣原、漢國小學生學業成就的影響。**臺灣教育社會學研究，7**（1），29-67。

李玉馨（2009）。新手教師的使命與困境：從 Dewey 哲學論臺北市教學導師制度之改進。**當代教育研究，17**（1），107-136。

李玉馨（2010）。「進步」的揭示與開創：論杜威學說與美國進步主義教育各派別之差異。**教育科學期刊，9**（2），53-76。

李奉儒、林明地（2009）。**嘉義縣志卷八‧教育志**。嘉義：嘉義縣政府。

李奉儒（2003）。P. Freire 的批判教學論對於教師實踐教育改革的啟示。**教育研究集刊，49**（3），1-30。

李奉儒（2012）。弗雷勒哲學中的教師圖像——教師作為文化工作者。載於林逢祺、洪仁進（主編），**教師哲學：哲學中的教師圖像**（頁 377-393）。臺北市：五南。

李涵鈺、陳麗華（2005）。社會重建主義及其對課程研究的影響初探。**課程與教學季刊，8**（4），35-56。

李雄揮（1980）。蔡元培美感教育思想研究。**教育研究集刊，22**，495-504。

李寶慶、靳玉樂（2014）。麥克萊倫的批判課程理論及其啟示。**西南大學學報（社會科學版），40**（6），1-8。

沈姍姍、王瑞賢、方德隆、蘇峰山（2016）。伯恩斯坦的教育社會學理論：符碼與教育機制之介紹。**臺灣教育社會學研究，16**（2），153-182。

沈姍姍（1998）。教育專業。載於陳奎憙（主編），**現代教育社會學**（頁 251-268）。臺北市：師大書苑。

沈姍姍（2005）。教育社會學導論。載於臺灣教育社會學學會（主編），**教育社會學**（頁 1-26）。臺北：巨流。

汪知亭（1978）。**臺灣教育史料新編**。臺北市：商務。

阮怡玲（1998）。古希臘哲學思想的源起及其背景。**歷史教育，3**，163-173。

周仁尹、曾春榮（2006）。從弱勢族群的類型談教育選擇權及教育財政革新。**教育研究與發展期刊，2**（3），93-123。

周甘逢、周新富、吳明隆（2003）。**教育導論**（第 2 版）。臺北市：華騰。

周宗偉（2006）。**高貴與卑賤的距離：學校文化的社會學研究**。南京市：南京師大。

周愚文（2001）。**中國教育史綱**。臺北市：正中。

周愚文（2003）。教育的目的。載於黃光雄（主編），**教育導論**（頁 23-38）。臺北市：師大書苑。

周新富（2006）。**家庭教育學：社會學取向**。臺北市：五南。

周新富（2016）。**教育研究法**（二版）。臺北市：五南。

周新富（2017）。**課程發展與設計**。臺北市：五南。

周新富（2018）。**教育社會學**（二版）。臺北市：五南。

周新富（2019）。**教學原理與設計**。臺北市：五南。

周德禎（2006）。**教育人類學導論：文化觀點**（二版）。臺北市：五南。

林大森（2017）。當今大學教師的政治、經濟、社會地位解析：Weber 學派的觀點。**臺灣教育社會學研究，17**（1），1-42。

林天佑（2004）。**教育政治學**。臺北市：心理。

林天佑（2005）。教育研究倫理準則。**教育研究月刊，132**，70-86。

林本（1977）。學制演變八十年。**師大學報，22**，1-36。

林玉体（1990）。**教育概論**。臺北市：東華。

林玉体（1991）。西方教育理論的孕育期──古希臘時代的教育學說。**教育研究集刊，33**，37-100。

林玉体（1992）。唯實論的教育思潮。**教育研究集刊，34**，43-83。

林玉体（1994）。人文教育思潮──文藝復興及教會改革時代。**教育研究集刊，35**，65-100。

林玉体（1995）。主張泛智的教育學者──康米紐斯。**教育研究集刊，36**，83-106。

林玉体（1996）。古代羅馬教育。**教育研究集刊，37**，1-17。

林玉体（2004）。**教育史**。臺北市：文景。

林玉体（2006a）。**中國教育史**。臺北市：文景。

林玉体（2006b）。**西洋教育思想史**。臺北市：三民。

林玉体（2010）。**西洋教育史**（第 14 版）。臺北市：文景。

林玉体（2017）。**西洋教育史**（第 2 版）。臺北市：三民。

林生傳（1995）。教育優先區的理念與規劃研討會報告綱要。載於教育部（主編），**教育優先區的理念與規劃研討會會議手冊**（頁60-64）。臺北市：教育部。

林生傳（1999）。性別教育機會均等的分析、檢討與實踐。**教育學刊**，**15**，1-34。

林生傳（2005）。**教育社會學**。臺北市：巨流。

林志成（2009）。弱勢學生教育的落實之道。**竹縣文教**，**38**，1-6。

林京霈（2008）。新教師專業主義意涵之檢視。**中等教育**，**59**（1），36-55。

林明地（2001）。精鍊學校行政，實際塑造學校文化。**學校行政雙月刊**，**16**，17-25。

林明地（2002）。**學校與社區關係**。臺北市：五南。

林奕成（2011）。後現代主義思潮及其在教育研究的蘊意。**南台人文社會學報**，**5**，1-25。

林政逸（2019）。師資培育白皮書發布後師資職前培育和教師專業發展之省思。**教育研究與發展期刊**，**15**（1），1-28。

林昱貞（2002）。批判教育學在臺灣：發展與困境。**教育研究集刊**，**48**（4），1-25。

林重新（2001）。**教育研究法**。臺北：揚智。

林振中（2006）。日據時期臺灣教育史研究——同化教育政策之批判與啓示。**國民教育研究學報**，**16**，109-128。

林素卿（2012）。**教育行動研究導論**。高雄市：麗文。

林郡雯譯（2007）。K. B. DeMarrais & M. D. LeCompte 著（1999）。**教育的社會學分析：學校運作之道**。臺北市：學富文化。

林清江（1971）。教師角色理論與師範教育改革動向之比較研究。**國立臺灣師範大學教育研究所集刊**，**13**，45-176。

林清江（1981）。教師職業聲望與專業形象之調查研究。**國立臺灣師範大學教育研究所集刊**，**23**，99-177。

林清江（1982）。**教育社會學新論**。臺北市：五南。

林清江（1992）。我國教師職業聲望與專業形象之調查研究（第三次）。載於中華民國比較教育學會（主編），**兩岸教育發展之比較**（頁1-73）。臺北市：師大書苑。

林清江（1999）。**教育社會學新論：我國社會與教育關係之研究**。臺北市：五南。

林淑華、張芬芬（2015）。評析芬蘭教育制度的觀念取向：以共好取代競爭。**臺灣教育評論月刊，4**（3），112-131。

林逢祺、洪仁進主編（2012）。**教師哲學：哲學中的教師圖像**。臺北市：五南。

林新發（2003）。教育行政。載於黃光雄（主編），**教育導論**（頁 183-207）。臺北市：師大書苑。

林綺雲（2002）。制度學派的理論反思：臺灣教育組織的變革經驗。載於行政院國家科學委員會 87-89 年度**社會學門專題輔助研究成果發表會論文集**（頁 465-482），臺北市。

林曜聖（2003）。權力運作與衝突處理中的學校政治行為——校園微觀政治之概念、分析架構與方法。**學校行政雙月刊，25**，64-78。

林斌（2003）。我國教師會發展模式之探討——工會主義與專業主義。**教育資料與研究，51**，61-67。

邱兆偉、簡成熙（2003）。哲學與教育。載於邱兆偉（主編），**當代教育哲學**（頁 1-34）。臺北市：師大書苑。

邱兆偉（2010）。存在主義的教育哲學。載於邱兆偉（主編），**教育哲學**（頁 121-168）。臺北市：師大書苑。

姜添輝（2000）。論教師專業意識、社會控制與保守文化。**教育與社會研究創刊號**，1-24。

姜添輝（2002）。九年一貫課程政策影響教師專業自主權之研究。**教育研究集刊，48**（2），157-198。

姜添輝（2004）。各國教師組織發展取向與教師專業發展。**現代教育論壇，10**，498-522。

姜添輝（2008）。從學校教師會功能與小學教師專業認同的關聯性省思教師組織的屬性。**教育研究集刊，54**（3），65-97。

姜添輝（2010）。批判教學論的要點及其對師生互動的啟示。**教育資料與研究雙月刊，95**，1-26。

姜添輝（2012）。全球化對國家角色的影響：1997-2007 年英國新工黨政府教改路線的剖析。**臺灣教育社會學研究，12**（1），1-41。

洪月女、楊雅斯（2014）。讀報結合閱讀理解策略教學對國小四年級學童學習成效之研究。**教育科學研究期刊，59**（4），1-26。

范雅惠（2008）。教育優先區計畫之分析。**網路社會學通訊**，第 69 期。取自

http://mail.nhu.edu.tw/~society/e-j/69/69-26.htm

唐盛明（2003）。**社會科學研究方法新解**。上海市：社會科學院。

孫志麟（2001）。學校自主管理的理念與實踐。載於國立臺北師範學院（主編），**教育改革的理論與實踐**（頁 319-342）。臺北市：國立臺北師範學院。

孫志麟（2005）。跨越科層：學校組織對教師自我效能的影響。**國立臺北師範學院學報，18**（1），29-62。

孫效智（2001）。生命教育的倫理學基礎。**教育資料集刊，26**，27-57。

徐宗林、周愚文（2005）。**教育史**。臺北市：五南。

徐宗林（1988）。重建主義的教育思潮。載於中國教育學會（主編），**現代教育思潮**（頁 231-265）。臺北市：師大書苑。

徐宗林（1991）。**西洋教育史**。臺北市：五南。

徐宗林（1998）。**西洋教育思想史**。臺北市：文景。

徐宗林等（2007）。**教育導論**。臺北市：五南。

徐波鋒（2007）。學生反文化現象的教育學思考。**寧夏大學學報（人文社會科學版），29**（1），181-184。

秦夢群（2012）。**教育行政實務與應用**。臺北市：五南。

秦夢群（2017）。**教育行政實務與應用**。臺北市：五南。

馬和民（2002）。**新編教育社會學**。上海市：華東師大。

馬藹屏（1997）。青少年次文化初探。**學校衛生，30**，55-59。

高明士（1999）。**中國教育制度史論**。臺北市：聯經。

高義展（2004）。**教育研究法**。新北市：群英。

高德義（2000）。原住民教育的發展與改革。載於張建成（主編），**多元文化教育：我們的課題與別人的經驗**（頁 3-42）。臺北市：師大書苑。

國立教育資料館（2000）。**芬蘭教育理論與實務**。臺北市：國立教育資料館。

國立編譯館主編（2000）。**教育大辭書**。臺北市：文景。

國立編譯館主編（2004）。**教育史（下冊）**。臺北市：正中。

國際評比辦公室（2020）。**國際大型教育評比調查**。2020 年 3 月 25 日檢索自 https://tilssc.naer.edu.tw/pisa

張文忠（1990）。晏陽初社會教育思想之研究。**社會教育學刊，19**，213-230。

張建成（1998）。教育政策。載於陳奎憙（主編），**現代教育社會學**（頁 83-118）。臺北市：師大書苑。

張建成（2002）。**批判的教育社會學研究**。臺北市：學富。

張建成（2007）。獨石與巨傘──多元文化主義的過與不及。**教育研究集刊，53**（2），103-127。

張盈堃、陳慧璇（2004）。矛盾：基層教師生活世界的宰制與抗拒。**應用心理研究，21**，35-62。

張盈堃（2001）。**性別與教育──批判教育學觀點**。臺北市。師大書苑。

張煌熙（1995）。美國補償教育方案之實施與檢討。載於教育部（主編），**教育優先區的理念與規劃研討會會議手冊附件**（頁 1-9）。臺北市：教育部。

張鈿富（1998）。臺灣教育優先地區選擇之研究。**暨大學報，2**（1），273-297。

張德銳（2016）。**教師專業：教師的生存發展之道**。臺北市：五南。

張慶勳（2004）。**學校組織行為**。臺北市：五南。

張憲庭（2009）。Aristotle 德行倫理學對當代品德教育之啟示。**北縣教育，68**，22-26。

張鐸嚴（2005）。**臺灣教育發展史**。新北市：空中大學。

教育部（2012）。**中華民國師資培育白皮書**。臺北市：作者。

教育部（2014）。**十二年國民基本教育課程綱要總綱**。教育部。

教育部（2016）。**中華民國教師專業標準指引**。臺北市：教育部。

教育部（2017）。**十二年國民基本教育實施計畫（核定本）**。教育部。

教育部（2018a）。**中華民國教師專業素養指引──師資職前教育階段暨師資職前教育課程基準**。臺北市：教育部。

教育部（2018b）。**教育部國民及學前教育署 108 年度教育優先區計畫**。教育部。

教育部（2018c）。**新住民子女教育發展五年中程計畫第一期五年計畫（105 年至 109 年）**。教育部。

教育部（2019a）。**中華民國 108 年教育統計**。教育部。

教育部（2019b）。**新住民子女就讀國中小人數分布概況統計（107 學年度）**。教育部。

教育部（2019c）。**十二年國教課程綱要議題融入說明手冊**。教育部。

教育部（2019d）。**終身學習的教師圖像**。取自 https://eb1.hcc.edu.tw/edu/pub/index_show.php?id=79663&org=1

教育部統計處（2018）。**107 學年原住民族教育概況分析**。教育部。

曹孚（1979）。**外國教育史**。北京：人民教育。

梁伯琦、赫連素貞（2011）。**陶行知教育思想基礎**。杭州市：浙江大學。

梁福鎮（1999）。教育的內容。載於歐陽教（主編），**教育哲學**（頁 235-276）。高雄市：復文。

梁福鎮（2006）。**教育哲學：辯證取向**。臺北市：五南。

梁福鎮（2014）。當前我國師資培育的挑戰與對策。**教師教育期刊，3**，1-28。

莊明貞（2001）。當前臺灣課程重建的可能性：一個批判教育學的觀點。**國立臺北師範學院學報，14**，141-162。

莊勝義（1989）。**臺灣地區高級中等教育機會均等問題之研究**。國立高雄師範大學教育研究所碩士論文，未出版，高雄市。

莊勝義（2007）。機會均等與多元文化兩種教育運動的對比。**高雄師大學報，22**，21-42。

許殷宏、武佳瀅（2011）。班級內教師權力運作的微觀政治分析。**中等教育，62**（3），114-132。

許殷宏（1999）。師生互動策略探究。**中等教育，50**（6），62-80。

許智偉（2012）。**西洋教育史新論**。臺北市：三民。

許嘉猷（1986）。**社會階層化與社會流動**。臺北市：三民。

郭丁熒（1997）。師院學生的社會流動之研究。**國家科學委員會研究彙刊：人文及社會科學，7**（2），181-197。

郭丁熒（2001）。教師社會學的研究範疇及其概況。**國立臺南師範學院初等教育學報，14**，1-50。

郭丁熒（2003）。教師的多維影像——教師角色之社會學論述。**國立臺北師範學院學報，16**（2），161-186。

郭丁熒（2004）。**教師圖像：教師社會學研究**。高雄市：復文。

郭生玉（1997）。**心理與教育研究法**（14 版）。臺北市：精華。

郭建志、章珮瑜、鄭伯壎（2002）。學校文化對教師效能的影響：以我國國民小學為例。**本土心理學研究，17**，67-103。

郭齊家、崔光宙（1990）。**中國教育思想史**。臺北市：五南。

陳木金、吳春助（2011）。優質學校文化：卓越校長的觀察。**教育研究月刊，202**，36-52。

陳幸仁（2007）。微觀政治學：一個學校行政的新興研究領域。**教育行政與評鑑學刊，3**，67-86。

陳怡君（2005）。學校文化與領導。**學校行政，40**，63-76。

陳枝烈（1999）。**多元文化教育**。高雄市：復文。

陳青之（2009）。**中國教育史**。北京市：中國社會科學出版社。

陳俊生、林新發（2003）。學校本位管理及其實施成效評析。**國立臺北師範學院學報，16**（1），379-412。

陳奕奇、劉子銘（2008）。教育成就與城鄉差距：空間群聚之分析。**人口學刊，37**，1-43。

陳奎憙、王淑俐、單文經、黃德祥（1999）。**師生關係與班級經營**。臺北市：三民。

陳奎憙（1990）。**教育社會學研究**。臺北市：師大書苑。

陳奎憙（1998）。教育與文化。載於陳奎憙（主編），**現代教育社會學**（頁409-422）。臺北市：師大書苑。

陳奎憙（2003）。**教育社會學導論**。臺北市：師大書苑。

陳奎憙（2009）。**教育社會學**。臺北市：三民。

陳美玉（1997）。**教師專業：教學理念與實踐**。高雄市：麗文。

陳美如（2000）。**多元文化課程的理念與實踐**。臺北市：師大書苑。

陳迺臣（1990）。**教育哲學**。臺北市：心理。

陳琦媛（2013）。學校教師會功能運作之探討。**臺灣教育評論月刊，2**（6），1-4。

陳舜芬等（1996）。師資培育與教師進修制度的檢討。**行政院教育改革審議委員會教改叢刊**。

陳麗珠（2914）。**教育財政制度與改革**。臺北市：心理。

游宗輝、黃毅志（2016）。臺灣中小學教師職業婚姻配對表之分析。**教育學刊，46**，73-101。

華力進（1986）。**政治學**。臺北市：經世。

黃天、周翊（2013）。**教育原理與制度**（九版）。臺北市：考用。

黃文三、張炳煌主編（2011）。**比較教育**。臺北市：高等教育。

黃文三（2013）。**倫理學**。臺北市：高等教育。

黃光雄譯（2005）。R. C. Bogdan & S. K. Biklen 著（2003）。**質性教育研究**。嘉義市：濤石。

黃昌誠（2008）。存在主義思潮在後現代社會中之教育義涵。**崑山科技大學學**

報，**5**，69-80。

黃昆輝（1991）。**教育行政學**。臺北市：東華。

黃政傑（1995）。**多元社會課程取向**。臺北市：師大書苑。

黃政傑（2015）。教師圖像的翻轉。**教育研究月刊**，**260**，12-23。

黃庭康（2018）。**不平等的教育：批判教育社會學的九堂課**。新北市：群學。

黃素惠（1997）。**高級中等教育階段學校文化之研究**。國立政治大學教育系博士論文，未出版，臺北市。

黃純敏譯（2006）。**教育的文化基礎**（初版）。臺北市：學富。

黃雋（2005）。**中外教育史**。高雄市：復文。

黃嘉莉（2008）。教師專業制度的社會學分析。**師大學報：教育類**，**53**（3），125-151。

黃嘉莉（2015）。什麼是「合格」教師？**臺灣教育評論月刊**，**4**（6），1-3。

黃嘉莉（2016）。中小學教師證照制度的社會學分析：社會藩籬論觀點。**臺灣教育社會學研究**，**6**（2），65-103。

黃嘉雄（1995）。**轉化社會結構的課程理論**。國立臺灣師範大學教育研究所博士論文，未出版，臺北市。

黃德祥、林重岑、薛秀宜譯（2007）。J. H. Ballantine 著（2007）。**教育社會學**。臺北市：心理。

黃毅志（2003）。「臺灣地區新職業聲望與社經地位量表」之建構與評估：社會科學與教育社會學研究本土化。**教育研究集刊**，**19**（4），1-31。

黃毅志（2005）。教育與社會階層化。載於臺灣教育社會學學會（主編），**教育社會學**（頁 131-164）。臺北市：巨流。

黃樹誠（2003）。從陳鶴琴的教育觀點看香港幼兒課程改革。**現代教育通訊**，**65**。2020 年 2 月 26 日檢索自 http://www.mers.hk/resource/bulletin/content/archieve/index.php?version=65&url=/65bulletin7.htm

黃鴻文（2000）。中學生次文化——反智主義乎？**社會教育學刊**，**29**，171-195。

黃騰（2005）。從「角色」到「自我」——論教師改變的歷史困境與可能。**教育研究集刊**，**51**（4），89-116。

黃懿嬌、林新發（2013）。學校教師會的角色功能與教育品質的提升。**臺灣教育評論月刊**，**2**（6），103-108。

黃藿、但昭偉（2002）。**教育哲學**。新北市：空中大學。

黃藿（1997）。理性、實踐與德育：亞里斯多德的道德教育評述。載於簡成熙（主編），**哲學和教育**（頁 131-152）。高雄市：復文。

楊忠斌、羅之君、葉振偉（2011）。懲罰的概念分析對教師管教之啟示。**中等教育，62**（4），14-28。

楊思偉（2008）。**比較教育**。臺北市：心理。

楊洲松（2015）。流行文化與課程。**課程研究，10**（1），1-12。

楊國賜（1980）。**現代教育思潮**。臺北市：黎明。

楊深坑、李奉儒主編（2009）。**比較與國際教育**。臺北市：高等教育。

楊裕仁（2009）。實用主義在學校課程與教學之應用。**城市發展，7**，117-136。

楊瑩（1994）。臺灣地區不同家庭背景子女受教機會差異之研究。**教育研究資訊，2**（3），1-22。

楊瑩（1995）。**教育機會均等──教育社會學的探究**。臺北市：師大書苑。

楊瑩（1998）。教育機會均等。載於陳奎憙（主編），**現代教育社會學**（頁 269-314）。臺北市：師大書苑。

楊龍立、潘麗珠（2005）。**課程組織：理論與實務**。臺北市：高等教育。

楊龍立（2006）。論課程的本質意義。**教育學報，34**（1），97-116。

楊龍立（2016）。**教育研究法**。臺北市：師大書苑。

溫子欣（2018）。實驗教育機構、學校之共同辦學特色分析。**教育脈動電子期刊，14**。2019 年 12 月 8 日檢索自 https://pulse.naer.edu.tw › Home › Content

溫明麗（2007）。後現代對教育專業的衝擊：打造一個既批判又感恩的教育希望。載於黃乃熒（主編），**後現代思潮與教育發展**（頁 139-160）。臺北市：心理。

葉彥宏、施宜煌（2017）。探思 E. Spranger 教育愛理念對臺灣教師專業的啟示。**臺中教育大學學報：教育類，31**（2），33-52。

葉彥宏（2016）。**圖解教育哲學**。臺北市：五南。

葉重新（2107）。**教育研究法**。臺北市：心理。

葉學志（2004）。**教育哲學**。臺北市：三民。

解志強譯（2006）。G. Gay 著（2000）。**文化回應教學法**。臺北市：文景。

詹盛如（2009）。國際組織。載於楊深坑、李奉儒（主編），**比較與國際教育**（頁 527-558）。臺北市：高等教育。

詹棟樑（1996）。**教育倫理學**。臺北市：明文。

詹棟樑（2003）。**教育社會學**。臺北市：五南。

詹棟樑（2010）。觀念主義的教育哲學。載於邱兆偉（主編），**教育哲學**（頁33-54）。臺北市：師大書苑。

廖仁義譯（1998）。T. Bottomore 著（1984）。**法蘭克福學派**。臺北市：桂冠。

甄曉蘭（2007）。偏遠國中教育機會不均等問題與相關教育政策初探。**教育研究集刊，53**（3），1-35。

劉世閔（2019）。臺灣民族實驗教育課程創新：以高雄市巴楠花部落小學爲例。**課程研究，14**（1），25-54。

劉伯驥（1983）。**西洋教育史**。臺北市：中華書局。

劉育忠譯（2007）。H. A. Ozmon & S. M. Craver 著（2003）。**教育哲學**。臺北市：五南。

劉育忠（2009）。**後結構主義與當代教育學探索：回到眞實世界**。臺北市：巨流。

劉國兆（2013）。社會學觀點的教育政策分析：以教師專業發展評鑑爲例。**新批判，2**，27-49。

劉雲杉（2005）。**國外教育社會學的新發展**。取自 http://www.sociologybar.com/index.asp?xAction=xReadNews&NewsID=2761

歐用生（2005）。大學課程與教學改革。載於淡江大學教育研究與評鑑中心（主編），**21 世紀高等教育的挑戰與回應**（頁 209-232）。臺北市：高等教育。

歐陽教（1995）。教育的概念分析。載於黃光雄（主編），**教育概論**（頁3-30）。臺北市：師大書苑。

歐陽教（1998）。**教育哲學導論**。臺北市：文景。

滕春興（2008）。**西洋上古教育史**。臺北市：心理。

滕春興（2009）。**西洋教育史：中世紀及其過渡世代**。臺北市：心理。

滕春興（2010）。**西洋近世教育史**。臺北市：心理。

蔡文山（2006）。性別平等教育課程之內涵與相關研究探討。**研習資訊，23**（4），87-96。

蔡文杰、陳木金（2004）。社會系統理論及其在學校行政之應用分析。**學校行政雙月刊，31**，97-118。

蔡文輝（2011）。**社會學**。臺北市：三民。

蔡培村（1996）。從專業發展論教師教學成長的策略。載於國立高雄師範大學教育系（主編），**中小學教學革新研討會大會手冊**（頁 51-70）。高雄市：國

立高雄師範大學教育學系。

蔡清華（2003）。學校制度。載於黃光雄（主編），**教育導論**（頁 209-234）。臺北市：師大書苑。

蔡榮貴（2005）。學校組織與學校文化。載於臺灣教育社會學學會（主編），**教育社會學**（頁 165-220）。臺北市：巨流。

蔡璧煌（2008）。**教育政治學**。臺北市：五南。

鄭世仁（2007）。**教育社會學導論**。臺北市：五南。

鄭彩鳳、林漢庭（2004）。中小學教師組織工會相關問題之研究。**國立臺北師範學院學報，17**（1），459-492。

鄭新輝（2004）。教育行政。載於秦夢群（主編），**教育概論**（頁 356-415）。臺北市：高等教育。

鄭新輝（1997）。家長教育選擇權的可行性分析。**初等教育學報，10**，389-415。

賴永和（2009）。教育機會均等的理念實踐——以一所偏遠小型學校弱勢族群教育的現況與期待爲例。**學校行政雙月刊，62**，57-80。

錢民輝（2005）。**教育社會學：現代性的思考與建構**。北京市：北京大學。

盧浩權（2007）。青少年網路沉迷的心理分析與因應。**社區發展季刊，119**，206-221。

謝文全（1995）。教育行政。載於黃光雄（主編），**教育概論**（頁 245-298）。臺北市：師大書苑。

謝文全（2001）。**中等教育：理論與實際**。臺北市：五南。

謝文全（2002）。學校本位管理的實施與困境。**教育研究集刊，48**（2），1-36。

謝文全（2005）。**學校行政**。臺北市：五南。

謝文全（2012）。**教育行政學**。臺北市：高等教育。

謝文全等（2008）。**教育行政學：理論與案例**。臺北市：五南。

謝孟穎（2002）。**家長社經背景與學生學業成就關聯性之研究**。國立嘉義大學國民教育研究所碩士論文，未出版，嘉義市。

謝素月（2010）。學生人權教育之思辨——從傅科全景敞視主義談學校教育之規訓。載於**明道國小 99 年度教育專業創新與行動研究**（十）（頁 72-84）。臺北市：明道國小。

謝維和（2002）。**教育社會學**。臺北市：五南。

鍾蔚起（1990）。永恆主義的教育目的論及對我國大學教育的啓示。**教育學刊，**

9，55-78。

鍾鴻銘（2012）。教育與社會改革：George S. Counts 社會重建論的實踐意涵。**臺灣教育社會學研究，12**（1），75-118。

韓景春（2010）。實用主義的教育哲學。載於邱兆偉（主編），**教育哲學**（頁 81-121）。臺北市：師大書苑。

簡良平（2007）。教師專業化歷程的觀察與反省：以一位偏遠國小教師之行動研究爲例。**課程研究，3**（1），29-58。

簡成熙（1996）。**理性、分析、教育人**。臺北市：師大書苑。

簡成熙（1999）。教育的方法。載於歐陽教（主編），**教育哲學**（頁 277-310）。高雄市：復文。

簡成熙（2004）。**教育哲學：理念、專題與實務**。臺北市：高等教育。

簡成熙（2005）。**教育哲學專論：當分析哲學遇上女性主義**。臺北市：高等教育。

簡成熙（2019）。J. White 對 R. S. Peters 內在教育目的之修正及其重述。**教育學刊，52**，1-33。

簡成熙譯（2017）。R. S. Peters 著（1966）。**倫理學與教育**。新北市：聯經。

簡成熙譯（2018）。George R. Knight 著（2007）。**教育哲學導論**。臺北市：五南。

簡良平（2005）。赫斯特的課程思想。載於黃政傑（主編），**課程思想**（頁 103-136）。臺北市：冠學。

藍采風（2000）。**社會學**。臺北市：五南。

魏美惠（1994）。**近代幼兒教育思潮**。臺北市：心理。

魏慧美、陳翊偉、吳和堂（2013）。國小導師與家長互動方式之研究：Goffman 的戲劇理論取向。**高雄師大學報，34**，57-81。

譚光鼎（1992）。**中等教育選擇功能之研究**。國立臺灣師範大學教育研究所博士論文，未出版，臺北市。

譚光鼎（2008）。被扭曲的他者：教科書中原住民偏見的檢討。**課程與教學季刊，11**（4），27-60。

譚光鼎（2011）。**教育社會學**。臺北市：學富。

蘇永明（2010）。唯實主義的教育哲學。載於邱兆偉（主編），**教育哲學**（頁 55-80）。臺北市：師大書苑。

蘇永明（2015）。**當代教育思潮**。臺北市：學富。

顧瑜君（2008）。臺灣新移民之新教育觀──以在地教師課程觀點出發。**臺灣教**

育社會學研究，**8**（1），89-128。

英文部分

Aquino, G.V. (2000). *Curriculum planning for better schools.* Manila: Rex Bookstore.

Ball, S. J. (1987). *The micro-politics of the school.* London: Methuen.

Banks, J. A. (1989). Approaches to multicultural curriculum reform, *Trotter Review*, *3*(3), Article 5. Available at: http://scholarworks.umb.edu/trotter_review/vol3/iss3/5

Banks, J. (2007). Multicultural education: Characteristics and goals. In J. A. Banks & C. A. M. Banks (Eds.), *Multicultural education issues and perspectives* (6th ed.) (pp. 3-30). NJ: John Wiley and Sons.

Banks, J. A. (Ed.) (2004). *Diversity and citizenship education: Global perspectives.* San Francisco: Jossey-Bass.

Bernstein, B. (1967). Social structure, language and learning. In A. Harry Passow (Eds.), *Education of the disadvantaged* (pp. 213-237). NY: Holt, Rinehart & Winston.

Bernstein, B. (1977). *Class, codes and control (volume 3): Towards a theory of educational transmissions* (2nd Ed.). London: Routledge and Kegan Paul.

Bernstein, B. (1982). Codes, modalities and cultural reproduction. In M. W. Apple (Ed.), *Cultural and economic reproduction in education* (pp. 304-356). London: Routledge & Kegan Paul.

Bernstein, B. (1990). *Class, codes and control (volume 4): The structuring of pedagogic discourse.* London: Routledge.

Blackledge, D. & Hunt, B. (1985). *Sociological interpretations of education.* Dover: Croom Helm.

Boronski, T. & Hassan, N. (2015). *Sociology of education.* London: Sage.

Bourdieu, P. (1986). The forms of capital. In J. G. Richardson (Ed.), *Handbook of theory and research for the sociology of education* (pp. 241-260). Connecticut: Greenwood.

Bowles, S. & Gintis, H. (1976). *Schooling in capitalist America*. NY: Basic Books.

Coleman, J. S. et al. (1966). *Equality of educational opportunity*. Washington D. C.: U.S. Dept. of Health, Education, and Welfare, Office of Education.

Collins, R. (1979). *The credential society: An historical sociology of education and stratification*. New York: Academic Press.

Cooley, C. H. (1961). The social self. In T. Parsons, E. Shils, K. D. Naegele, & J. R. Pitts (Eds.), *Theories of society: Foundations of modern sociological theory* (pp. 822-828). New York: Free Press.

Davis, K. & Moore, W. E. (1945). Some principles of stratification. *American Sociological Review, 10*(2), 242–249.

Dewey, J. (1916). *Democracy and education*. NY: Macmillian co.

Doll, W. E. (1993). *A postmodern perspective on curriculum*. New York, NY: Teachers College Press.

Erickson, B. H. (1996). Culture, class, and connections. *American Journal of Sociology, 102*(1), 217-251.

Foucault, M. (1977). *Discipline & punish: The birth of the prison*. New York: Pantheon.

Freire, P. (1970). *Pedagogy of the oppressed*. London: Penguin.

Gay, G. (2000). *Culturally responsive teaching: Theory, research, and practice*. New York, NY: Teachers College Press.

Gay, L. R., Mills, G. E., & Airasian, P. (2006). *Educational research: Competencies for analysis and applications* (8th Ed.). N. J.: Pearson Merrill.

Getzels, J. W. & Guba, E. G. (1957). Social behavior and the administrative process. *School Review, 65*(4), 423-441.

Getzels. J. W. & Thelen, H. A. (1972). A conceptual framework for the study of the classroom group as a social system. In A. Morrish et al., (Ed.), *The social psychology of teaching*. Harmondsworth: Penguin.

Gewirtz, S. & Cribb, A. (2009). *Understanding education: A sociological perspective*. UK: Polity.

Giroux, H. (1988). *Teachers as intellectuals: Toward a critical pedagogy of learning*. Granby, Mass.: Bergin & Garvey.

Hargreaves, A. & Goodson, I. F. (1996). Teachers' professional lives: Aspirations and Actualities. In A. Hargreaves & I. F. Goodson (Eds.), *Teachers' professional lives*（pp. 1-27). London: Falmer Press.

Hargreaves, A. & Macmillan, R. (1995). The Balkanization of secondary school teaching. In L. S. Siskin & J. W. Little (Eds.), *The subjects in question* (pp.141-171). New York: Teachers College Press.

Hirst, P. H. (1974). *Knowledge and the curriculum*. London: Routledge and Kegan Paul.

Jones, T. H. (1985). *Introduction to school finance: Technique and social policy*. New York: Macmillan Public Company.

Kliebard, H. M. (1975). Persistent curriculum issues in historical perspective. In W. F. Pinar (Ed.), *Curriculum theorizing: The reconceptualists* (pp. 39-50). Berkeley, CA: McCutchan.

Knight, G. R. (1998). *Issues and alternatives in educational philosophy*. Berrien Springs, Mich: Andrews University Press.

McLaren, P. (1998). *Life in schools: An introduction to critical pedagogy in the foundation of education*. New York: Longman.

Mehan, H. (1992). Understanding inequality in schools: The contribution of interpretive studies. *Sociology of Education, 65*（1), 1-20.

Meighan, R. & Siraj-Blatchford, I. (2003). *A sociology of educating*. London: Continuum.

Morris, V. C. (1966). *Existentialism in Education: What it means*. New York: Harper & Row.

Mulkey, L. M. (1993). *Sociology of education: Theoretical and empirical investigations*. NY: Holt, Rinehart and Winston.

Noddings, N. (1984). *Caring: A feminine approach to ethics and moral education*. Berkeley: University of California.

Noddings, N. (1992). *The challenge to care in school: An alternative approach to education*. New York: Teachers College.

Noddings, N. (2002). *Educating moral people: A caring alternative to character education*. New York: Teachers College.

Noddings, N. (2003). *Caring: A feminine approach to ethics and moral education* (2nd Ed.). Berkeley: University of California.

Odden, A. R. (1991). *Education policy implementation*. NY: State University of New York Press.

Ogbu, J. U. (1991). Minority coping responses and school experience. *The Journal of Psychohistory, 18*, 433-456.

Owens, R. G. (1991). *Organizational behavior in education* (4th Ed.). Englewood Cliffs, NJ: Prentice-Hall.

Owens, R. G. & Steinhoff, C. (1989). Towards a model of organizational culture. *Journal of Educational Administration, 27*（3), 6-16.

Ozmon, H. & Craver, S. (1995). *Philosophical foundations of education* (5th Ed.). New Jersey: Prentice Hall.

Parelius, R. J. & Parelius, A. P. (1987). *The sociology of education*. New Jersey: Prentice-Hall.

Parkin, F. (1979). *Marxism and class theory: A bourgeois critique*. New York: Columbia University Press.

Parsons, T. (1951). *The social system*. New York: Free Press.

Parsons, T. (1959). The school class as a social system: Some of its functions in American society. *Harvard Educational Review, 29*(3), 297-318.

Pollard, A. & Tann, Sarah. (1993). *Reflective teaching in the primary school*. New York: Villiers Houses.

Ritzer, G. (2000). *Sociological theory*. New York: McGraw-Hill.

Sadovnik, A. R. (2016). Theory and research in the sociology of education. In A. R. Sadovnik (Ed.), *Sociology of Education: A Critical Reader* (3rd Ed.)（pp. 3-23). NY: Routledge.

Schubert, W. H. (1997). *Curriculum: Perspective, paradigm, and possibility* (2nd Ed.). Columbus, OH: Prentice Hall.

Senge, P. M. (1990). *The fifth discipline: The art & practice of a learning organization*. New York: Doubleday.

Sensoy, Ö. & DiAngelo, R. (2012). *Is everyone really equal? An introduction to key concepts in social justice education*. NY: Teachers College Press.

Sewell, W. H. & Hauser, R. M. (1980). The Wisconsin longitudinal study of social and psychological factors in aspirations and achievements. In A. C. Kerckhoff (Ed.), *Research in sociology of education and socialization, vol. 1* (pp. 59-100). Greenwich: JAI.

Tsai, S. L. & Chin, H. Y. (1991). Constructing occupational scales for Taiwan. In R. Althauser & M. Wallace (Eds.). *Social Stratification and Mobility* (pp. 229-253). Greenwich. CT: JAI Press.

Turner, J. H. (1998). *The structure of sociological theory* (6th Ed.). Cincinnati, OH: Wadsworth.

Turner, R. H. (1970). Sponsored and contest mobility and the school system. In M. M. Tumin (Ed.), *Readings on social stratification* (pp. 296-310). New Jersey: Tce-Hall.

UNESCO（1966). *Recommendation concerning the Status of Teachers*. 2019.8.2 Retrieved from: http//:www.unesco.org/education/pdf/TEACHE_E.PDF

Waller, W. (1961). *The sociology of teaching*. New York: Russell & Russell.

Weber, M. (1947). *The theory of social and economic organization*. London: Collier Macmillan.

Weigel, M. (2011). *Head Start impact: Department of Health and Human Services Report*. Retrieved from http://journalistsresource.org/studies/government/civil-rights/head-start-study/

Willis, P. (1977). *Learning to labour*. New York: Columbia University Press.

Young, M. (1971). *Knowledge and control: New directions for the sociology of education*. London: Collier Macmillan.

Zweigenhaft, R. L. (1992). The application of cultural and capital: A study of the 25th year reunion entries of prep school and public school graduates of Yale college. *Higher Education, 23*, 311-320.

國家圖書館出版品預行編目資料

教育理念與實務／周新富著. ——初版.——
臺北市：五南, 2020.08
　　面；　公分
　　ISBN 978-957-522-078-5（平裝）

1.教育

520　　　　　　　　　　　109008660

1I3F

教育理念與實務

作　　　者 ─ 周新富（109.2）

發 行 人 ─ 楊榮川

總 經 理 ─ 楊士清

總 編 輯 ─ 楊秀麗

副總編輯 ─ 黃文瓊

責任編輯 ─ 黃淑真、李敏華

封面設計 ─ 王麗娟

出 版 者 ─ 五南圖書出版股份有限公司

地　　　址：106台北市大安區和平東路二段339號4樓

電　　　話：(02)2705-5066　　傳　　真：(02)2706-6100

網　　　址：http://www.wunan.com.tw

電子郵件：wunan@wunan.com.tw

劃撥帳號：01068953

戶　　　名：五南圖書出版股份有限公司

法律顧問　林勝安律師事務所　林勝安律師

出版日期　2020年 8 月初版一刷

定　　　價　新臺幣450元

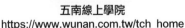

經典永恆・名著常在

五十週年的獻禮——經典名著文庫

五南，五十年了，半個世紀，人生旅程的一大半，走過來了。

思索著，邁向百年的未來歷程，能為知識界、文化學術界作些什麼？

在速食文化的生態下，有什麼值得讓人雋永品味的？

歷代經典・當今名著，經過時間的洗禮，千錘百鍊，流傳至今，光芒耀人；

不僅使我們能領悟前人的智慧，同時也增深加廣我們思考的深度與視野。

我們決心投入巨資，有計畫的系統梳選，成立「經典名著文庫」，

希望收入古今中外思想性的、充滿睿智與獨見的經典、名著。

這是一項理想性的、永續性的巨大出版工程。

不在意讀者的眾寡，只考慮它的學術價值，力求完整展現先哲思想的軌跡；

為知識界開啟一片智慧之窗，營造一座百花綻放的世界文明公園，

任君遨遊、取菁吸蜜、嘉惠學子！